中等职业学校教学用书（计算机技术专业）

中文 PowerPoint 2003 应用基础

邢小茹　于　彬　主编

電子工業出版社
Publishing House of Electronics Industry
北京·BEIJING

内容简介

本书是关于中文 PowerPoint 2003 演示文稿制作方法和应用技术的教材。本书全面系统地介绍了该软件的功能和使用技巧。书中通过实例详细介绍了该应用软件在幻灯片的文字编排、图形绘制与编辑、图表插入、声音添加、图像与视频片段等多媒体效果制作和演示文稿播放的操作方法；同时对幻灯片播放时的动画设计、切换效果设计，以及演示文稿的打印、打包方法和中文 PowetPoint 2003 网络功能进行深入浅出的介绍。本书语言通俗易懂，叙述简单明了，章节安排符合学生的认知规律。

本书可作为中等职业学校计算机专业的通用教材，也可作为各类培训班相关课程的教材，还可供广大计算机应用人员的自学用书。

本书还配有电子教学参考资料包，包括教学指南、电子教案及习题答案，详见前言。

图书在版编目（CIP）数据

中文 PowerPoint 2003 应用基础/邢小茹，于彬主编. —北京：电子工业出版社，2010. 2
（中等职业学校教学用书 · 计算机技术专业）
ISBN 978 - 7 - 121 - 10230 - 1

I. 中… Ⅱ. ①邢…②于… Ⅲ. 图形软件，PowerPoint2003 - 专业学校 - 教材 Ⅳ. TP391. 41

中国版本图书馆 CIP 数据核字（2010）第 007650 号

策划编辑：关雅莉　　特约编辑：李新承
责任编辑：关雅莉　　杨　波
印　　刷：涿州市京南印刷厂
装　　订：涿州市京南印刷厂
出版发行：电子工业出版社
　　　　　北京市海淀区万寿路 173 信箱　邮编　100036
开　　本：787×1 092　1/16　印张：14.5　字数：371.2 千字
版　　次：2010 年 2 月第 1 版
印　　次：2016 年 6 月第 9 次印刷
定　　价：24.20 元

凡所购买电子工业出版社图书有缺损问题，请向购买书店调换。若书店售缺，请与本社发行部联系，联系及邮购电话：（010）88254888，88258888。

质量投诉请发邮件至 zlts@phei.com.cn，盗版侵权举报请发邮件至 dbqq@phei.com.cn。
本书咨询联系方式：（010）88254617，luomn@phei.com.cn。

前　　言

中文 PowerPoint 2003 是中文版 Office 办公软件中的一款重要组件，是 Windows 操作系统下较好的演示文稿制作和幻灯片播放软件，被广泛应用于教学、科研和商务办公领域。使用该软件，可以把用户的意图、方案和其他需要展示的内容制作成幻灯片图片后，一幅幅地演示给观众。演示文稿主要应用于学术交流、远程教育、演讲报告、产品展示和各种报表等场合。用它制作的演示文稿可以拥有文字、图形、数据、图表、图像、声音及视频片断，从而大大增加演示文稿的宣染力，增强演示效果。

本书是在《中文 PowerPoint 2002 应用基础》一书基础上，按照新大纲的要求编写的，保留了该书的相当一部分内容。全书共分 11 章，新增的"新的导航栏"、"打包成 CD"、"对媒体播放的改进"等内容已经扩充到了相应的章节中。

本书叙述简单明了，语言通俗易懂。按照中文 PowerPoint 2003 的功能与特点，由浅入深、循序渐进地讲解知识点，符合学习者的认知规律。书中列举了相关的实例，各章都编排了适量的习题和上机实习内容，以便于读者更好地理解和掌握。

建议本书安排课程至少为 72 课时，按每学期 18 周计算，周课时为 4 课时。一般说来，相对集中地安排课时，教学效果会好一些。其中，学生上机操作练习不得少于一半时间。具体时间安排如下表所示。

总　学　时	实际授课	上机实验	机动时间
72	30	36	6

本书由邢小茹和于彬担任主编并统稿，副主编有史文、苏燕、马莹、郝俊辉。参加编写的还有马晶、王帅、张东菊、张丽媛、许海华、段霞、扬银燕和谢丽丽。

由于编者水平有限，书中难免存在不足或疏漏之处，敬请广大读者和有关专家提出宝贵意见，以便于及时修订和完善。

为了方便教学，本书还配有教学指南、电子教案及习题答案，请有此需要的教师登录华信教育资源网（Http://www.hxedu.com.cn）下载或与电子工业出版社联系，我们将免费提供。E-mail：ve@phei.com.cn。

编　者

2010 年 2 月

目　录

第1章 中文PowerPoint 2003概述

PowerPoint 2003 是 Microsoft 公司推出的演示文稿应用程序中较新版本，同时也是当今市场上较先进的演示文稿处理系统。它能够制作出集文字、图形、图像、声音及视频剪辑等于一体的多媒体演示文稿，从而使演示文稿声情并茂，增强了演示效果。PowerPoint 2003 作为一款组件集成于 Office 2003 应用程序中，它利用自身的强大功能，以及 Office 2003 中其他软件的功能，使整个演示文稿的制作流程更专业、简洁。

用 PowerPoint 2003 制作完演示文稿后，可以先将演示文稿制成投影片，然后通过幻灯机演示；也可以用与计算机相连的大屏幕投影仪直接演示；甚至可以通过网络，以会议的形式进行演示交流，做到所要表现信息最大限度的可视化，从而获到较好的效果。

1.1 中文 PowerPoint 2003 的启动

启动中文 PowerPoint 的方法很多，这里主要介绍两种常见的启动方法。

1. 利用“开始”菜单启动

其具体操作步骤如下：

(1) 单击“开始”按钮，从弹出的菜单中选择“所有程序”→“Microsoft Office”命令。

(2) 从级联子菜单中选择“Microsoft Office PowerPoint 2003”命令（见图 1.1），就启动了中文 PowerPoint 2003 软件。

2. 利用快捷方式图标启动

这是一种最简捷的启动方法，直接用鼠标双击桌面上的中文 PowerPoint 2003 快捷方式图标（见图 1.2），即可启动 PowerPoint 2003 软件。

1.2 中文 PowerPoint 2003 的工作窗口

启动中文 PowerPoint 2003 软件后，将在屏幕上显示如图 1.3 所示的工作窗口。

该窗口的最上面是标题栏。从标题栏向下依次是菜单栏、常用工具栏、格式工具栏；中

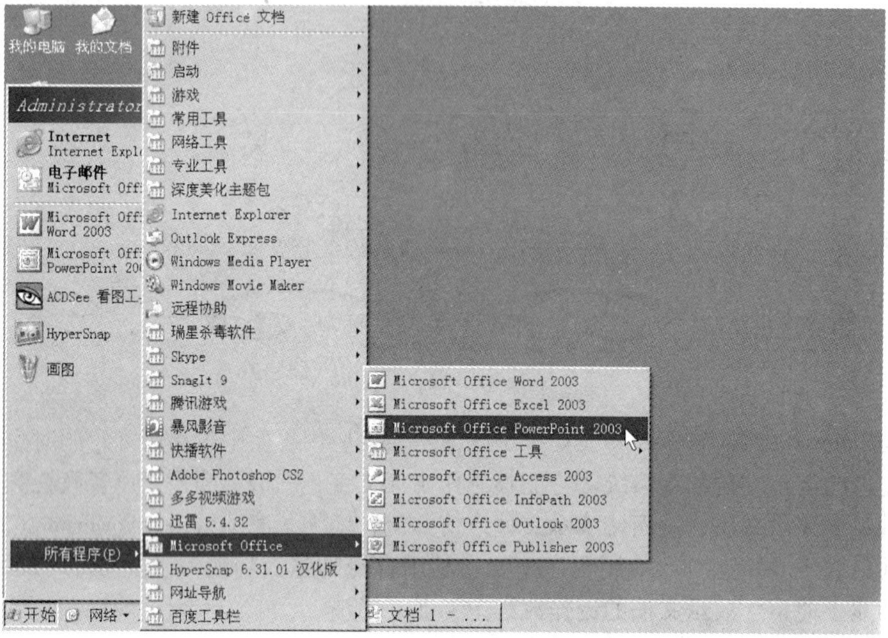

图 1.1 从“开始”按钮启动

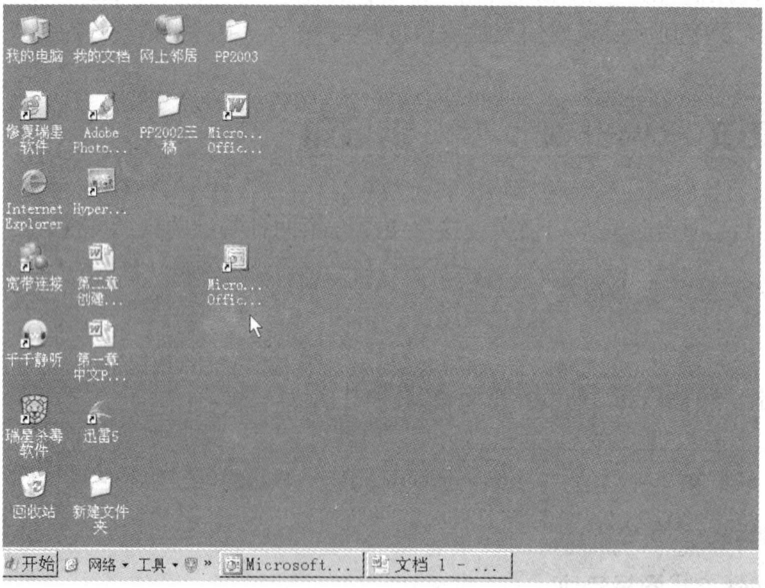

图 1.2 用快捷方式图标启动中文

间是幻灯片编辑区，其左侧包含“大纲”和“幻灯片”两个选项卡，右侧是任务窗格；最下方依次是视图切换按钮、备注窗格、绘图工具栏和状态栏。

下面对窗口中的各工具等进行详细介绍。

（1）标题栏。位于窗口的顶端，用于显示当前应用程序名和当前文件名。在标题栏的右端有 3 个按钮，分别是应用程序窗口的最小化按钮、最大化/还原按钮和关闭按钮。

（2）菜单栏。在菜单栏中共有 9 个菜单项，各菜单项中几乎包括了中文 PowerPoint 2003 的全部命令，用户可以使用这些命令创建和编辑 PowerPoint 演示文稿（如输入文字、插入图形，以及设置动画等全部操作）。

图 1.3　工作窗口

（3）工具栏。工具栏位于菜单栏的下方。启动 PowerPoint 2003 时，自动显示“常用”工具栏（见图 1.4）和“格式”工具栏（见图 1.5），工具栏上的各按钮名称及功能如表 1.1 和表 1.2 所示。一般，工具栏中的命令是菜单栏中一些最常用的命令。使用工具栏中的按钮，可以快速完成各种常用的操作。

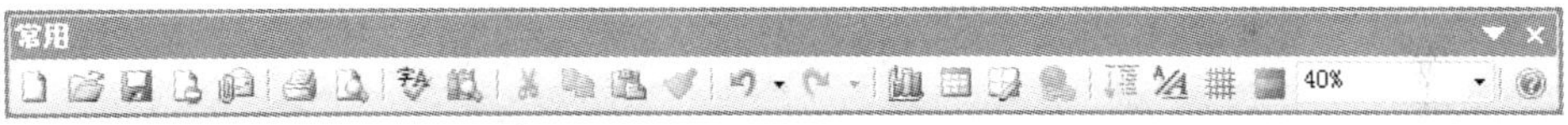

图 1.4　“常用”工具栏

图 1.5　“格式”工具栏

表 1.1　“常用”工具栏中的按钮功能

按　钮	名　称	功　能
	新建	用于创建一个新文件
	打开	用于打开或查找存在的文件
	保存	用于保存当前文件
	权限	用于设置权限
	电子邮件	作为电子邮件的附件
	打印	用当前打印设置打印当前文件的全部内容
	打印预览	用于打印预览
	拼写检查	用于检查文件中存在的拼写和语法错误
	信息检索	用于搜索文本
	剪切	用户于将选定的内容剪切后存放在剪贴板中
	复制	用于将选定的内容复制到剪贴板中
	粘贴	用于在当前插入点位置处插入剪贴板中的内容

续表

按　钮	名　称	功　能
	格式刷	用于将所选的文本格式复制到指定的文本
	撤消	用于取消最后一次操作或某次操作后的一系列操作
	恢复	用于恢复已用撤销命令撤销的操作
	插入图表	用于在插入点位置处插入一个图表
	插入表格	用于在插入点位置处插入表格
	表格和边框	用于显示或隐藏“表格和边框”工具栏
	插入超级链接	用于插入或编辑指定的超级链接
	全部展开	用于改变幻灯片展开或折叠的状态
	显示格式	显示格式
	显示/隐藏网格	显示/隐藏网格
	颜色/灰度	颜色/灰度
47%	显示比例	用于改变演示文稿的显示比例
	Office 助手	用于提供帮助主题和提示，协助用户完成任务

表 1.2　“格式”工具栏中的按钮功能

按　钮	名　称	功　能
宋体	字体	用来改变所选文本的字体设置
32	字号	用来改变所选文本的字号设置
B	加粗	用来对所选文本进行加粗设置
I	倾斜	用来对所选文本进行倾斜设置
U	下画线	用来对所选文本添加下画线
	阴影	用来对所选文本添加阴影
	两端对齐	将所选段落（除末行外）的左、右两边同时对齐
	居中	用来设置段落居中对齐
	右对齐	用来设置段落右对齐
	分散对齐	通过调整空格，使所选段落的各行（包括末行）等宽
	更改文字方向	用来更改文字方向
	编号	用来添加编号
	项目符号	用来添加项目符号
	增大字号	用来增大字号
	减小字号	用来减小字号
	减少缩进量	用来减少左、右缩进的宽度
	增加缩进量	用来增加左、右缩进的宽度
	字体颜色	用来对所选的文本设置字体颜色
设计(S)	幻灯片设计	用来可打开幻灯片设计任务窗格
新幻灯片(N)	新幻灯片	用来打开新幻灯片任务窗格

在默认的情况下，工具栏中的工具按钮并没有全部显示出来。当需要增加按钮时，单击工具栏右侧的“工具栏选项”按钮，打开一个下拉列表，如图 1.6 所示。

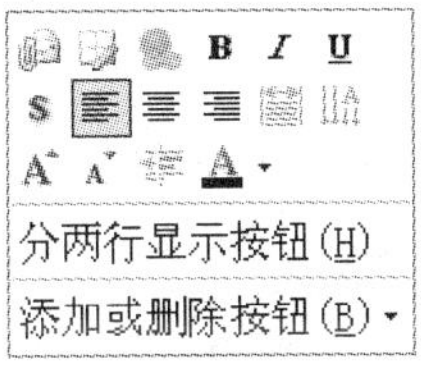

图 1.6　工具选项按钮

- 选择“分两行显示按钮”命令，用于将工具栏分为“常用”工具栏和“格式”工具栏，以两行显示在屏幕上。
- 选择“添加或删除按钮”命令，在弹出的子菜单中，若选择“常用”命令，弹出的级联子菜单如图 1.7 所示。菜单名称左侧有复选标记“✓”的，为已显示的工具按钮；无复选标记“✓”的，为隐藏的工具按钮。当需要显示工具按钮时，可以单击无复选标记“✓”的选项，使其右侧出现选中标志。反之，若需要隐藏工具按钮时，可以单击有复选标记“✓”的选项。
- 若选择“格式”命令，弹出的级联子菜单如图 1.8 所示。

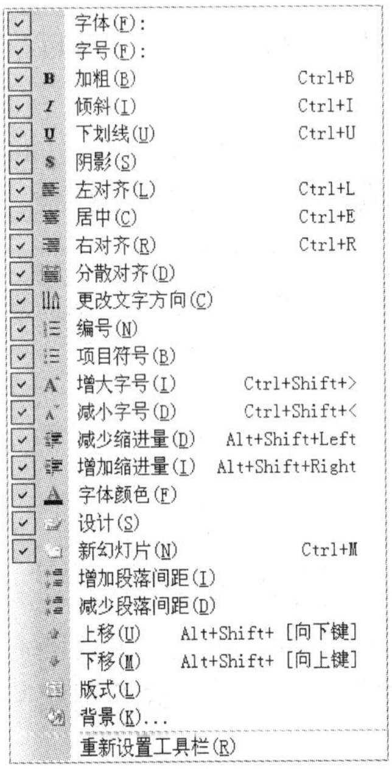

图 1.7　“添加删除按钮”下的“常用”菜单

图 1.8　“添加删除按钮”下的“格式”菜单

根据需要可以显示或隐藏某个工具栏，其操作方法如下：

① 选择“视图”菜单，在打开的下拉菜单中选择“工具栏”命令，所打开的子菜单如图 1.9 所示。

② 单击子菜单中需要隐藏或显示的工具栏名称。工具栏名称左侧呈现复选标记“✓”时，则显示该工具栏；此时单击该工具栏名称，其左侧的复选标记“✓”会消失，即可实现隐藏该工具栏。

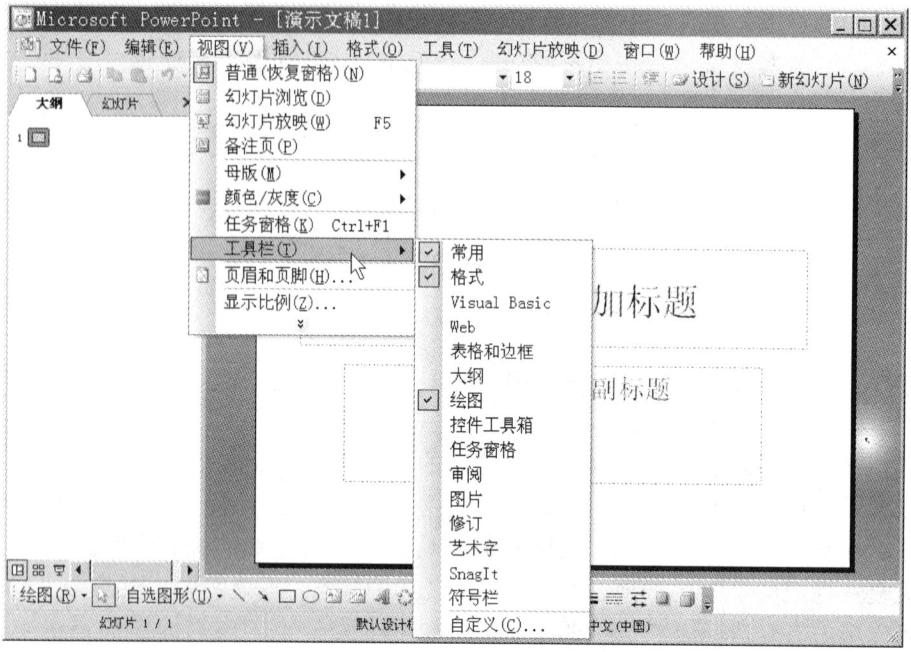

图 1.9 “视图”菜单中的“工具栏”选项

(4) 幻灯片编辑区。幻灯片编辑区是用于编辑幻灯片的区域，在此区域可进行输入文本、绘制图形、插入剪贴画和图片等操作。

(5) 视图切换按钮。利用视图切换工具栏中的按钮，可以实现不同视图窗口之间的切换。

(6) 绘图工具栏。绘图工具栏中包含了绘制图形和编辑图形的命令。使用绘图工具栏，可以绘制各种基本图形、自选图形，以及插入艺术剪辑库中或其他文件中的图形。

(7) 状态栏。位于窗口的底部，状态栏用于显示当前幻灯片的序号、演示文稿所包含幻灯片的页数，以及演示文稿所用模板等信息。

1.3 PowerPoint 2003 的视图窗口

PowerPoint 2003 提供了 4 种视图窗口：普通视图、幻灯片浏览视图、幻灯片放映视图和备注页视图。在演示文稿的制作过程中，不同的视图窗口有着不同的作用和优势。

PowerPoint 2003 取消了大纲视图，将它集成在普通视图中，这样普通视图就综合了大纲视图和普通视图的优点。

1. 普通视图

启动中文 PowerPoint 2003，默认情况下，是直接进入图 1.3 所示的普通视图。在普通视图中，可以同时利用大纲、幻灯片和备注页 3 种视图的优势制作和编辑幻灯片。

1)“大纲”选项卡

在普通视图中，切换到“大纲”选项卡，其窗口界面如图 1.10 所示。在“大纲”选项卡中，可显示当前演示文稿的各张幻灯片标题。利用大纲视图，能够快速地创建演示文稿中的幻灯片。

2）“幻灯片”选项卡

切换到“幻灯片”选项卡，其窗口界面如图 1. 11 所示。在“幻灯片”选项卡中，演示文稿的各幻灯片按照缩略图方式整齐地排列，以呈现演示文稿的总体效果。利用幻灯片视图，可以方便地编辑幻灯片。

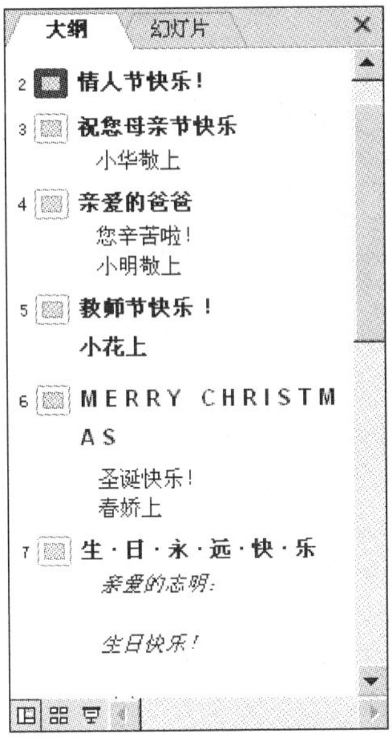

图 1. 10　“大纲”选项卡

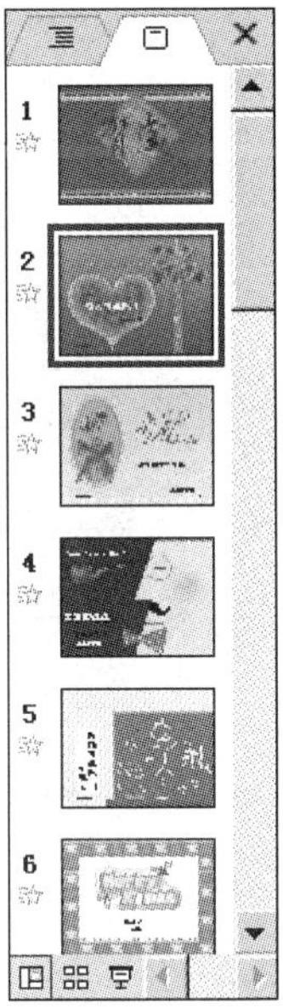

图 1. 11　“幻灯片”选项卡

2. “幻灯片浏览”视图

单击视图切换工具栏中的“幻灯片浏览视图”按钮，切换到幻灯片浏览视图，如图 1. 12 所示。在幻灯片浏览视图中，可以展示同一演示文稿中的所有幻灯片。同时，在该视图中，可以方便地变换幻灯片的排列顺序或者插入新的幻灯片。

图 1. 12　幻灯片浏览视图

3. 幻灯片放映视图

单击视图切换工具栏中的“幻灯片放映”按钮，切换到幻灯片放映视图，如图 1.13 所示。在此视图窗口中能够展示幻灯片的全貌，从而对幻灯片可进行全屏幕的展示。

图 1.13　幻灯片放映视图

4. 备注页视图

选择“视图”→“备注页”命令，如图 1.14 所示。

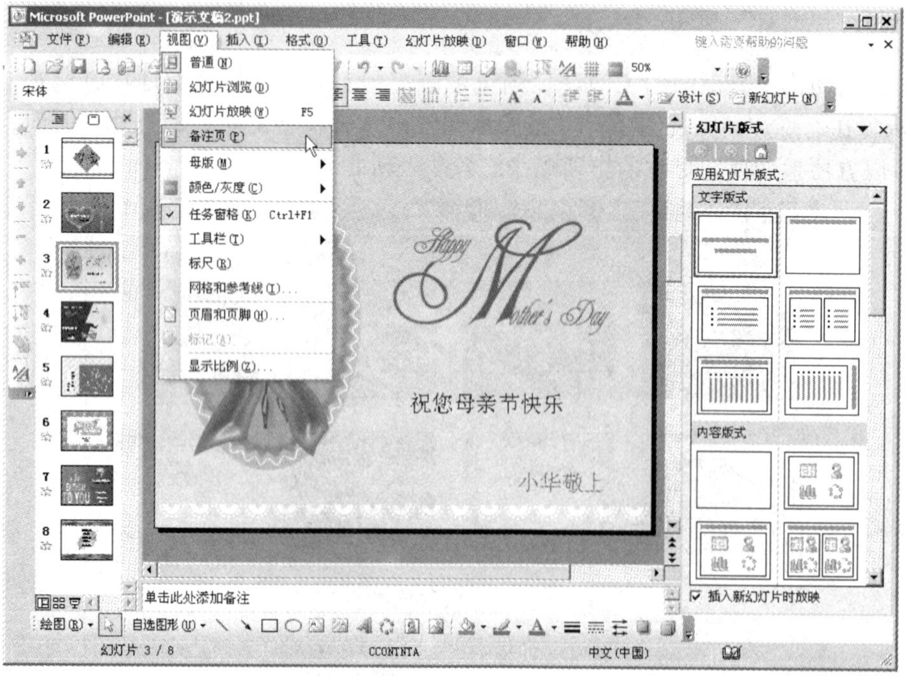

图 1.14　使用“视图”菜单中“备注页”命令

切换到如图 1.15 所示的备注页视图。在该视图中，幻灯片编辑区被分为上下两个部分，上面是一个缩小的幻灯片；下面是一个可以输入幻灯片备注信息的区域。在幻灯片放映视图中，备注信息是被隐藏的，不与幻灯片一起放映。

图 1.15　备注页视图

1.4　PowerPoint 2003 的任务窗格

默认情况下，启动 PowerPoint 2003 时，总是显示该任务窗格。如果不想在下次启动 PowerPoint 2003 时显示该窗格，可选择“工具”→“选项”命令，在“选项”对话框中的选择“视图”选项卡中取消选择“启动任务窗格”复选框。

PowerPoint 的任务窗格将常用的主要命令都集成在一起，从而使用户操作起来更方便。任务窗格主要的内容包括：创建新演示文稿；选择幻灯片的版式、设计模板、配色方案或动画方案；创建自定义动画；设置幻灯片切换；查找文件；同时复制并粘贴多个项目，以及 Microsoft Office 2003 新增的“开始工作”、“帮助”、“搜索结果”、“共享工作区”、“文档更新”和“信息检索”任务窗格。若窗口中没有显示任务窗格，可通过选择“视图”菜单中的“任务窗格”命令来显示该窗格。此外，还可以单击“格式”工具栏中的“设计”按钮和“新幻灯片”按钮来打开任务窗格。要在各个任务窗格之间切换，可以使用下面两种方式之一来实现。

- 要查看最近浏览过的窗格，单击窗格左下角的“返回”和“向前”按钮。
- 单击任务窗格右上角的下三角按钮，打开一个下拉菜单，如图 1.16 所示。选择该下拉菜单中的选项，即可打开所需要的任务窗格。

1. “新建演示文稿”任务窗格

选择“文件”→“新建”命令，在新建一个演示文稿文档的同时打开“新建演示文稿”任务窗格，如图 1.17 所示。通过“新建演示文稿”任务窗格，可以以快速、合适的方式来创建演示文稿。

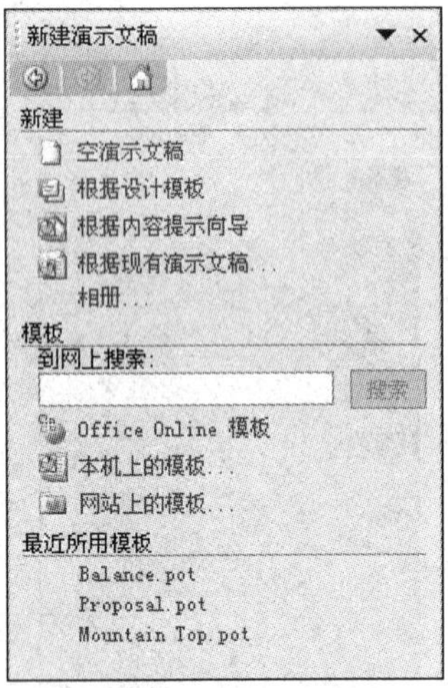

图 1.16 选择“新建演示文稿”命令

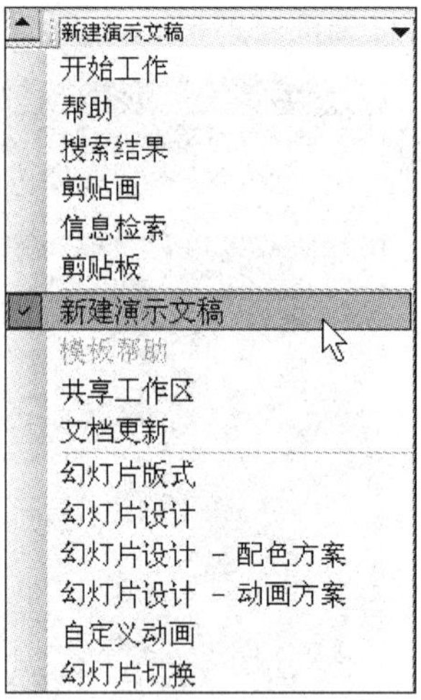

图 1.17 “新建演示文稿”任务窗格

2. “剪贴板”任务窗格

选择“编辑”→“Office 剪贴板”命令，打开“剪贴板”任务窗格，如图 1.18 所示。通过它可以查看剪贴板中的内容，然后选择合适的内容，从而将其快速地添加到文档中。将剪贴板中的内容粘贴到文档中或删除剪贴板中的内容，可按如下方法操作。

（1）若要进行粘贴操作，将光标移到文档的合适位置，然后单击剪贴板中的内容。

（2）若要删除剪贴板中的内容，可选中剪贴板中的内容，单击其右侧的下拉按钮，在弹出的下拉菜单中选择“删除”命令。

3. “基本搜索”任务窗格

选择“文件”→“文件搜索”命令，打开“基本文件搜索”任务窗格，如图 1.19 所示。通过“基本文件搜索”任务窗格，可以查找到符合指定条件的内容。如果“基本文件搜索”任务窗格不能满足要求，还可以单击该窗格左下角的“高级文件搜索”链接，打开“高级文件搜索”任务窗格。在其中可以设置更详细的搜索条件，从而得到更准确的搜索结果。

4. “剪贴画”任务窗格

选择“插入”→“图片”命令，在弹出的子菜单中选择“剪贴画”命令，打开“剪贴画”任务窗格，如图 1.20 所示。通过该窗格，可以从本地计算机和网络上选择要插入的剪贴画。另外，它还提供了搜索的功能，可使用户选择剪贴画时更方便、快捷。

注意

初次打开该窗格时，系统要用一段时间进行初始化设置，从而使本次的使用更快捷。

5. “幻灯片版式”任务窗格

选择“格式”→“幻灯片版式”命令，打开“幻灯片版式”任务窗格，如图 1.21 所示。在该窗格中，预置的幻灯片版式以缩略图的形式显示。用户只需单击缩略图，即可将相应的版式应用于当前的幻灯片。使用这种方法，能够方便地为大量幻灯片设置各种不同的版式。

图 1.18　“剪贴板”任务窗格

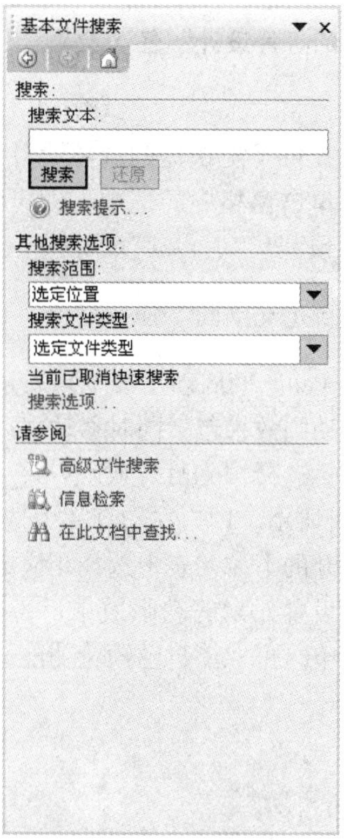

图 1.19　“基本文件搜索”任务窗格

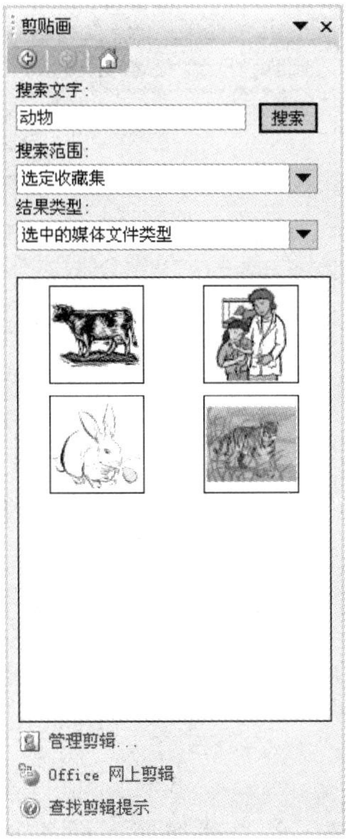

图 1.20　插入“剪贴画”任务窗格

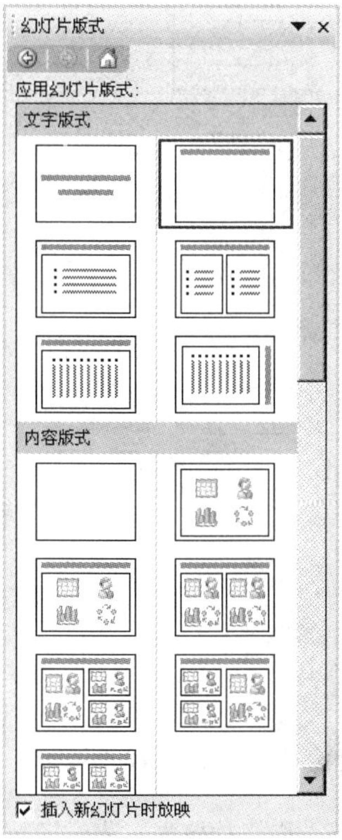

图 1.21　“幻灯片板式”任务窗格

6. “幻灯片设计”任务窗格

选择“格式”→“幻灯片设计”命令，打开“幻灯片设计”任务窗格，如图 1.22 所示。它提供了更快捷的选项设计方式。这些选项包括设计模板、配色方案和动画方案。用户只需单击窗格中的选项，即可将相应的设计样式应用于当前幻灯片，在选定的同时还可进行预览。

7. “自定义动画”任务窗格

PowerPoint 2003 新增加了高质量的自定义动画效果，能够使制作出的演示文稿效果更生动。这些动画效果包括同时移动多个对象、动画“路径”，以及方便地设置幻灯片中所有效果的序列。选择“幻灯片放映”→“自定义动画”命令，打开“自定义动画”任务窗格，如图 1.23 所示。用户在幻灯片中选中要添加效果的元素后，在窗格中单击“添加效果”按钮，从打开的下拉列表中选择相应的选项，就可以为元素设置进入、强调、退出和路径动画等效果。设置元素的动画效果后，系统自动进行预览。如果使窗格左下角的“自动预览”复选框为空，可取消自动预览功能。

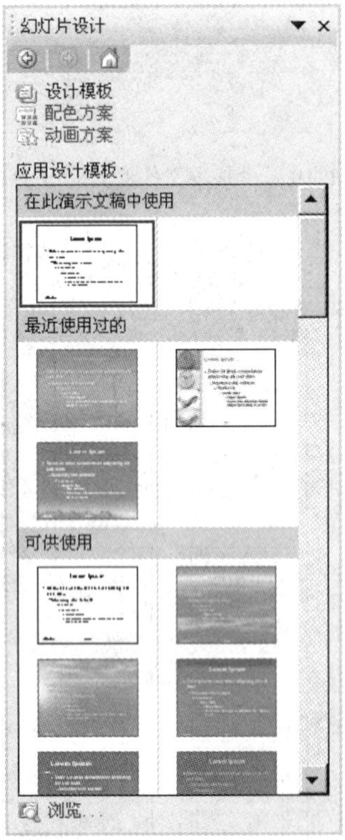

图 1.22 “幻灯片设计”任务窗格

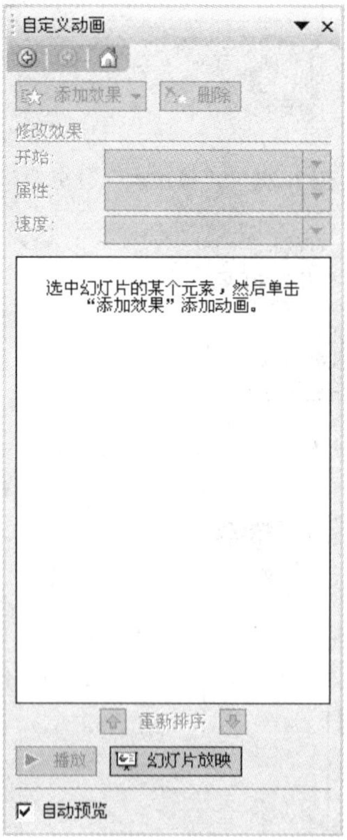

图 1.23 “自定义动画”任务窗格

8. “幻灯片切换”任务窗格

选择“幻灯片放映”→“幻灯片切换”命令，打开“幻灯片切换”任务窗格，如图 1.24 所示。在该窗格中，用户可设置当前幻灯片的显示效果，主要包括换片方式、换片效果、换片时间和换片声音等。

9. “信息检索”任务窗格

如果您可访问 Internet，新的“信息检索”任务窗格（见图 1.25）可提供各种参考信息和扩展资源，可使用百科全书、Web 搜索或通过访问第三方内容对主题进行信息检索。“信息检索”任务窗格还支持同义词搜索，这是 Microsoft Office PowerPoint 的新增功能。对于查找同义词来说，此功能为提高演示文稿的质量带来了方便。

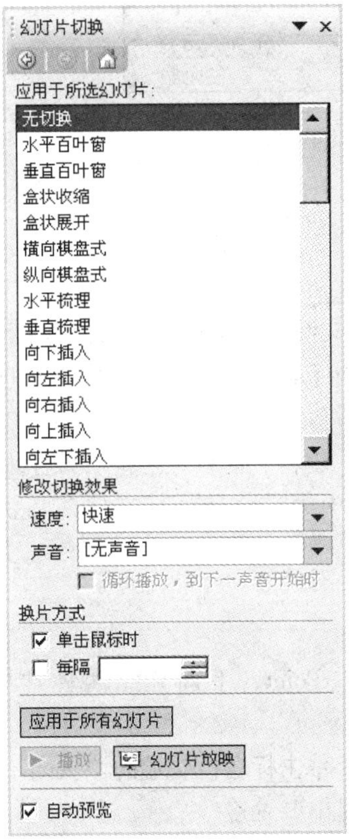

图 1.24　“幻灯片切换”任务窗格

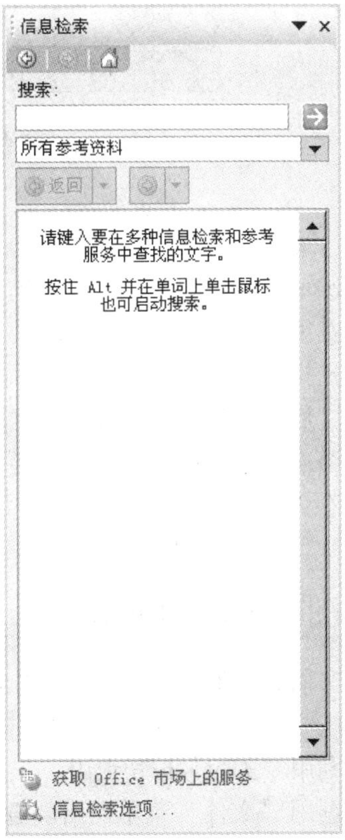

图 1.25　“信息检索”任务窗格

1.5　保存文件及退出 PowerPoint 2003

1. 保存 PowerPoint 文件

在演示文稿的编辑过程中，要注意随时保存演示文稿文档。若是第一次创建新文件，其操作方法如下：

(1) 选择“文件”→“保存”命令或单击常用工具栏中的“保存”按钮，弹出的“另存为”对话框如图 1.26 所示。

(2) 在“文件名”右侧的文本框中输入文件名，在“保存位置”文本框中选择保存文件的文件夹，然后单击“保存”按钮。

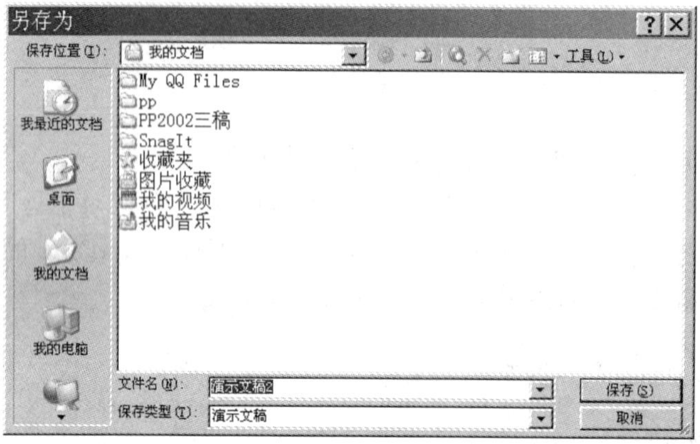

图 1.26 “另存为”对话框

注意

PowerPoint 的默认文件扩展名为.ppt。

若正在编辑的 PowerPoint 文档是一个已经保存过的文件，可按如下方法操作：

(1) 选择“文件”→“保存”命令，或者单击常用工具栏中的“保存”按钮，可将文件以原文件名保存在原文件夹中。

(2) 当需要重新更换文件夹或更改文件名时，从“文件”菜单中选择“另存为”命令，弹出“另存为”对话框，如图 1.26 所示。在该对话框中为文件选择新文件夹和新文件名，然后单击“保存”按钮。

2. 退出 PowerPoint 2003

演示文稿文档制作或编辑完成后，需要退出 PowerPoint，下面介绍两种常用的退出方法。

(1) 利用“关闭”按钮退出。在 PowerPoint 窗口中，单击标题栏右端的“关闭”按钮。

(2) 利用“文件”菜单退出。选择“文件”→“退出”命令。

用以上两种方法退出 PowerPoint 程序，若当前文件尚未保存，会弹出如图 1.27 所示的退出提示框。根据需要单击“是”或“否”按钮。如果希望保存演示文稿的修改结果，单击“是”按钮；如果不希望保存演示文稿的修改结果，单击“否”按钮。

图 1.27 退出 PowerPoint 提示框

1.6 使用帮助

初学 PowerPoint 2003，常常会遇到疑问或不明白的操作，此时可以使用帮助获取有关信息。下面将介绍获得帮助的两种常用方法。

1. 使用屏幕提示

1）查看工具栏各按钮的名称

将光标移至工具栏的按钮上稍等片刻，在光标下方会出现一个显示该按钮名称的提示框。例如：将光标移至常用工具栏中的“保存”按钮上，其效果如图 1.28 所示。

图 1.28　查看工具按钮的名称

2）查看工具栏各按钮的快捷键

其具体操作步骤如下：

（1）选择“工具”→“自定义”命令，弹出如图 1.29 所示的“自定义”对话框。

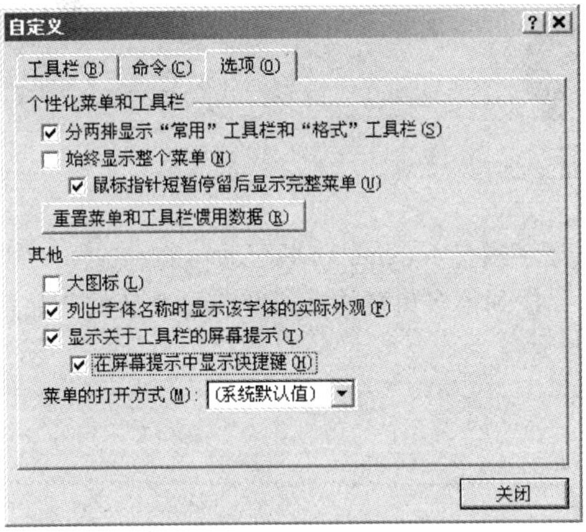

图 1.29　“自定义”对话框

（2）选择“自定义”对话框中的“选项”选项卡。

（3）在“其他”选项组中，选中“在屏幕提示中显示快捷键”复选框，然后单击“关闭”按钮。

（4）将光标移至常用工具栏中的“保存”按钮上，稍等片刻，在光标下方的黄色提示框中会显示该按钮的名称和相应的快捷键，如图 1.30 所示。

图 1.30　查看工具按钮的快捷键

2. 使用 Office 助手

其具体操作步骤如下：

（1）选择“帮助”→“显示 Office 助手”命令，会出现一位助手，如图 1.31 所示。

（2）在工作过程中，“Office 助手”会根据你的实际工作情况显示不同的提示，或在提示框中列出所碰到难题的帮助信息列表。单击列表中的帮助主题（即有“灯泡”图标的帮助主题），就可得到所需的帮助。

注意

在工作过程中，有时在“Office 助手”上方出现一个灯泡图标，这表明“Office 助手”已经有操作建议提供。单击灯泡图标，随即出现一个与当前操作有关的帮助提示。

（3）单击“确定”按钮，即可关闭提示。

（4）如果要关闭“Office 助手”，可将光标移至“Office 助手”上，单击鼠标右键，在弹出的快捷菜单中选择“隐藏”命令，如图 1.32 所示。

图 1.31 “Office 助手”

图 1.32 隐藏“Office 助手”

PowerPoint 2003 中新增了通过 Internet 获得帮助功能。选择“帮助”→“Microsoft Office Online”命令，不仅可以寻找到很多免费的资料及获得最新的产品信息，而且可以阅读到常见问题，并获得联机帮助。

习题 1

一、问答题

1. 如何进入中文 PowerPoint 2003？
2. 中文 PowerPoint 2003 的工作窗口由哪些部分组成？
3. 中文 PowerPoint 2003 有哪 4 种不同的视图窗口？
4. 如何使用中文 PowerPoint 2003 提供的帮助功能，查看工具栏中各按钮的名称和快捷键？
5. 如何在不同的任务窗格间切换？

二、选择题

1. 幻灯片浏览视图中，关于每行显示幻灯片的数量，下列说法正确的是________。
   A. 每行只能显示 3 张幻灯片　　B. 每行显示幻灯片的张数是固定的
   C. 每行只能显示 5 张幻灯片　　D. 每行显示幻灯片的张数可以调整
2. 在 4 种不同的视图窗口之间切换，操作方法为________。
   A. 单击视图切换工具栏中的相应按钮　　B. 执行“视图”菜单中的相应命令
   C. 执行“编辑”菜单中的相应命令　　C. 执行“文件”菜单中的相应命令
3. PowerPoint 2003 新增加了任务窗格功能，任务窗格可出现在________视图中。
   A. 普通　　B. 备注页
   C. 大纲　　D. 浏览

4. 如果想在 PowerPoint 2003 窗口中打开一个特定的任务窗格，操作方法为________。

A. 选择“文件”→“搜索”命令

B. 选择“编辑”→“Office 剪贴板”命令

C. 选择“格式”→“幻灯片版式”命令

D. 选择“任务窗格”中“其他任务窗格”下拉菜单中的相应命令

三、判断题

1. 启动 PowerPoint 2003 的唯一方法是通过“开始菜单”按钮。(　　)

2. 默认情况下，启动 PowerPoint 2003 后，自动显示“常用”和“格式”两个工具栏。(　　)

3. “格式”和“常用”工具栏中的命令按钮，可以进行添加或删除。(　　)

4. 选择“视图”菜单，在弹出的菜单中执行“工具栏”→“绘图”命令，即可显示“绘图”工具栏。(　　)

上机实习 1

1. 采用两种不同的方法进入中文 PowerPoint 2003。

2. 利用视图切换工具栏中的按钮与“视图”下拉菜单，分别在 4 种工作窗口之间进行切换。

3. 利用中文 PowerPoint 2003 所提供的帮助功能查看工具栏中的按钮名称与快捷键。

4. 利用 PowerPoint 2003 所提供的帮助功能查看工具按钮、命令，以及对话框中各选项的作用和功能。

5. 在幻灯片普通视图中输入一段文字“自学式多元媒体教材的设计”，然后将演示文稿以“PP1”为文件名保存在“PP”文件夹中。

6. 退出中文 PowerPoint 2003。

第 2 章　创建演示文稿

所谓演示文稿，是由一系列相关幻灯片组成，其扩展名为 . PPT 的 PowerPoint 文件。下面通过对幻灯片进行设置（如为其添加文本、图像及动画效果等）向观众表达观点，或展示成果及传达信息等。

本章将介绍如何创建演示文稿，并通过实例来展示用 PowerPoint 制作出的演示文稿效果。

2.1　创建演示文稿的方法

启动 PowerPoint，打开“新建演示文稿”任务窗格，如图 2.1 所示。在“新建”选项组中单击相应的选项，可以利用空演示文稿、内容提示向导或设计模板 3 种方法创建演示文稿。

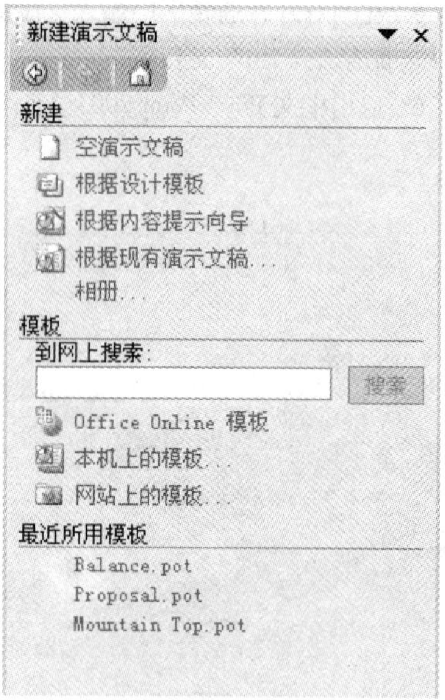

图 2.1　“新建演示文稿”任务窗格

1. 创建空演示文稿

要创建一个空演示文稿，其操作方法如下：

（1）选择“文件”→“新建”命令，打开“新建演示文稿”任务窗格。

（2）选择“新建演示文稿”任务窗格中的“空演示文稿”命令，打开“幻灯版式”任务窗格，如图 2.2 所示。

（3）在“幻灯片版式”任务窗格中，选择一种需要的版式，如“标题幻灯片”版式。

注意

所谓版式，就是幻灯片上元素（如标题文本、副标题文本、列表、图片、表格、图表、自选图形等）的排列方式。

PowerPoint 2003 根据用户的不同情况提供了 4 种类型的自动版式，分别为“文字版式”、“内容版式”、“文字和内容版式”和“其他版式”。

（4）单击“单击此处添加标题”占位符，然后输入幻灯片的标题。单击“单击此处添加副标题”占位符，然后输入幻灯片的副标题。

（5）重复操作步骤（3）和步骤（4），制作出多张幻灯片，直到完成演示文稿的制作。

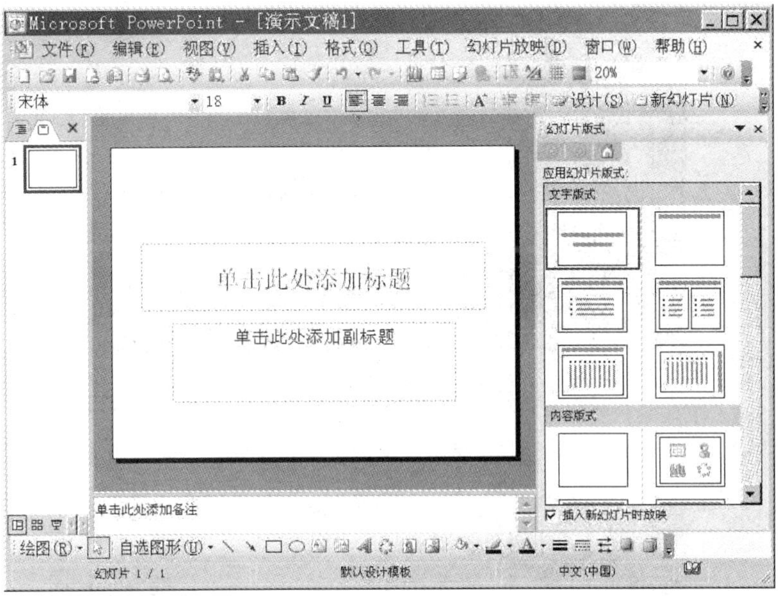

图 2.2　“幻灯片版式”任务窗格

2. 利用内容提示向导创建演示文稿

使用内容提示向导创建演示文稿，其操作方法如下：

（1）选择“文件”→“新建”命令，打开“新建演示文稿”任务窗格。

（2）选择“新建演示文稿”任务窗格中的“根据内容向导提示”命令，打开“内容提示向导”对话框，如图 2.3 所示。

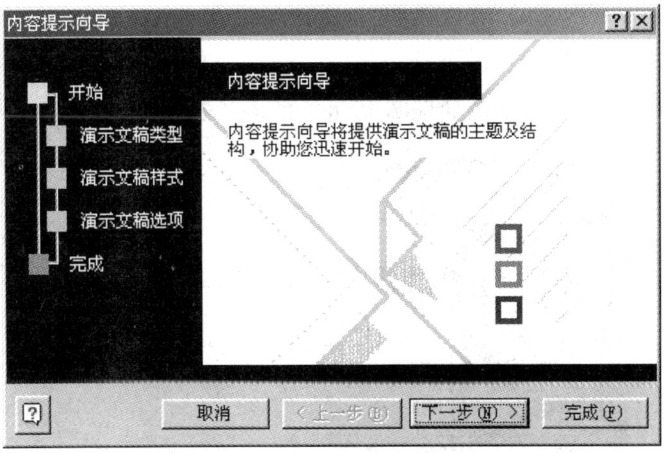

图 2.3　“内容提示向导”对话框

（3）单击“下一步”按钮，此时的“内容提示向导”对话框如图 2.4 所示。在对话框中，可选择演示文稿的类型，并在右侧的列表框中选择该类型演示文稿的子类型。图 2.4 所示为选择“常规”类型中的“建议方案”子类型。

（4）单击“下一步”按钮，此时的“内容提示向导”对话框如图 2.5 所示。在该对话框中，选择演示文稿的输出类型。图 2.5 所示为选择“屏幕演示文稿”的输出类型。

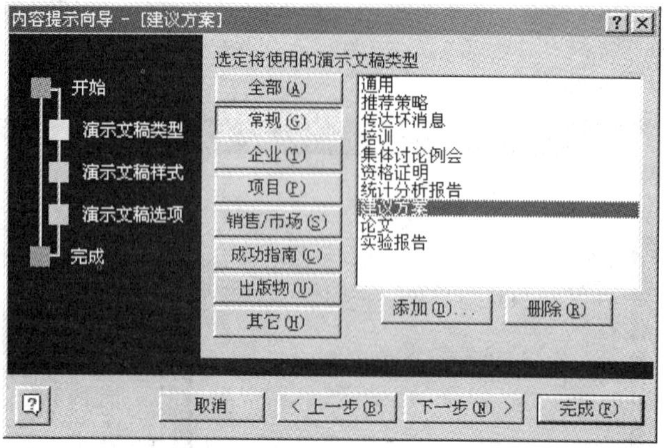

图 2.4　选择“常规”类型中的“建议方案”

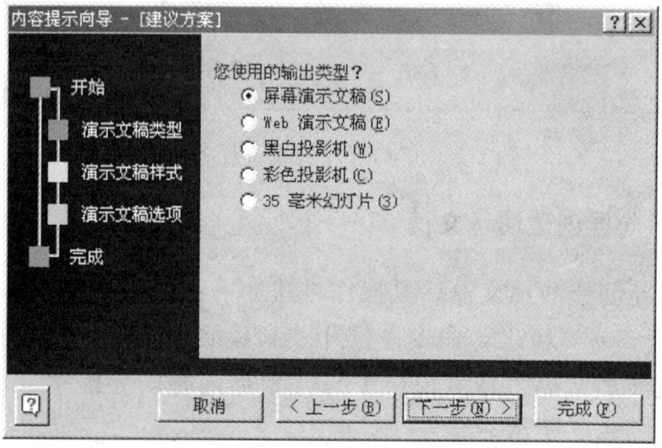

图 2.5　选择“屏幕演示文稿”输出类型

(5) 单击“下一步”按钮，此时的“内容提示向导”对话框如图 2.6 所示。在“演示文稿标题”文本框中输入演示文稿的标题（如“学习总结”）。

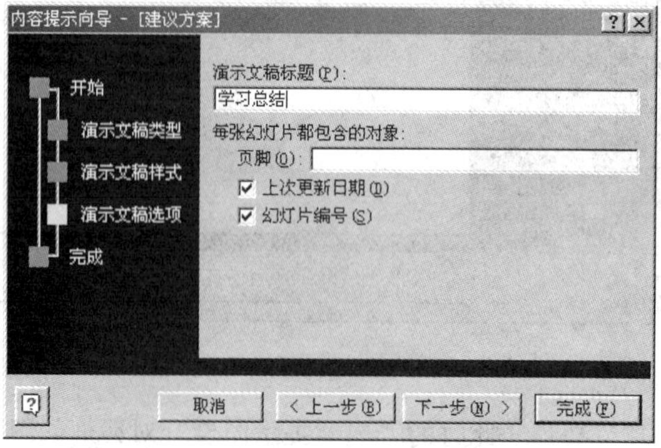

图 2.6　输入演示文稿标题

(6) 单击“下一步”按钮，此时的“内容提示向导”对话框如图 2.7 所示。单击“完成”按钮，从而完成使用内容提示向导创建演示文稿的工作。

(7) 按照上面操作所创建的演示文稿如图 2.8 所示。

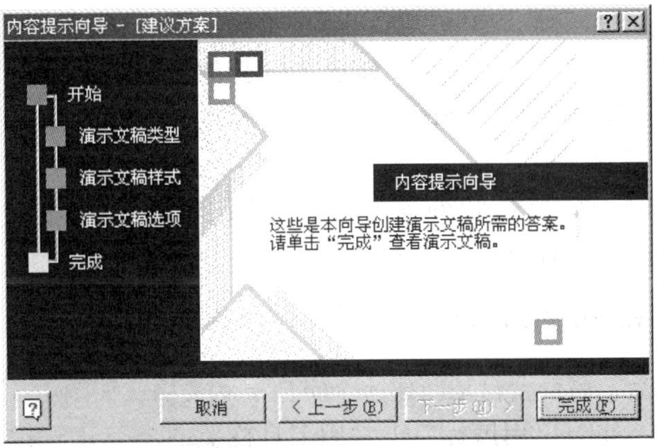

图 2.7 “内容提示向导”对话框

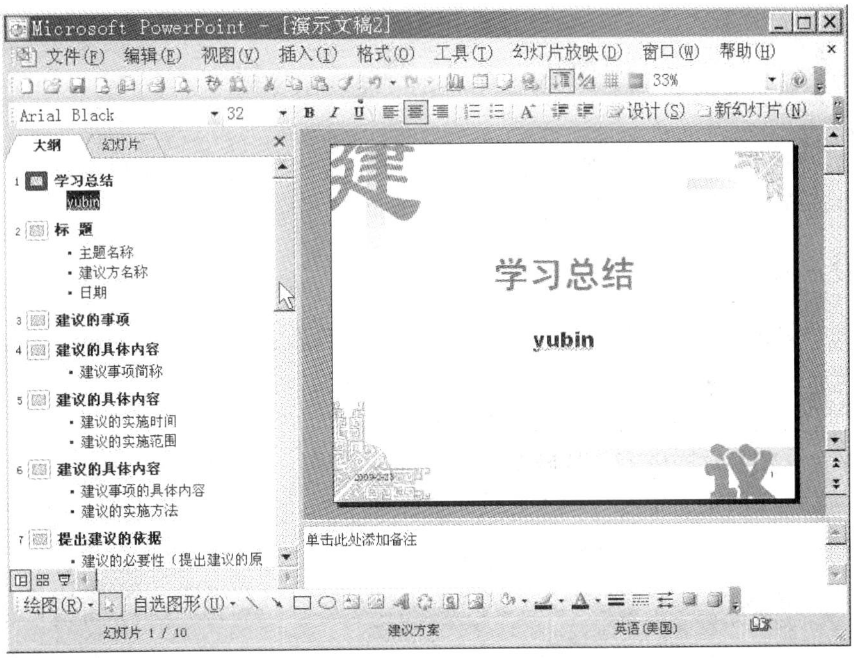

图 2.8 利用“内容提示向导”创建的演示文稿

3. 利用设计模板创建演示文稿

使用模板创建演示文稿就是先选取幻灯片的结构方案，比如对象的搭配、色彩的配置、文本的格式及其布局等内容，然后在这种结构方案上创建幻灯片。具体操作将在第 6 章中详细介绍。

2.2 举例创建演示文稿——第一个演示文稿

通常，制作演示文稿的过程大致分为如下 6 步：

(1) 启动 PowerPoint 2003，然后选择创建新演示文稿的方式。

(2) 确定创建新演示文稿的方式后，向演示文稿输入和编辑文本内容。

(3) 在幻灯片中插入图片、声音，以及创建图表和表格等，从而使演示文稿的内容达到丰富多彩、图文并茂的效果。

（4）设计演示文稿的样式，使演示文稿更加美观大方，吸引观众。

（5）观看放映幻灯片的效果，修改演示文稿中不满意之处。

（6）保存和打印演示文稿。

下面开始举例创建一个 PowerPoint 演示文稿。通过观察用 PowerPoint 制作的演示文稿效果，可使我们对 PowerPoint 有一个感性认识。

1. 进入中文 PowerPoint 2003

启动 PowerPoint 后，系统会自动新建一个空白演示文稿，如图 1.3 所示。用户可以直接利用此空白演示文稿，也可以用鼠标单击常用工具栏上的“新建”按钮，自行新建一个文稿。每次新建演示文稿都会包含一张幻灯片。

2. 设置幻灯片版式

（1）选择“新建演示文稿”任务窗格中的“空演示文稿”命令，打开“幻灯片版式”任务窗格。

（2）在“幻灯片版式”任务窗格中选择“文字版式”，选择“标题和文本”版式。此时，可以开始在编辑区内编辑第一张幻灯片了。

3. 输入一段文字

在输入中文文字前，首先要选择中文输入法：按键盘上的“Ctrl + Space”组合键，可以切换到预设的中文输入法。如果切换到的不是想要的输入法，可重复用“Ctrl + Shift”组合键进行更换，直到切换到合适的中文输入法为止。

编辑第一张幻灯片的内容，其操作步骤如下：

（1）在普通视图中，单击“单击此处添加标题”，然后输入文字“第一个演示文稿—小故事”，如图 2.9 所示。

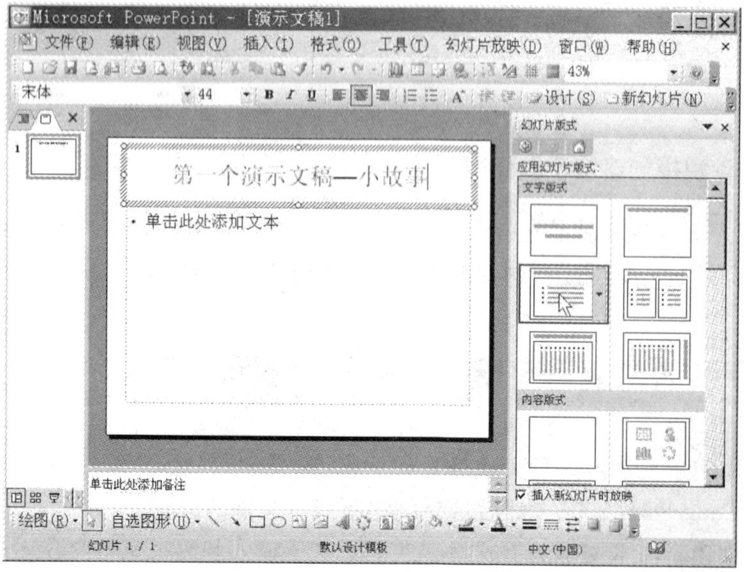

图 2.9 在标题栏中输入文字

（2）单击“单击此处添加文本”，然后输入文字“一只大老虎和一只小兔子的故事，一天早晨天气很好，小兔子高高兴兴出了门，要去地里拔萝卜”，如图 2.10 所示。

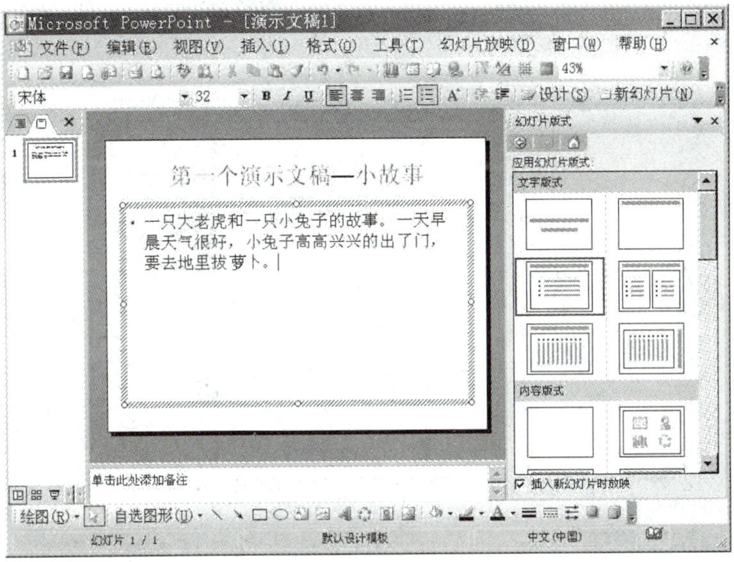

图 2.10　在文本框中输入文字

4. 绘制一个简单的图形

其具体操作方法如下：

（1）在工作窗口下方有一个绘图工具栏。如果没有绘图工具栏，选择“视图”→“工具栏”命令，在弹出的子菜单中选择“绘图”命令，如图 2.11 所示。

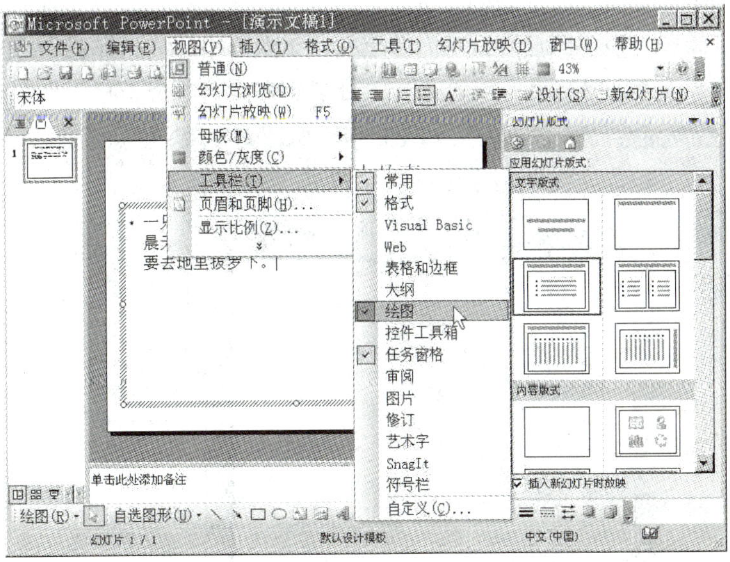

图 2.11　利用“视图”菜单打开“绘图”工具栏

（2）单击“绘图”工具栏中的“椭圆”按钮，将指针移至幻灯片中，此时指针变为“十”字形状。

（3）按下并拖动鼠标左键，在屏幕上出现一个椭圆，当椭圆大小合适后松开鼠标，就在幻灯片中绘制出了一个椭圆，如图 2. 12 所示。

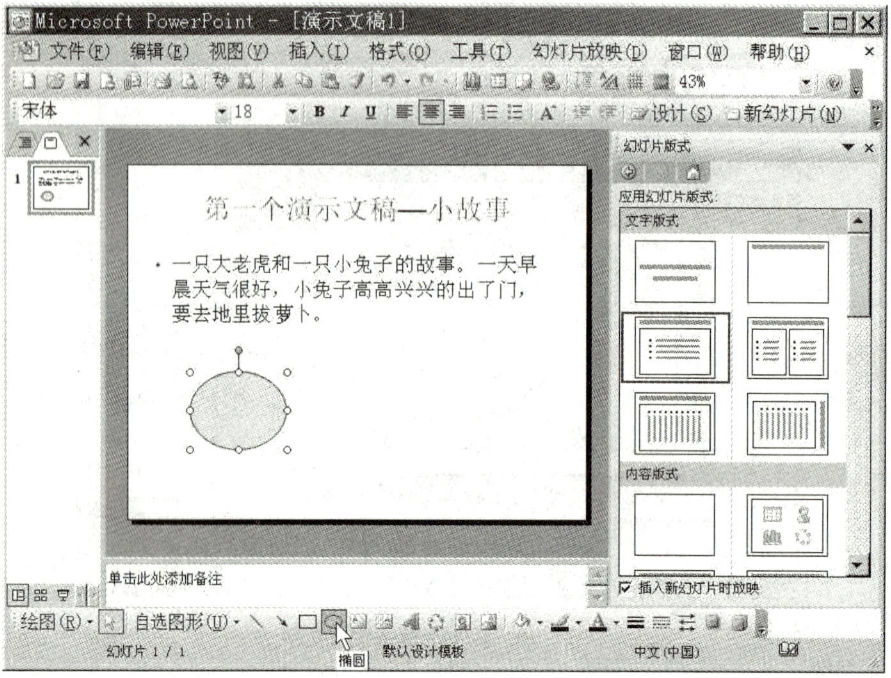

图 2. 12　在幻灯片中绘制一个椭圆

5. 在幻灯片中插入剪贴画

其具体操作步骤如下：

（1）将光标移至要插入剪贴画的位置。

（2）选择“插入”→“图片”命令，再选择其子菜单中的“剪贴画”命令（或者在“绘图”工具栏上单击“插入剪贴画”按钮）打开“剪贴画”任务窗格，如图 2. 13 所示。

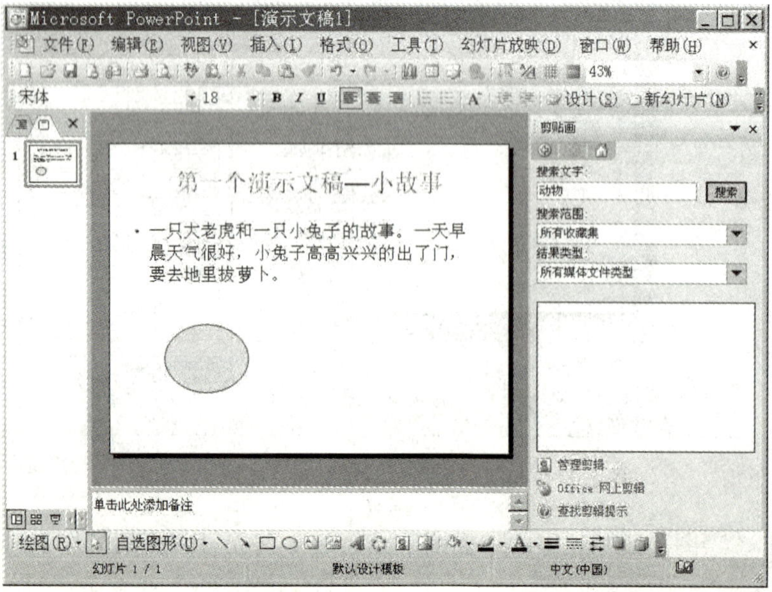

图 2. 13　“剪贴画”任务窗格

(3) 在“剪贴画”任务窗格的“搜索文字”文本框中，输入“人物”、“动物”、“科学”或“自然”等关键词。在这里，我们输入“动物”。

(4) 在“搜索范围”下拉列表中，选定要搜索的范围（如选择“Office 收藏集”），如图 2.14 所示。

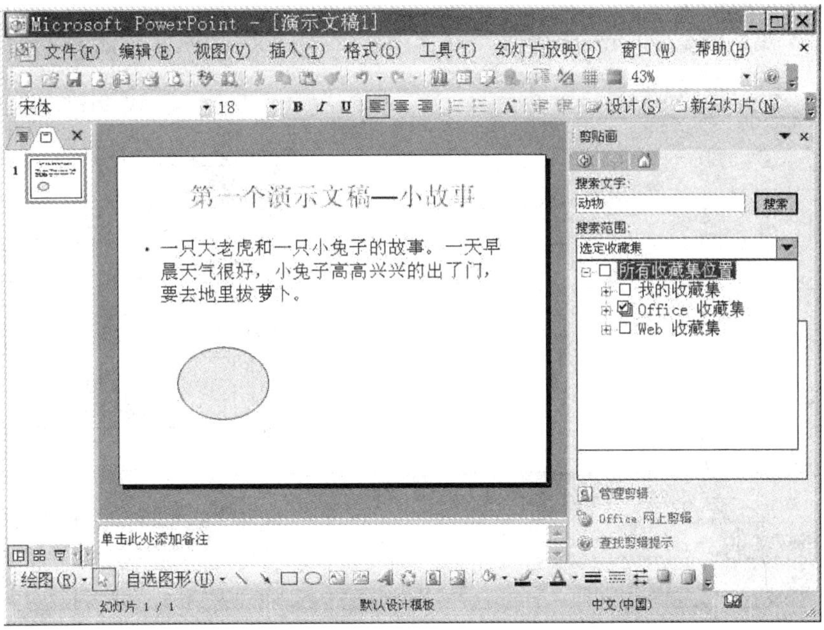

图 2.14　“搜索范围”下拉列表

(5) 在“结果类型”下拉列表中选择要查找的剪辑类型（如选择“剪贴画”），如图 2.15 所示。

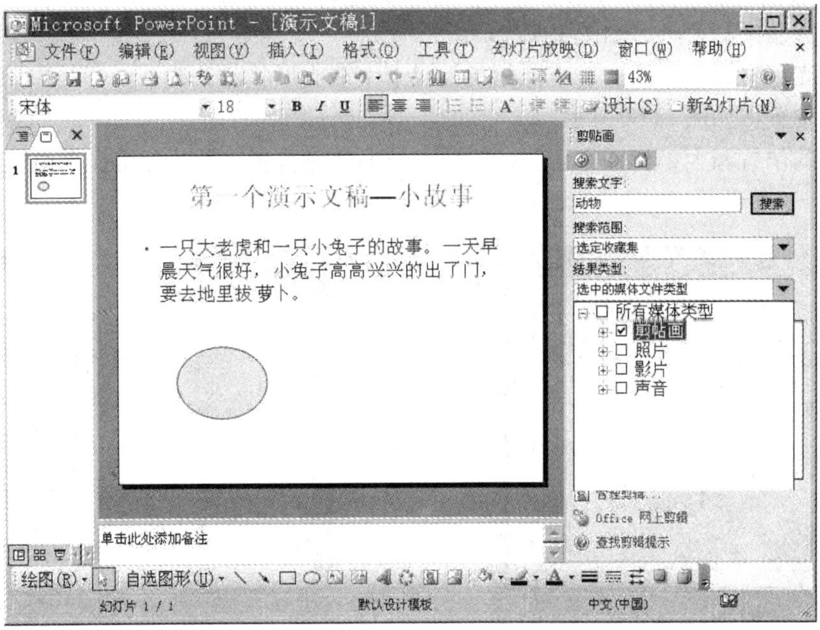

图 2.15　“结果类型”下拉列表

(6) 单击“搜索”按钮，在“剪贴画”任务窗格的“结果”列表框中，显示搜索有关“动物”类的图片。

(7) 在“剪贴画”任务窗格中，单击要插入的图片，将剪贴画插入到光标所在位置，如图 2.16 所示。

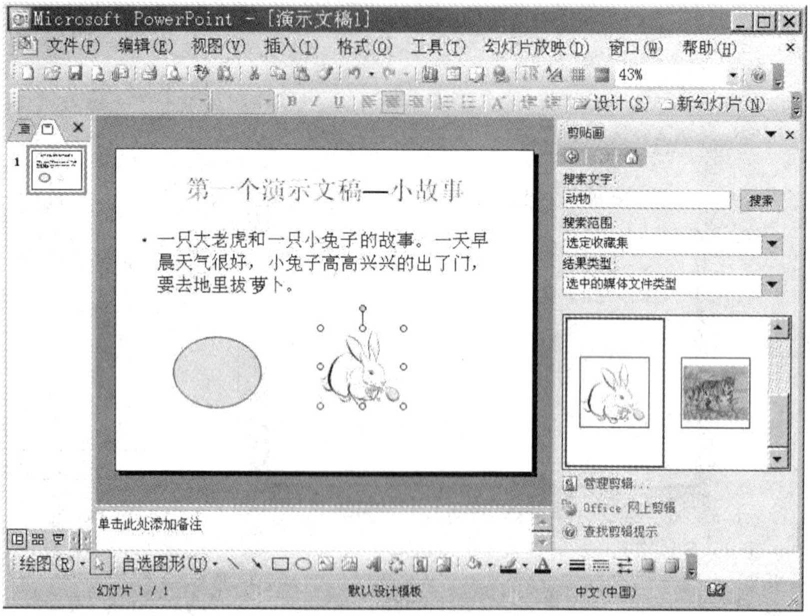

图 2.16 在幻灯片中插入剪贴画

此外，如果要在文档中插入声音或动画剪辑，可打开“声音”或“动画剪辑”选项卡进行具体操作。

(8) 将光标移到剪贴画四周的控制点上，当光标变为双箭头形状时，按下鼠标并拖动，可用于调整剪贴画的大小，如图 2.17 所示。

(9) 将光标移到剪贴画上，当光标变为双十字箭头形状时，按下鼠标并拖动，可用来调整剪贴画的位置，如图 2.18 所示。

剪贴画的位置和大小调整完后，在剪贴画外的任意位置上单击鼠标，剪贴画周围的控制点消失。

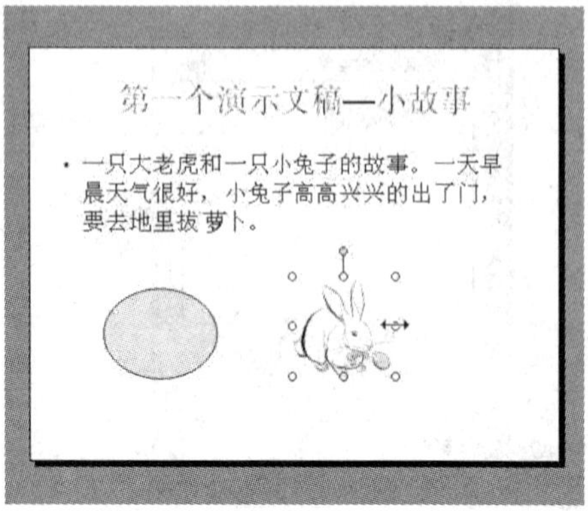

图 2.17 调整剪贴画的大小

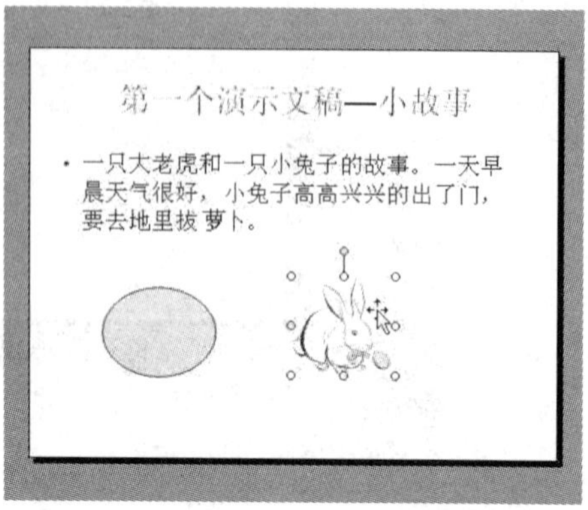

图 2.18 调整剪贴画的位置

2.3 创建新幻灯片及应用设计模板

1. 创建一张新的幻灯片

其具体操作步骤如下：

(1) 选择“插入”菜单中的“新幻灯片”命令，如图 2.19 所示。

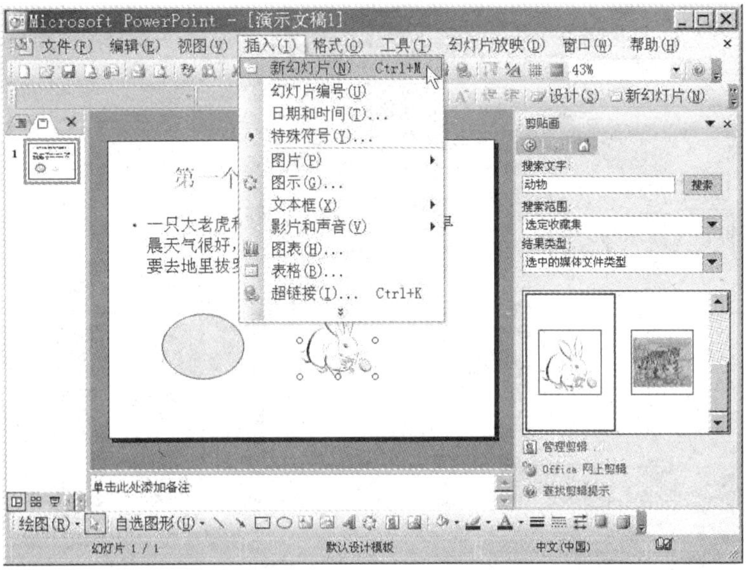

图 2.19　选择“新幻灯片”命令

(2) 重复创建第一张幻灯片的步骤，在幻灯片中输入标题和正文、根据需要绘制简单图形（如自选图形）、插入剪贴画（“搜索文字”文本框中输入“动物”）等，操作效果如图 2.20 所示。

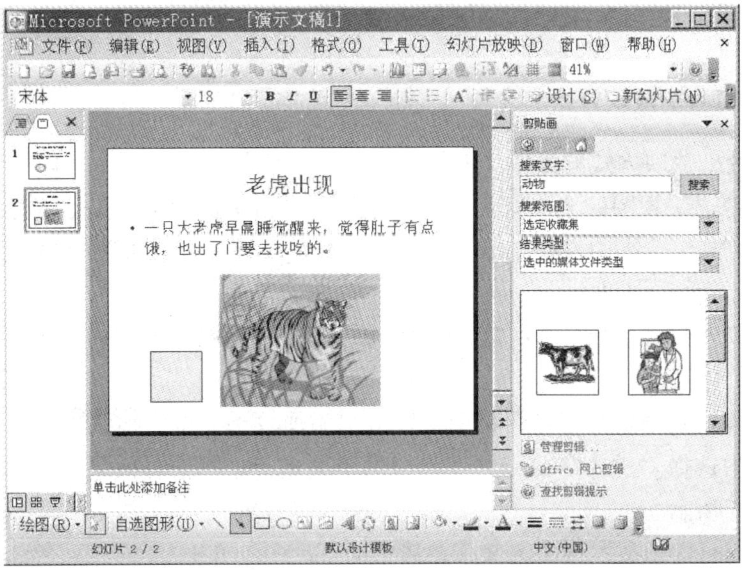

图 2.20　插入第二张幻灯片

2. 在演示文稿中应用设计模板

其具体操作步骤如下：

(1) 在“普通”视图中的“幻灯片”选项卡下，单击“格式”工具栏上“设计”按钮 设计(S)。在打开的“幻灯片设计”任务窗格中，选择“设计模板”。

(2) 在“应用设计模板”列表框中为演示文稿选择一种模板（例如，选择“Balance”模板），单击该模板后，幻灯片的效果如图 2.21 所示。

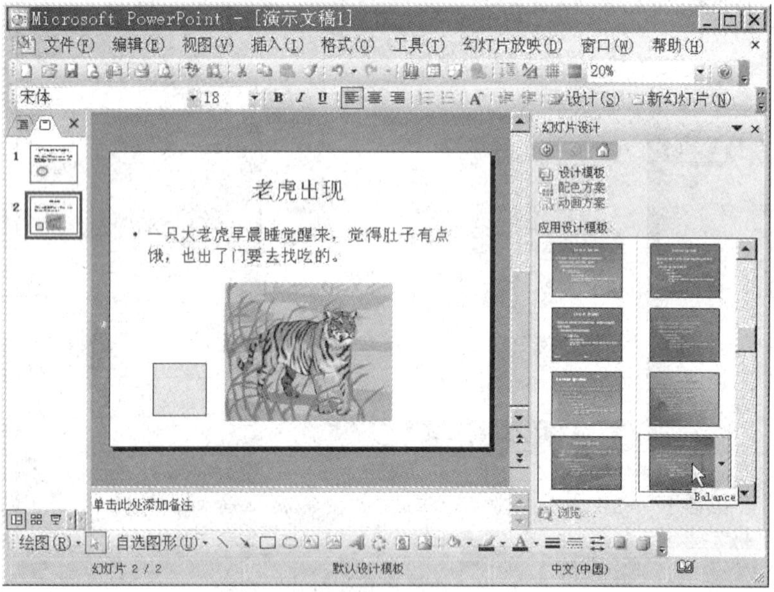

图 2.21 在任务窗格中选择“Balance”模板

2.4 设置幻灯片放映方式、切换效果及保存文件

1. 设置幻灯片的放映方式

设置幻灯片的放映方式的操作步骤如下：

(1) 在“普通”视图的“幻灯片”选项卡下，单击右侧的第一张幻灯片。

(2) 在幻灯片编辑区中，单击标题“第一个演示文稿—小故事”，在标题四周出现控制柄，如图 2.22 所示。

(3) 选择“幻灯片放映”→“自定义动画”命令（见图 2.23），打开“自定义动画”任务窗格。

(4) 在“自定义动画”任务窗格中，单击“添加效果”按钮 添加效果，在打开的“效果”下拉菜单中选择“进入”命令；在弹出的子菜单上选择一种效果（如选择“飞入”效果），如图 2.24 所示。

(5) 单击幻灯片中文本框中的文字，选中幻灯片中的方框。

(6) 重复步骤（3）和步骤（4），在子菜单中选择动画效果，选择“渐变”命令。

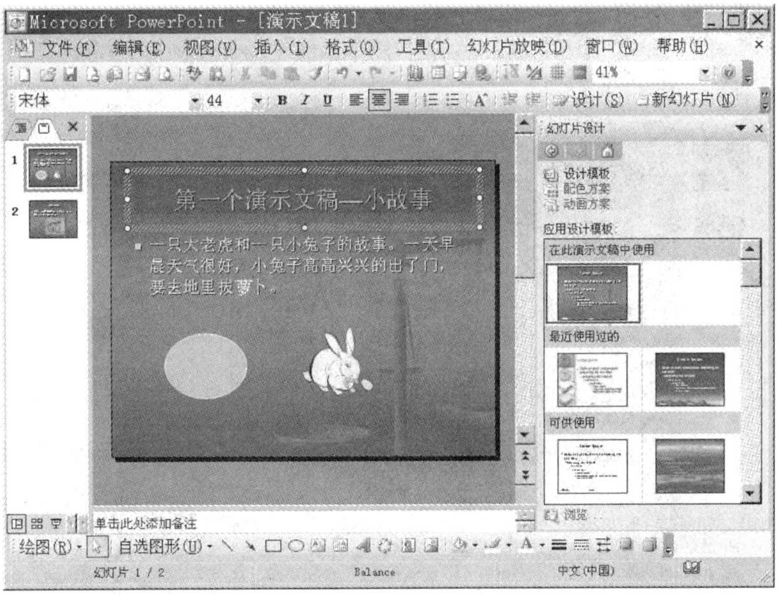

图 2.22　选中幻灯片中的标题

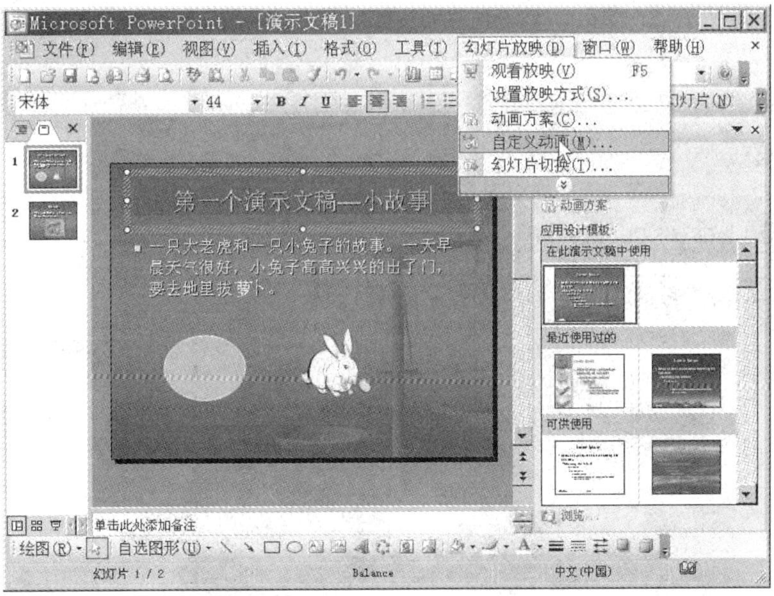

图 2.23　选择“自定义动画”命令

(7) 选中幻灯片中的剪贴画，重复步骤（4），在子菜单中选择“百叶窗”动画效果。

(8) 选中幻灯片中的图形，重复步骤（4），在子菜单中选择“菱形”动画效果。

(9) 切换到第二张幻灯片，分别给标题文字、正文文字、图形和剪贴画设置与第一张幻灯片中各个对象一样的动画效果。

2. 设置幻灯片的切换效果

设置幻灯片切换效果的操作步骤如下：

(1) 在“普通”视图的“幻灯片”选项卡下，单击需要设置切换效果的幻灯片。

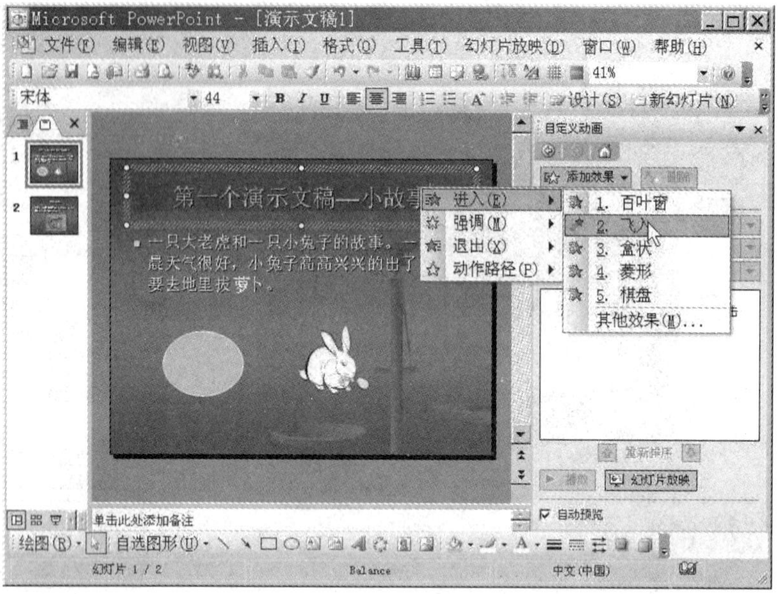

图 2.24 选择“飞入”动画效果

（2）选择“幻灯片放映”→“幻灯片切换”命令，打开的“幻灯片切换”任务窗格如图 2.25 所示。

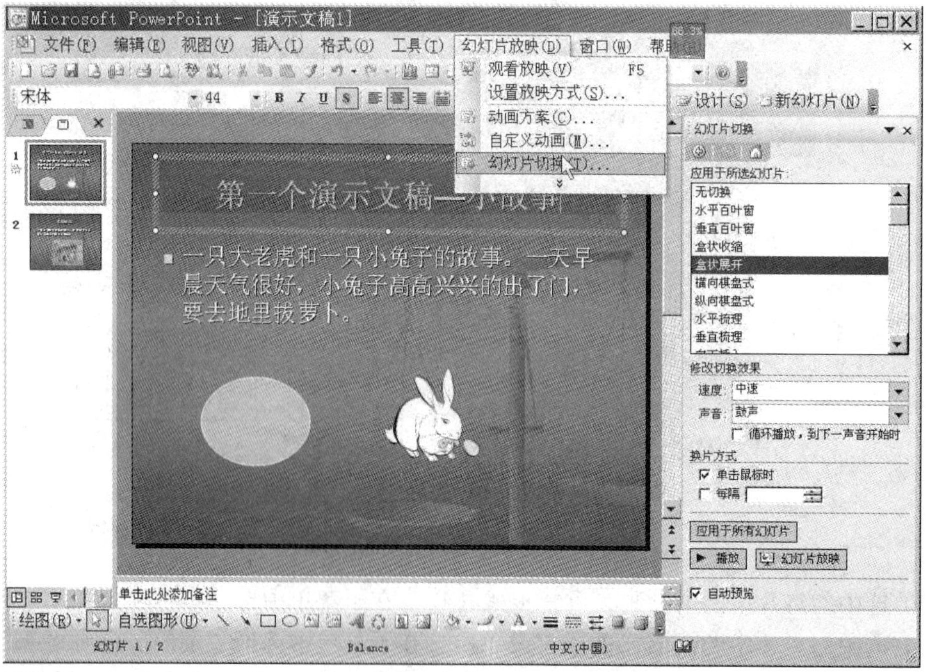

图 2.25 “幻灯片切换”任务窗格

（3）在“应用于所选幻灯片”列表框中设置幻灯片的切换效果（例如，选择“盒状展开”效果）。

（4）在“速度”下拉列表中设置幻灯片的切换速度（例如，选择“中速”）。

（5）打开“声音”下拉列表，在其中选择一种合适的声音。这里选择“鼓声”。

（6）在“换片方式”框中有两个复选框，若选中“单击鼠标时”复选框，则在放映时通过单击鼠标换页。

（7）如果要将设置的幻灯片切换效果应用于演示文稿的全部幻灯片，可以单击“应用于所有幻灯片”按钮。

3. 放映演示文稿

放映演示文稿的操作步骤如下：

（1）选择“幻灯片放映”→“观看放映”命令，计算机开始放映演示文稿中的幻灯片。

（2）当前一个幻灯片出现在屏幕上后，单击鼠标，下一个幻灯片按照设置好的切换效果放映；重复地单击鼠标，直至放映完全部的幻灯片。

4. 保存演示文稿

演示文稿的幻灯片制作完成后，要将演示文稿文件加以保存。其具体操作步骤如下：

（1）选择“文件”→“保存”命令，弹出“另存为”对话框。

（2）在“文件名”文本框中输入文件名“演示文稿 1”。

（3）单击“保存”按钮。

习题 2

一、问答题

1. 创建演示文稿的方法有哪几种？各自的特点是什么？
2. 如何在幻灯片中绘制图形：椭圆、直线、箭头、矩形和圆。

二、判断题

1. 新建一个演示文稿文档，必须在“空演示文稿”、“根据内容提示向导”和“根据设计模板”3 种方法中选择一种方法才能创建。（　　）
2. 使用内容提示向导创建演示文稿，就是先选取幻灯片的结构方案，然后在这种结构方案上创建幻灯片。（　　）
3. 新建一张幻灯片，默认的幻灯片版式为“标题和文本”幻灯片版式。（　　）
4. 新建一个空演示文稿，默认的幻灯片版式为“标题”幻灯片版式。（　　）

上机实习 2

1. 启动中文 PowerPoint 2003
2. 在任务窗格中选择“空演示文稿”，进入 PowerPoint 2003 的普通视图。
3. 在“应用幻灯片版式”任务窗格中，选择“标题和文本”幻灯片版式。
4. 在第一张幻灯片中输入标题文字：“这是我的第一个演示文稿”。输入正文文字为“直观、简单、易用，这是中文 PowerPoint 2003 演示文稿制作软件最大的特点”。
5. 在幻灯片中绘制一个矩形。
6. 在幻灯片中插入一幅剪贴画。
7. 创建第二张幻灯片，在幻灯片中输入标题文字为“PowerPoint 2003 演示文稿的特点”。输入正文文字为“使用 PowerPoint 2003 制作一个包括文本、图形、音乐、图片和声音的演示文稿，是一件轻而易举的事情”。

8. 在第二张幻灯片中，绘制一个椭圆图形。
9. 在第二张幻灯片中，插入一幅剪贴画。
10. 将“Globe”模板应用于演示文稿中。
11. 给两张幻灯片中的文字、图形，以及剪贴画设置动画效果。
12. 在演示文稿中设置幻灯片的切换效果。
13. 放映演示文稿。
14. 将演示文稿以“PP2”为文件名保存在“PP”文件夹中。
15. 退出中文 PowerPoint 2003。

第 3 章　文本处理和幻灯片编辑

文本处理是制作演示文稿时最基本的操作。要使制作的演示文稿美观大方，具有吸引力，必须要很好地处理幻灯片中的文本。文本处理包括文本输入、文本编辑、文本格式化和文本段落格式化等操作。

对于幻灯片的编辑，它包括插入、删除、复制、移动幻灯片等一系列的操作。

3.1　文本的处理

3.1.1　文本的输入

1. 在占位符中输入文本

占位符是一种带有虚线边缘的框，如图 3.1 所示。绝大多数幻灯片版式中都有这种虚线框，在这些框内可以放置标题、正文、图表、表格和图片等对象。在没有输入文本前，占位符中显示一些提示性的文字，当在占位符中单击后，这些文字被闪烁的光标所代替，此时就

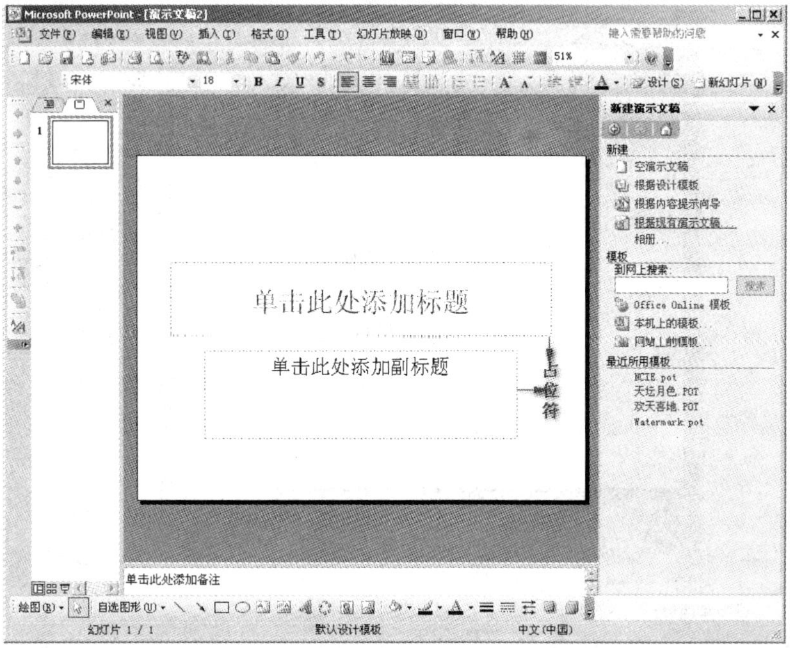

图 3.1　占位符

可以输入文字了。

其具体操作方法如下所述。

(1) 用鼠标单击幻灯片编辑区的“单击此处添加副标题”占位符，如图 3.2 所示。

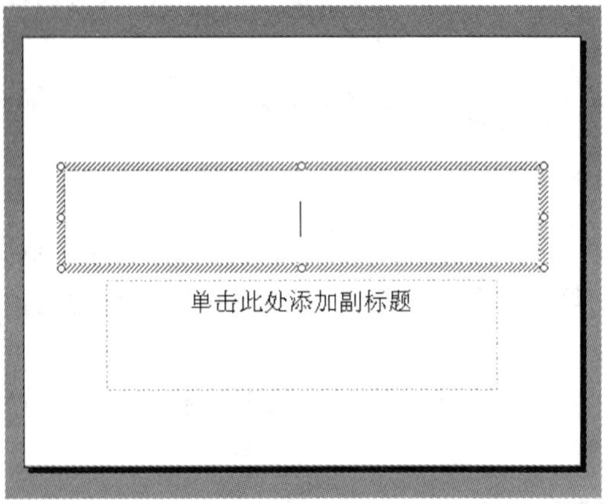

图 3.2　准备输入文字

(2) 同时按键盘上的“Ctrl + Space”组合键，可以切换到预设的中文输入法状态。如果切换的输入法不是想要的输入法，可重复按“Ctrl + Shift”组合键进行更换，直到切换到合适的中文输入法为止。

(3) 在标题框中输入幻灯片的标题，如“第一章 计算机概述”。

(4) 用同样的方法输入幻灯片的副标题，效果如图 3.3 所示。

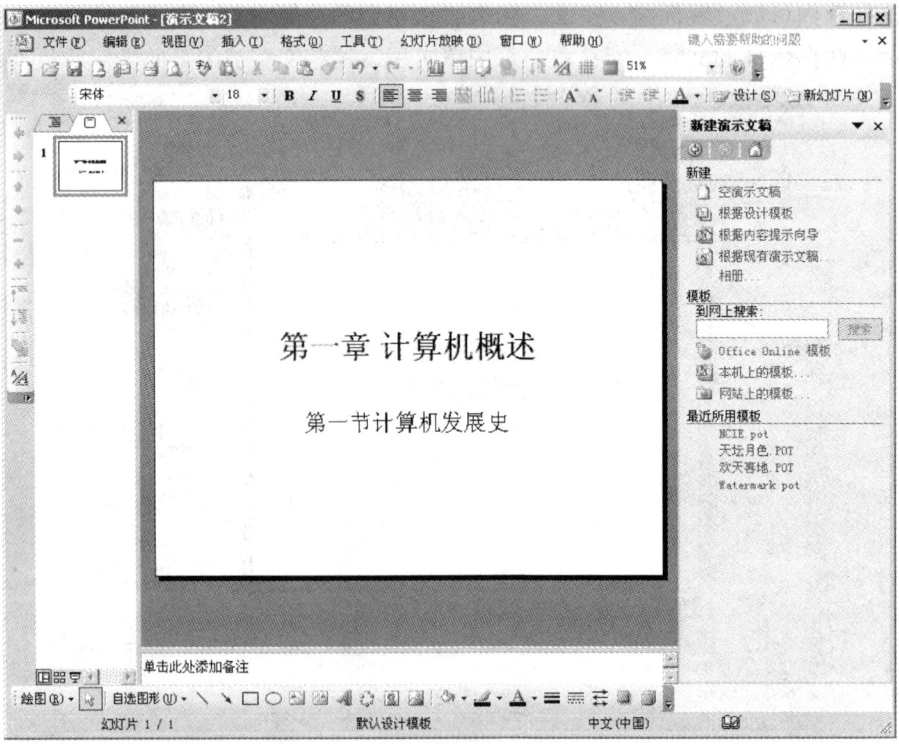

图 3.3　输入主标题和副标题

2. 在“大纲”选项卡中输入文本

PowerPoint 2003 演示文稿的“大纲”选项卡由一系列标题构成，主标题下可有子标题，子标题下有层次小标题，不同层次的文本有不同程度的左缩进设置。

幻灯片中的文本可以在大纲上显示出来，所以可以直接在大纲中输入文本，这样对操作更加直观、方便。

1）输入演示文稿的标题

其具体操作步骤如下：

（1）新建一个空演示文稿，切换到“大纲”选项卡，如图 3.4 所示。

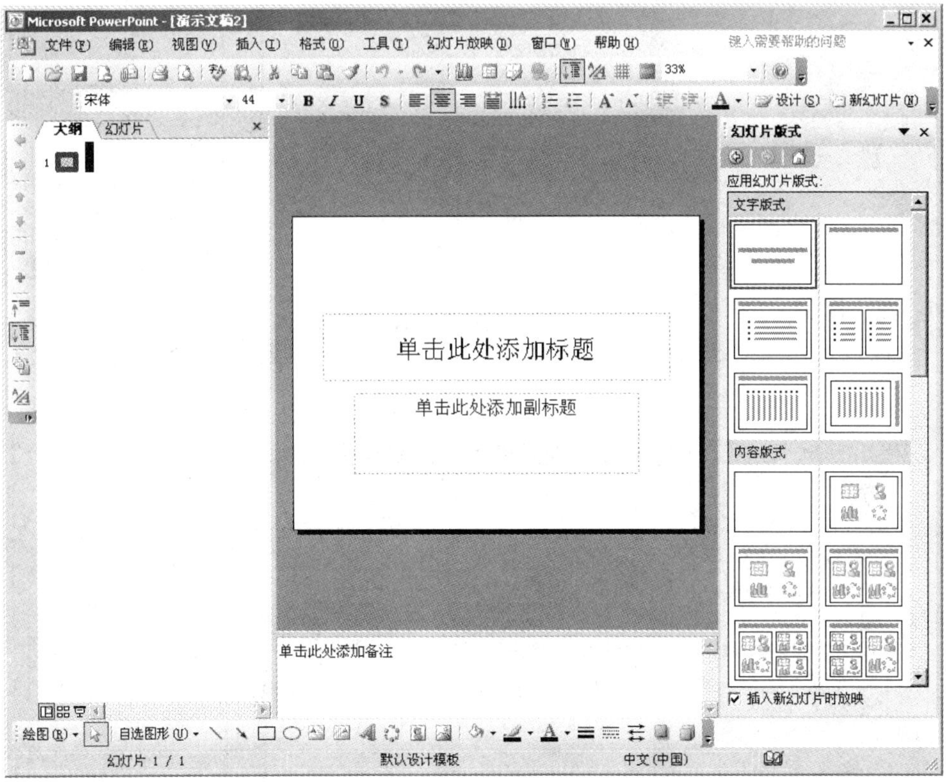

图 3.4　“大纲”选项卡

（2）在代表幻灯片的图框右侧输入幻灯片的标题（如输入“第一章 计算机概述”），再按“Enter”键，这时就新建了一张幻灯片。

（3）输入下一张幻灯片的标题（如输入“ 第二章 计算机基本操作”），再按“Enter”键，即可新建另一张幻灯片。

可以发现，每按一次“Enter”键，就新建一张幻灯片。依次输入各张幻灯片的标题。图 3.5 所示为输入了所有幻灯片标题后演示文稿的“大纲”选项卡。

2）输入层次小标题

其具体操作步骤如下：

（1）把光标移到要添加小标题的标题末尾（如在“第一章 计算机概述”后），按“Enter”键，会产生一个新的幻灯片图标，并改变原来的幻灯片编号，效果如图 3.6 所示。

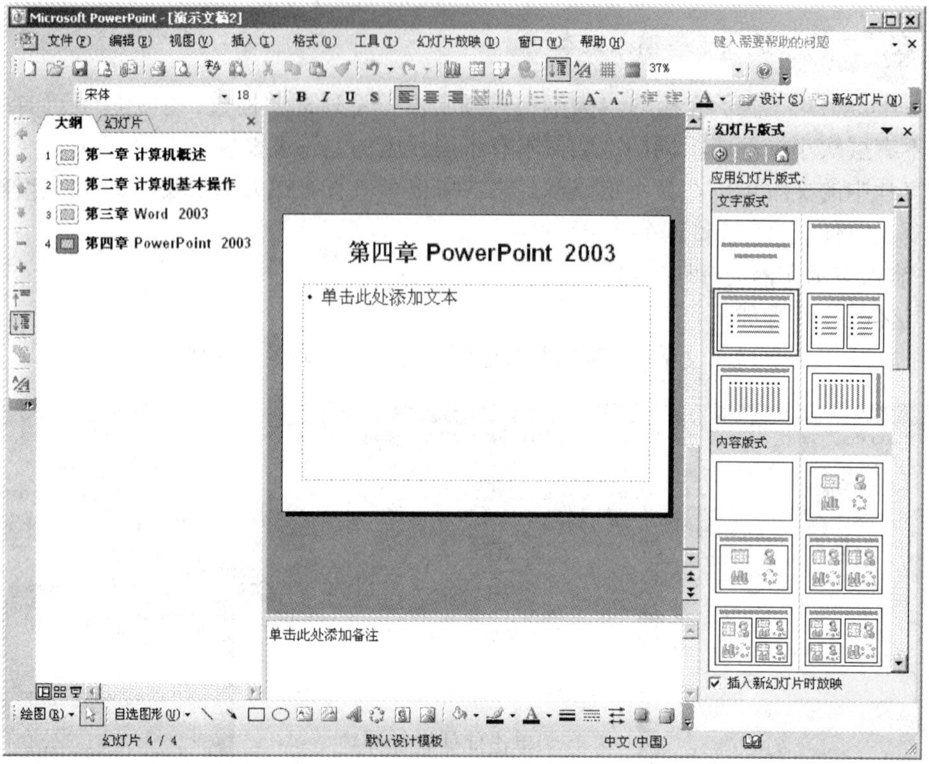

图 3.5 输入了标题后的“大纲”选项卡

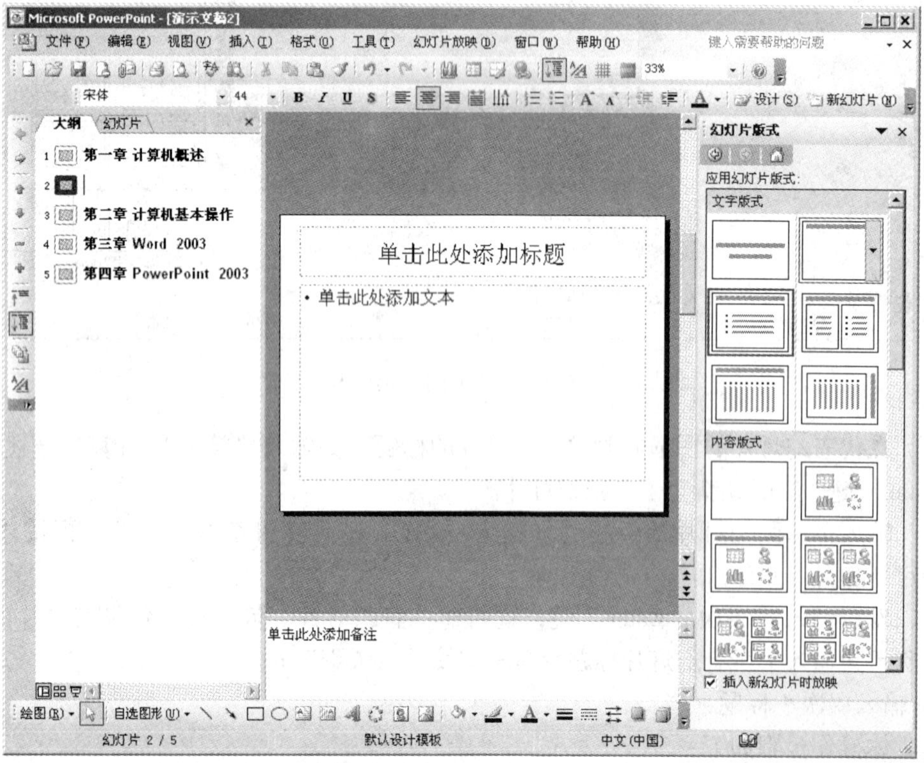

图 3.6 产生一个新的幻灯片图标

（2）在新幻灯片图标后按“Tab”键，将删除当前幻灯片左边的图标，并恢复原来的幻灯片编号，如图 3.7 所示。此时，就可以输入层次小标题了。

（3）输入第一层次小标题（如输入“第一节 计算机发展史”），然后按“Enter”键。

（4）依次输入第 2 ~4 个小标题，直至输入完毕。其得到的效果如图 3.7 所示。

（5）如果要在某个层次小标题下再加入一层小标题，可以重复以上步骤。

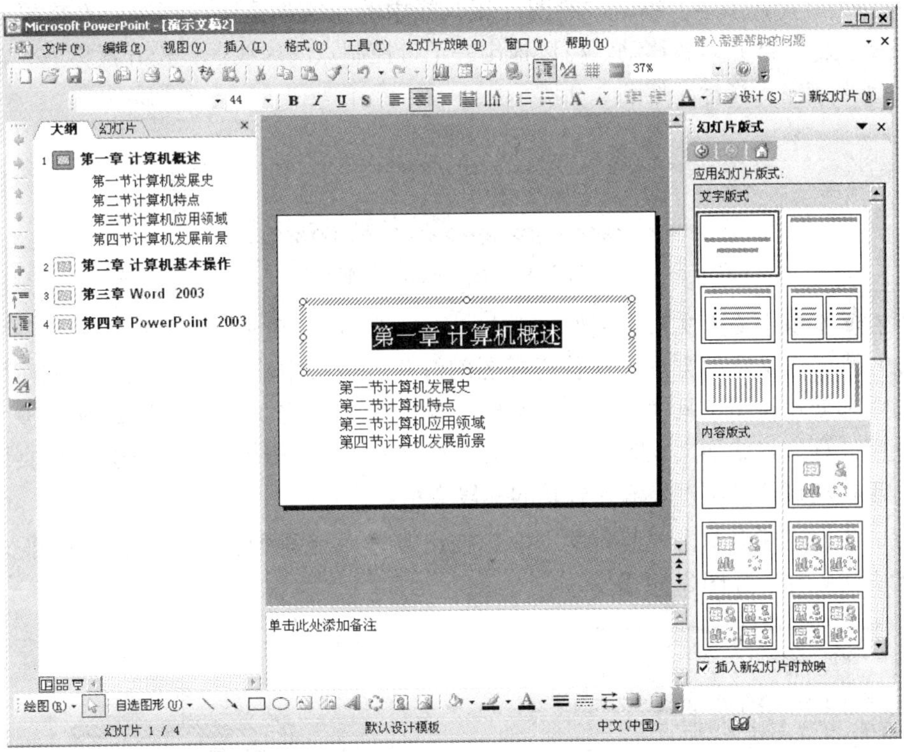

图 3.7 输入层次小标题后的“大纲”选项卡

3. 利用“文本框”按钮输入文本

当需要在幻灯片的占位符以外的位置添加文本时，可以利用“绘图”工具栏中的“文本框”按钮或“竖排文本框”按钮来完成。

1）以文本标签方式输入文本

其具体操作步骤如下：

（1）单击绘图工具栏中的“文本框”按钮，然后在需要输入文本的位置单击鼠标，此时将出现一个插入光标。

（2）输入文字。例如，输入“以文字标签方式输入文本”，则屏幕显示如图 3.8 所示。

图 3.8 以文字标签方式输入文本

（3）在文本框以外的任意位置单击鼠标，文字周围的文本框便会消失。以文本标签方式添加文本，输入的文本不会自动换行，当输入的文本超过边界时，按“Enter”键换行。因此，它主要适合于输入一段比较短的文本。

2）以字处理方式输入文本

其具体操作步骤如下：

（1）在幻灯片视图中，单击“绘图”工具栏中的“文本框”按钮，在需要输入文本的位置按下鼠标左键并向右移动，可以拖出一个带控制点的虚线框；松开鼠标后，在虚线框中可以看到文字输入光标，如图 3.9 所示。

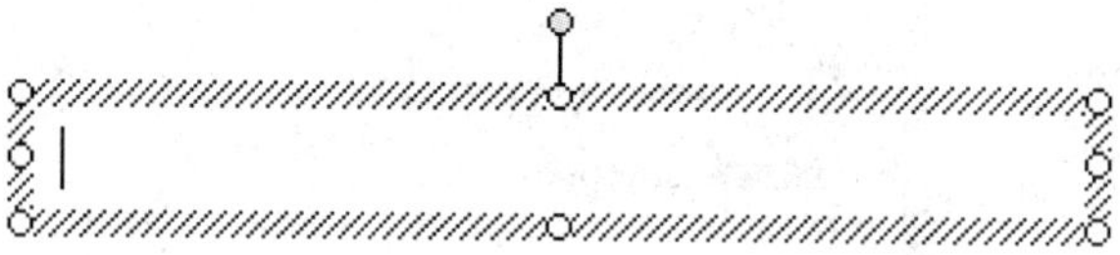

图 3.9　带控制点的文本框

（2）在文本框中输入文字。例如，输入“PowerPoint 2003 输入文本的方法有多种，本节主要介绍三种输入文本的方法：在普通视图幻灯片占位符中输入文本，在“大纲”选项卡中输入文本和使用绘图工具栏中的“文本框”输入文本”。输入后的效果如图 3.10 所示。

使用字处理方式添加文本时，当输入的文本超过文本框边界时，文本会自动换行。这种方式适合于在幻灯片文本框外输入较长的一段文字。

根据需要，还可以单击“竖排文本框”按钮输入竖排的文本。和使用横排文本框输入文本的方法一样，如图 3.11 所示。

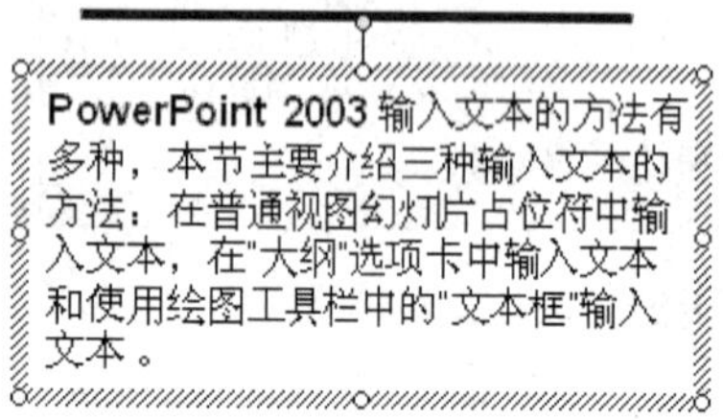

图 3.10　以字处理方式输入文本

图 3.11　输入竖排文本

3.1.2　文本的编辑和格式化

文本编辑是指对文本进行插入、移动、删除，以及复制等一系列的操作。

1. 文本编辑

1）选中文本

其具体操作步骤如下：

（1）进入文本编辑状态，即用鼠标单击所要编辑的文本，在文本周围出现了文本框（见图 3.12），同时在文本框中出现了输入光标。

（2）在文本的某处按住鼠标左键拖动到另一位置处，两处之间的文本被高亮显示，称为被选中的对象。

2）复制文本

其具体操作步骤如下：

（1）在文本编辑状态下，选中需要复制的文本，如图 3. 13 所示。然后单击工具栏中的“复制”按钮（或选择“编辑”→“复制”命令），将选中的内容复制到剪贴板上。

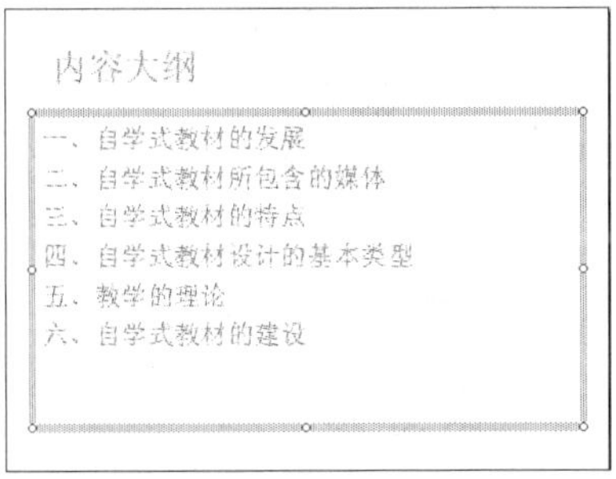

图 3. 12 进入文本编辑状态

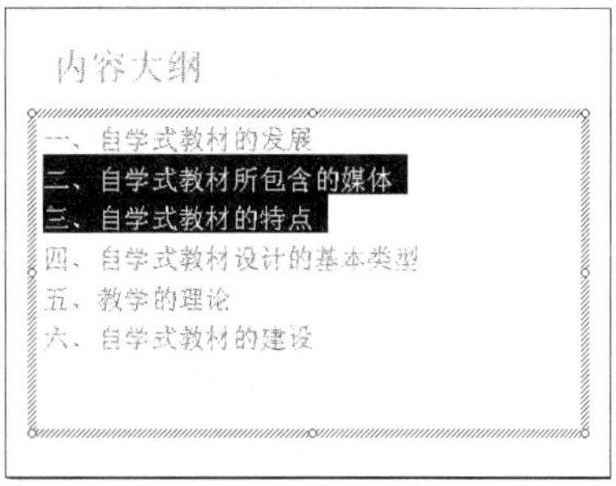

图 3. 13 选中文本

（2）将光标置于需要插入文本的位置，单击工具栏中的“粘贴”按钮（或者选择“编辑”→“粘贴”命令），将文本复制到光标所在的位置。

3）移动文本

其具体操作步骤如下：

（1）单击所要移动的文本进入文本编辑状态。

（2）如果要移动一段文字，首先选中该段文本，在选中的文本上按下并拖动鼠标到所需要的位置，然后释放鼠标。

（3）如果要整体移动文本框，你可以将鼠标指针指向文本框的边缘上，当光标变为四向箭头时，如图 3. 14 所示，按下鼠标并拖动文本框到新的位置即可。

4）删除文本

其具体操作步骤如下：

（1）进入文本编辑状态，按一次键盘上的“Backspace”键，可删除光标左侧的一个字符。按一次键盘上的“Delete”键，可删除光标右侧的一个字符。

（2）选中一段文本，在键盘上按“Delete”键，便可把选中的文本全部删除。

另外，选择“编辑”→“清除”命令，也可以完成同样的操作。

2. 格式化文本

1）改变文本的字体、字形和字号

下面我们以图 3. 15 所示的幻灯片为例，介绍如何改变文本的字体、字形和字号。

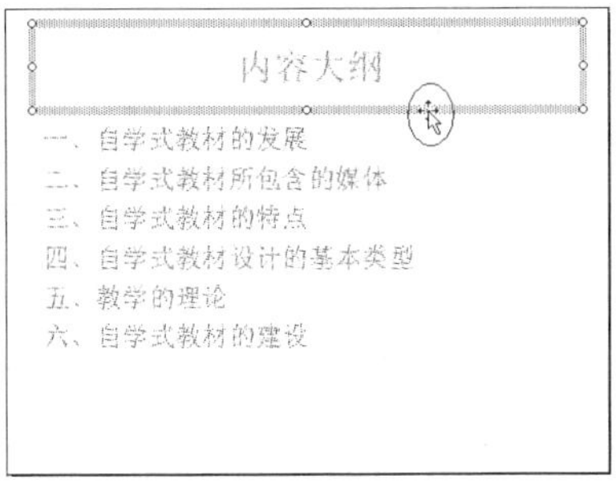

图 3. 14 移动文本框

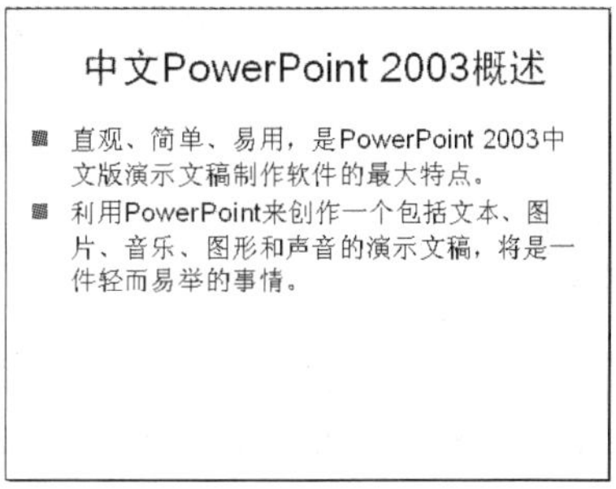

图 3. 15 改变文本的字体、字形和字号

（1）单击标题栏中的文本，并选中“中文 PowerPoint 2003 概述”。

（2）选择“格式”→“字体”命令，弹出“字体”对话框，如图 3.16 所示。

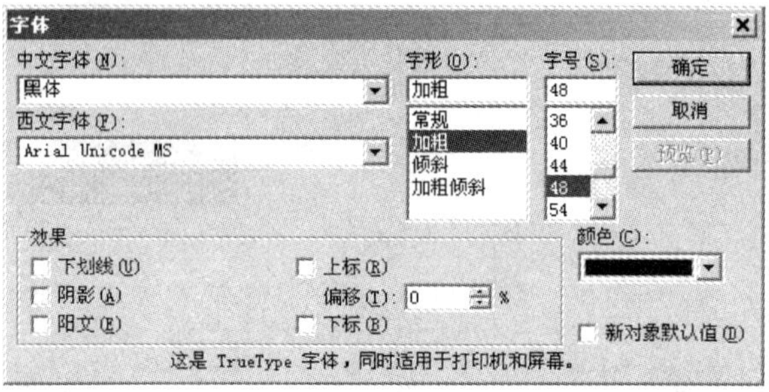

图 3.16 “字体”对话框

（3）如果要设置文本的字体，单击“中文字体”文本框右侧的下拉按钮，弹出“字体”下拉列表。在其中选择一种字体，如“黑体”。

（4）如果要设置文本的字形，单击“字形”文本框中的选项，例如“加粗”。

（5）如果要设置文本的字号，单击“字号”文本框中的选项，例如“48”。

（6）设置完成后，单击“确定”按钮。

2）改变字体的显示效果

其具体操作步骤如下：

（1）在图 3.15 所示的幻灯片中，单击文本框中的文本，选中其中的第一段文本。选择“格式”→“字体”命令，弹出“字体”对话框。

（2）如果要为文本设置“下画线”效果，选中“效果”选项组中的“下画线”复选框。

（3）如果要为文本设置“阴影”效果，可以选中“阴影”复选框。设置参数如图 3.17 所示。

（4）如果要为文本设置“阳文”效果，可以选中“阳文”复选框。

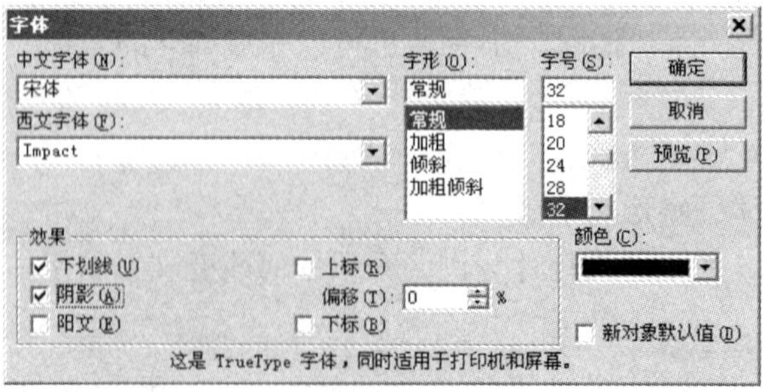

图 3.17 设置文本的显示效果

注意

“阴影”和“阳文”效果，两者只能选择其一，如果选择“阴影”效果，则“阳文”效果自动取消。相反，如果选择“阳文”效果，则“阴影”效果自动取消。

（5）如果想去除文本的效果，如下画线、阴影或阳文，取消选择相应的复选框，即使其复选框为空。

3）设置字体的颜色

其具体操作步骤如下：

（1）在图3.15所示的幻灯片中，单击文本框中的文本，选中其中的第二段文字。选择“格式”→“字体”命令，弹出“字体”对话框，如图3.16所示。

（2）用鼠标单击“颜色”框右侧的下拉按钮，打开“颜色”下拉列表，如图3.18所示。

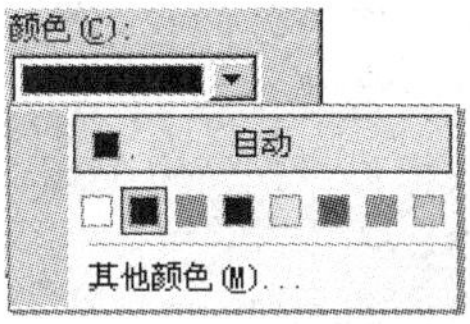

图3.18　打开“颜色”下拉列表

注意

“颜色”下拉列表中有8种不同的颜色，这些颜色是当前文件中使用的配色方案。

（3）单击需要的一种颜色，可以改变选中文字的颜色。如果希望选择“颜色”下拉列表以外的颜色，单击“其他颜色”，进入“颜色”对话框，如图3.19所示。

（4）在该对话框中切换到“标准”选项卡，该选项卡中提供了144种不同的颜色，其中包括17种不同的黑白灰度颜色。从中选择某一种颜色，然后单击“确定”按钮，返回“字体”对话框。在“字体”对话框中，单击“确定”按钮。

文本经格式化后的效果如图3.20所示。其中，标题框中的文本为“黑体”、“加粗”，字号为“48”；为文本框中的第一段文字添加了“下画线”和“阴影”效果；文本框的第二段文字为“红色”。

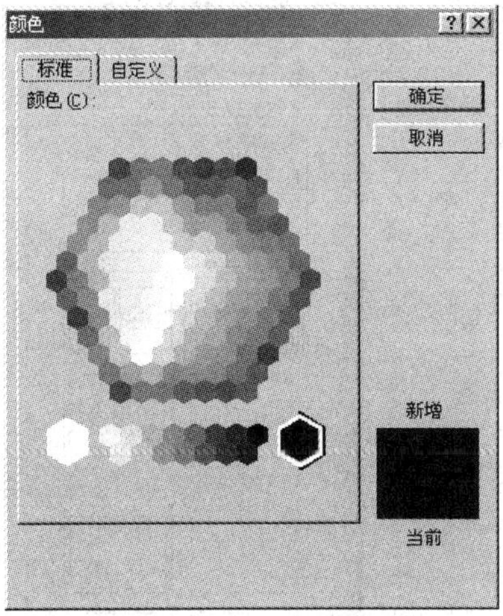

图3.19　“颜色”对话框

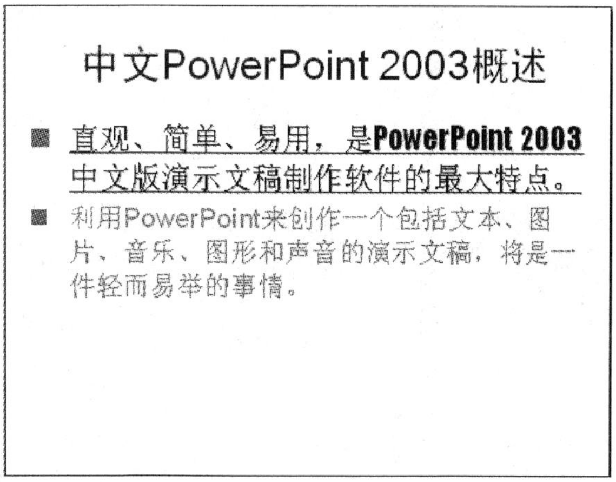

图3.20　格式化文本

3. 文本的段落操作

文本的段落操作主要内容包括：设置段落的对齐方式、更改段落内的行距和修改项目符号等。

1）设置段落的对齐方式

在幻灯片中输入一段文本，如图 3. 21 所示。

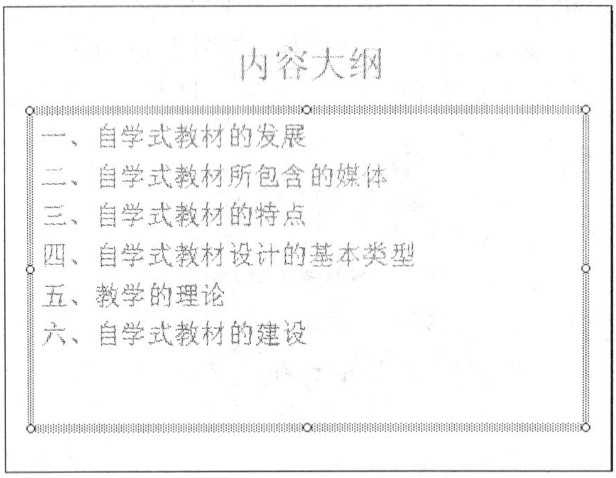

图 3. 21　设置段落的对齐方式

下面以这段文本为例，介绍段落对齐方式的操作方法。

（1）将文字光标插入到需要进行对齐排列的段落中。例如，将光标插入到图 3. 21 所示的正文的第一个段落中。

（2）选择“格式”→“字体对齐方式”命令，弹出对齐方式子菜单，如图 3. 22 所示。

（3）选中文本对齐的形式。例如，选择“居中”，其操作效果如图 3. 23 所示。

图 3. 22　使用“格式”菜单进行对齐操作

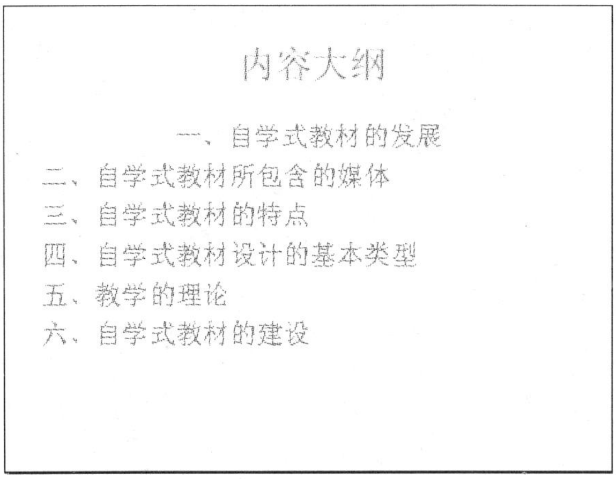

图3.23　段落的居中对齐效果

2）更改段落内的行距

其具体操作步骤如下：

（1）将文字光标插入段落中，即单击需要更改行距段落中的任意文字。

（2）选择“格式”→“行距”命令，弹出如图3.24所示的“行距”对话框。

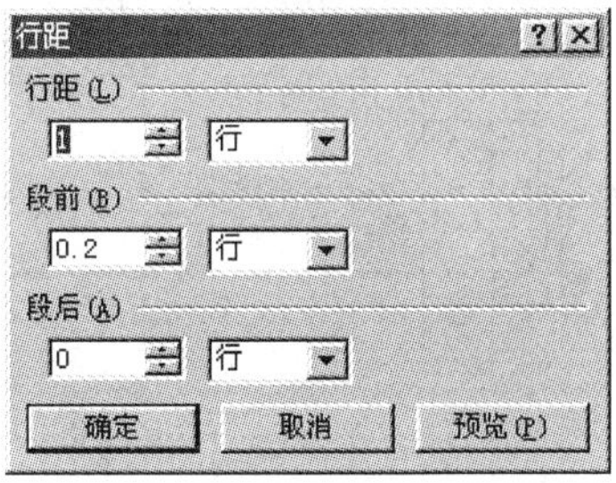

图3.24　“行距”对话框

（3）在“行距”对话框中，更改行距的数值、段前和段落后行距的数值，然后单击“确定”按钮。

5）修改项目符号

文本框中的文本段落是有层次的，最多可以有5个层次，每个层次前有一个默认的项目符号。按下面的方法操作，可以显示、取消或更改段落的项目符号。

（1）将文字光标插入段落的起始位置，即项目符号和文字之间。

（2）选择“格式”→“项目符号和编号”命令，弹出“项目符号和编号”对话框，如图3.25所示。

（3）在该对话框中切换到“项目符号”选项卡，选择一种满意的项目符号，然后单击“确定”按钮。

（4）选择“无”项目符号，然后单击“确定”按钮，可以取消段落的项目符号。

（5）如果希望选择更多的项目符号，在对话框中单击“自定义”按钮，弹出“符号”对话框，如图3.26所示。

（6）在“符号”对话框中，打开“字体”下拉列表，在其中选择一种项目后，在对话框的下方会显示符号列表。例如：在“字体”框中选择“Marlett”，则在对话框下方给出了

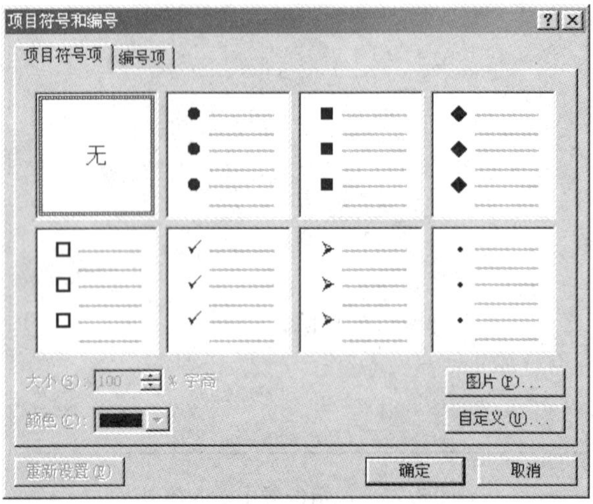

图 3.25 “项目符号和编号”对话框

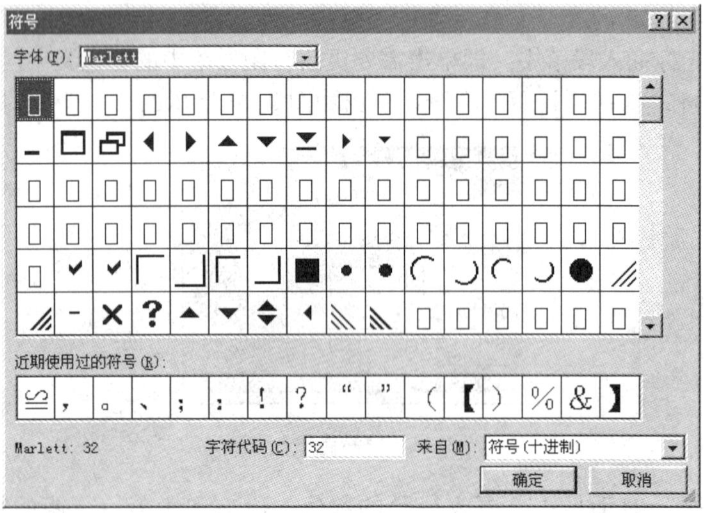

图 3.26 “符号”对话框

与其对应的项目符号列表。

(7) 在“符号”对话框中，选中一种合适的符号，单击“确定”按钮，新项目符号便出现在段落的起始位置。

3.2 幻灯片的编辑

在制作完成演示文稿后，可以在“幻灯片浏览”视图中观看幻灯片，如检查幻灯片是否符合逻辑，有没有重复的部分。如有不合理的部分，对幻灯片进行编辑，可使其内容更加合理和具有条理性。因此，编辑幻灯片是演示文稿制作流程中的一项重要工作环节。

1. 选定幻灯片

根据先选定后操作的原则，我们首先要选定幻灯片，才能对其进行编辑操作。

1）“大纲”选项卡中选定幻灯片

在普通视图的“大纲”选项卡中，单击幻灯片标题右边的图标，即可选定该幻灯片。

如果要选定一组连续的幻灯片，可以先单击第一张幻灯片的图标，按住“Shift”键的同时，再单击最后一张幻灯片图标，即可选中两张幻灯片之间的全部幻灯片。

2）在“幻灯片浏览”视图中选中幻灯片

在“幻灯片浏览”视图中，单击相应的幻灯片缩略图，即可选定该幻灯片（被选定幻灯片的边框处于高亮显示）。

如果要选中多张不连续的幻灯片，在按住“Ctrl”键的同时，分别单击需要选中的幻灯片缩略图即可。

如果要选择多张连续的幻灯片，先单击第一张幻灯片的图标，按住“Shift”键的同时，再单击最后一张幻灯片的缩略图即可。

2. 插入新幻灯片

在“幻灯片浏览”视图中插入新幻灯片的操作方法如下：

（1）将光标插入至目标位置处。如要在第 2 ~ 3 张幻灯片之间插入新幻灯片，只要在两张幻灯片之间单击鼠标即可，如图 3. 27 所示。

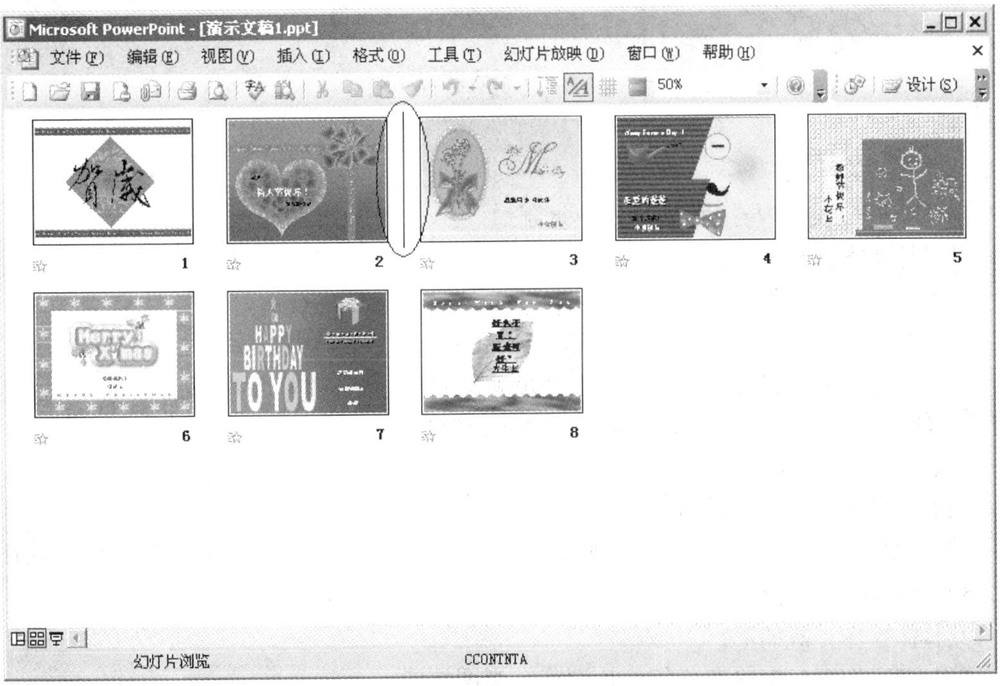

图 3. 27　将插入点移至两张幻灯片之间

（2）选择“插入”→“新幻灯片”命令。此时，在第二张后面插入了一张新幻灯片，如图 3. 28 所示。

（3）双击新幻灯片，工作窗口出现等待编辑的新幻灯片。

（4）在出现的“幻灯片版式”任务窗格中，选择需要的版式，便可向新插入的幻灯片中输入内容。

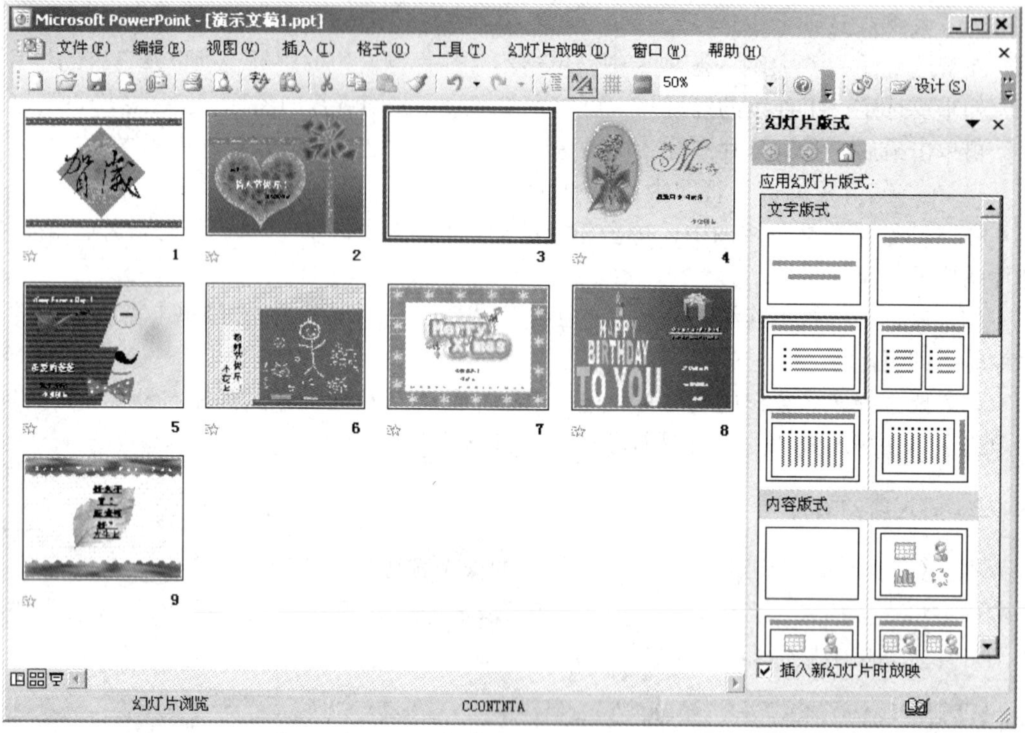

图 3.28 插入新幻灯片

3. 复制幻灯片

1) 使用“复制”与“粘贴”按钮复制幻灯片

其具体操作方法如下：

(1) 选定要复制的幻灯片。

(2) 单击工具栏上的“复制”按钮。

(3) 将光标移至目标位置处，单击“粘贴”按钮。

2) 使用“插入”→“幻灯片副本”命令复制幻灯片

其具体操作方法如下：

(1) 将插入点置于要复制的幻灯片中。

(2) 选择“插入”→“幻灯片副本”命令，可在该幻灯片的下方复制一张新的幻灯片。

3) 使用鼠标拖动复制幻灯片

其具体操作方法如下：

(1) 在工作窗口中单击“幻灯片浏览”视图按钮。

(2) 在“幻灯片浏览”视图中，选中要复制的幻灯片。

(3) 按住“Ctrl”键的同时，拖动鼠标到目标位置处，即可完成幻灯片的复制。

4. 删除幻灯片

其具体操作方法如下：

(1) 在“幻灯片浏览”视图中选定要删除的幻灯片。

(2) 选择“编辑”→“剪切”命令或“删除幻灯片”命令。

3.3 应用举例——制作学习总结演示文稿

在本节中，我们以制作学习总结演示文稿为例，介绍演示文稿制作过程中文本的输入、编辑，以及如何编辑演示文稿。

1. 制作演示文稿的第一张幻灯片

其具体操作步骤如下：

（1）单击工具栏上的“新建”按钮。

（2）在幻灯片编辑区内，单击“单击此处添加标题”占位符。

（3）按键盘上的“Ctrl + Space”组合键，切换到预设的中文输入法（按“Ctrl + Shift”组合键可选择“五笔型”输入法）。

（4）输入幻灯片的主标题“学习总结”。

（5）用同样的方法输入下面的副标题，效果如图 3.29 所示。

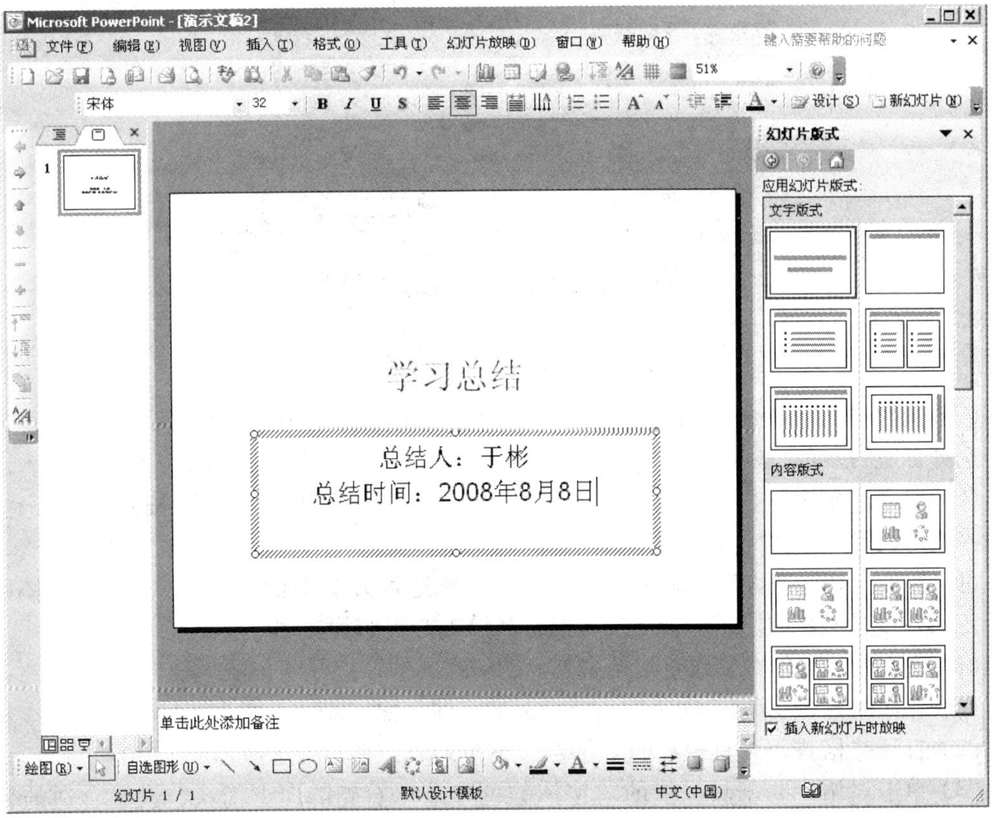

图 3.29 输入主标题和副标题

2. 格式化演示文稿的第一张幻灯片

其具体操作方法如下：

（1）选中主标题文字“学习总结”，选择“格式”→“字体”命令，打开如图 3.30 所示的“字体”对话框。

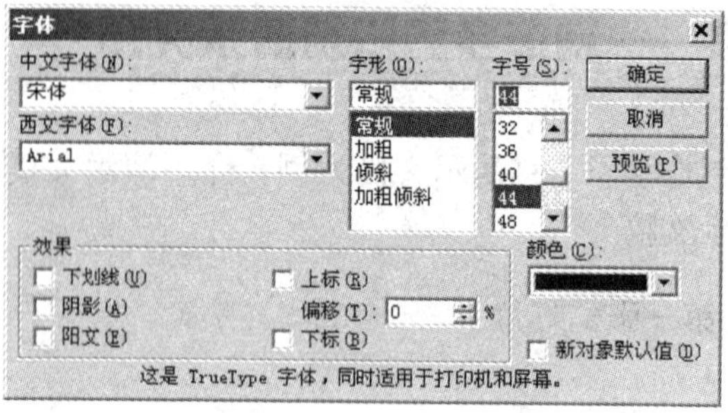

图 3.30 “字体”对话框

(2) 在打开的“中文字体”下拉列表中进行字体类型的选择，例如选择“隶书”。

(3) 在“字号”列表框中单击“96”，将字号设为“96”。

(4) 在“字形”文本框中选择“加粗”。

(5) 在效果选项区域，选中“阴影”复选框，用来设置阴影效果。

(6) 打开“颜色”下面的下拉列表，弹出如图 3.31 所示的界面。

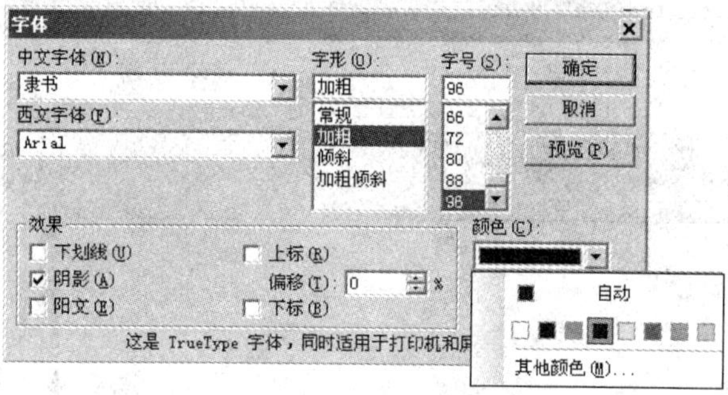

图 3.31 设置文字颜色

(7) 选择“其他颜色”命令，弹出“颜色”对话框。在该对话框的“标准”选项卡中，选择合适的颜色，如选择“蓝色”。

(8) 单击“确定”按钮，返回到“字体”对话框，再单击“确定”按钮，即可完成主标题格式的设置。

可以用完全相同的方法为副标题更改格式，但这种方法操作起来有些麻烦。使用“格式”工具栏设置文字的格式，会更加方便，其设置方法如下：

(1) 选中副标题的文字或直接选中副标题的文本框，打开“格式”工具栏上的“字体”下拉列表，如图 3.32 所示。在其中选择合适的字体，如“华文行楷”。

(2) 打开“格式”工具栏上的“字号”下拉列表，在其中选择合适的字号。

(3) 单击“格式”工具栏上的“字体颜色”按钮右侧的向下箭头，设置合适的颜色。到此为止，已经完成了对第一张幻灯片文字的格式化设置。

3. 制作演示文稿的第二张幻灯片

其具体操作方法如下：

(1) 选择“插入”→“新幻灯片”命令，用来添加新幻灯片。

(2) 默认情况下，插入的新幻灯片自动应用“标题和文本”版式。如果觉得默认版式

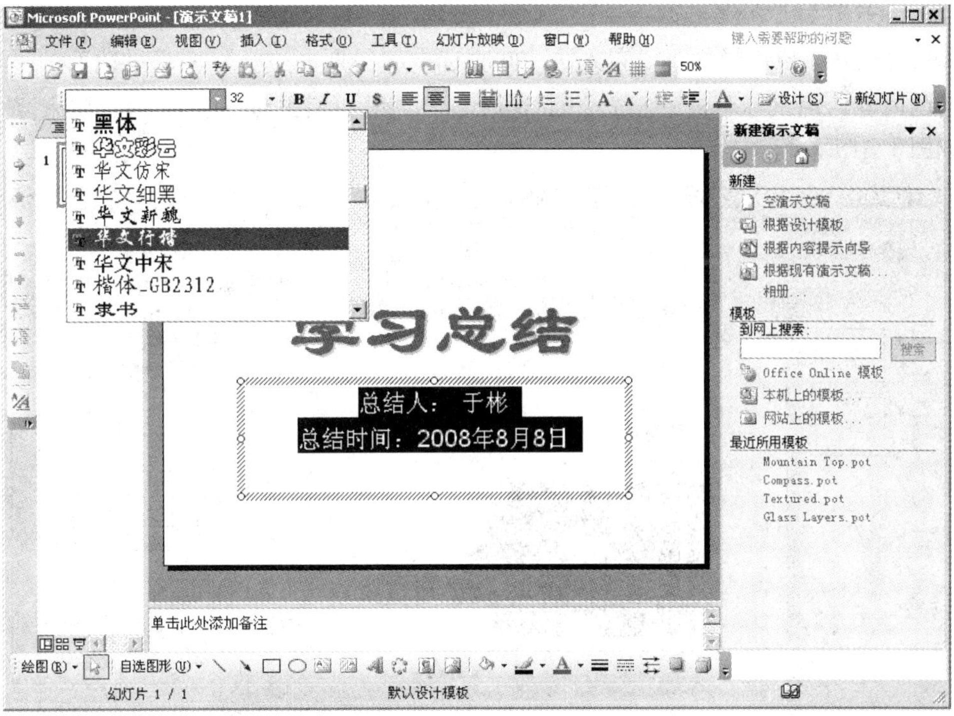

图 3.32　设置字体、字号、字体颜色

不符合要求，可在“幻灯片版式”任务窗格中单击所需的版式。在本例中使用默认版式。

(3) 与编辑第一张幻灯片的方法相同，输入第二张幻灯片的标题和正文文字。在正文部分，当输入完一行后，按“Enter”键，系统会自动添加项目符号，如图 3.33 所示。

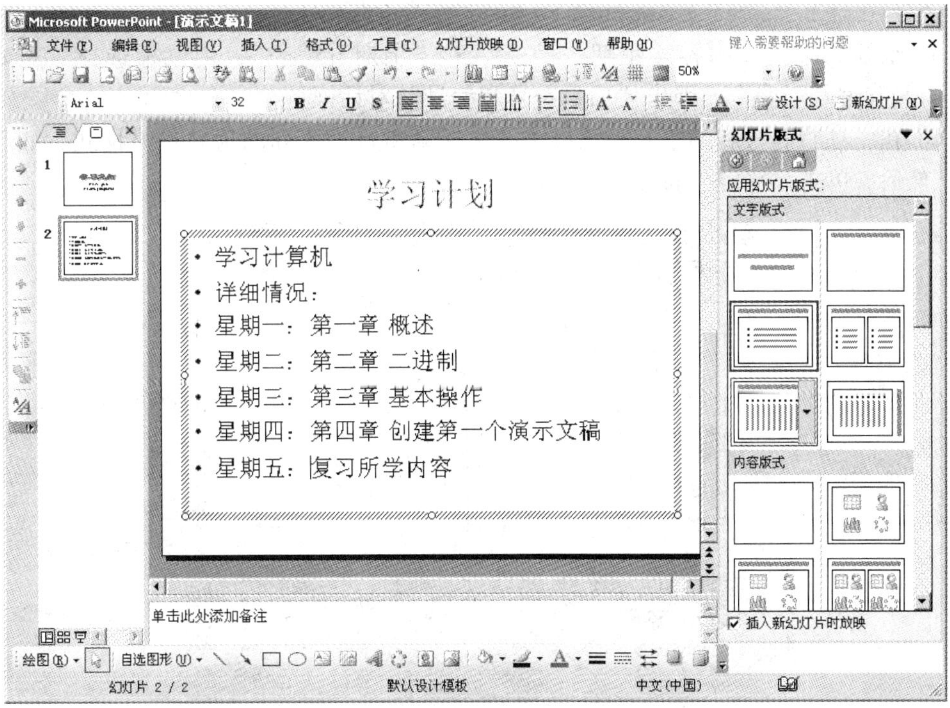

图 3.33　输入标题和正文文字

（4）由于正文内容“星期一……”～“星期五……”是“详细情况：”的下级内容，因此需要为这几个段落降级。设置方法：同时选中“星期一……”～“星期五……”这几个段落的内容，用鼠标单击“格式”工具栏上的“增加缩进量”按钮，用来降低其级别，如图 3.34 所示。

图 3.34 降级后的文字

（5）继续选中正文内容“星期一……”～“星期五……”，用鼠标选择“格式”→“项目符号和编号”命令，弹出“项目符号和编号”对话框。

（6）在“项目符号和编号”对话框中，选择第 2 行第 2 列的项目符号样式，如图 3.35 所示。然后，单击“确定”按钮。

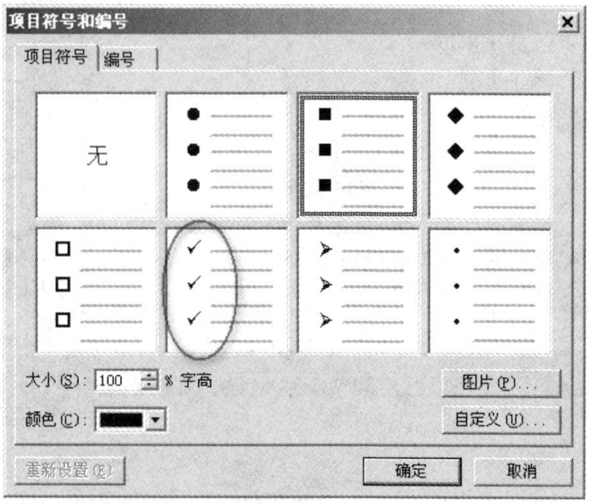

图 3.35 “项目符号和编号”对话框

(7) 为这部分内容设置合适的行距。选择“格式”→“行距”命令，弹出“行距”对话框，如图 3.36 所示。

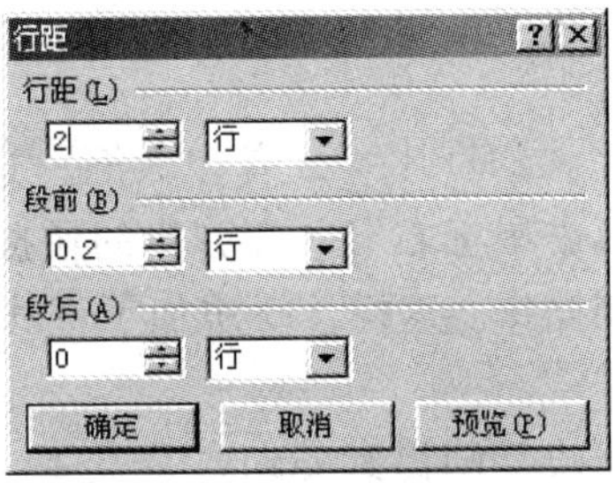

图 3.36　“行距”对话框

(8) 在“行距”文本框中输入“2”，单击“确定”按钮。

(9) 设置标题文字的字体为“华文新魏”，字号为“48”；正文文字的字体为“华文仿宋”，字号为“20”。

(10) 到此，就完成了第二张幻灯片的制作，结果如图 3.37 所示。

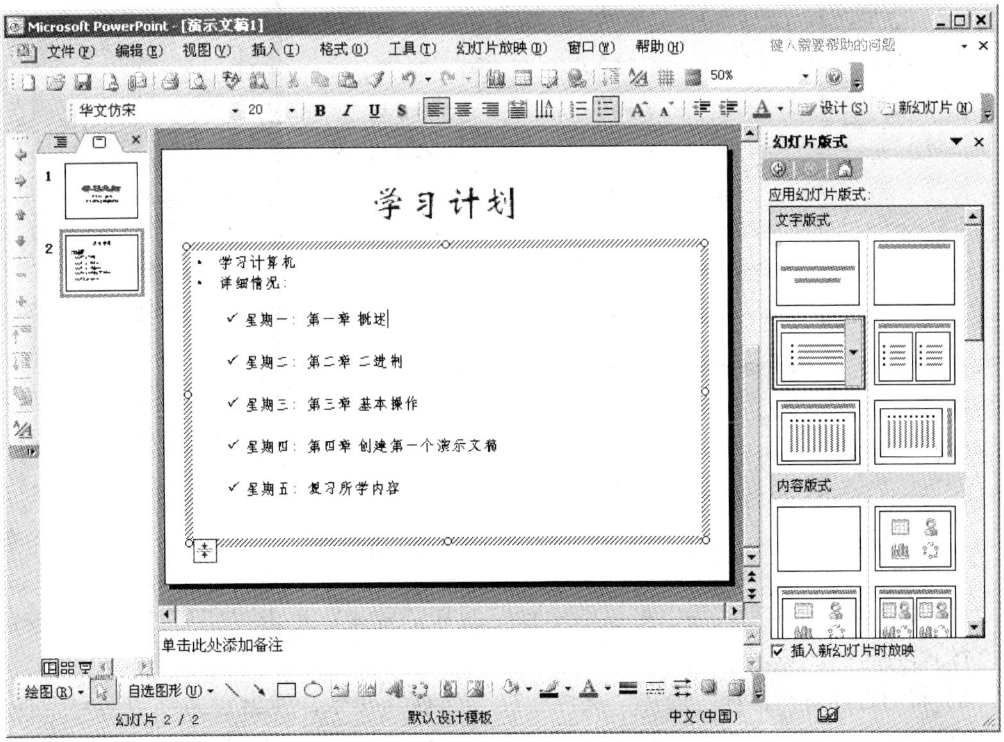

图 3.37　第二张幻灯片的效果

3. 制作演示文稿中的其他幻灯片

第三张幻灯片采用与第二张幻灯片相同的版式，只是文字稍有不同，在制作时可依前述的方法插入第三张幻灯片，输入幻灯片的标题和文字，设置字体、字号、行距，更改项目符号，一步一步地完成幻灯片的制作过程。在这里，也可以使用复制幻灯片的方法。其具体操作步骤如下：

（1）在“幻灯片”或者“大纲”选项卡下，用鼠标右键单击第二张幻灯片，弹出快捷菜单，如图 3.38 所示。

图 3.38　快捷菜单

（2）在快捷菜单中选择“复制”命令，将第二张幻灯片的内容复制到剪贴板中。

（3）在“幻灯片”或者“大纲”选项卡下，要在插入第三张幻灯片的位置单击鼠标右键，在弹出的快捷菜单中选择“粘贴”命令，即可完成复制操作。这样，就添加了一张内容与第二张幻灯片完全相同的幻灯片。

（4）修改复制得到的幻灯片文字，其结果如图 3.39 所示。至此，学习总结的所有内容输入完毕。

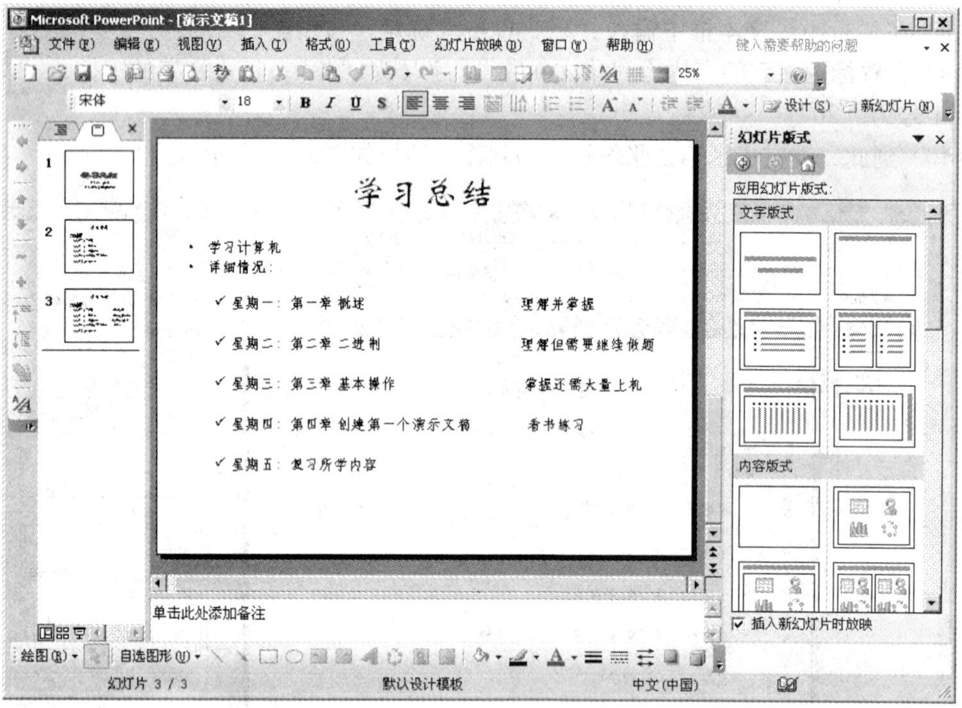

图 3.39　完成第三张幻灯片的制作

（5）演示文稿制作完成后，可以演示预览制作的效果。单击“幻灯片浏览”按钮，用于对幻灯片进行浏览。

（6）将幻灯片进行保存。选择“文件”→“保存”命令，弹出“另存为”对话框，在“文件名”文本框中输入演示文稿的文件名为“演示文稿 2”，单击“保存”按钮。

习题 3

一、问答题

1. 在幻灯片中输入文本，常用的有哪 3 种方法？

2. 在幻灯片中输入不同层次的文本内容时，应如何操作？
3. 用文本框输入文本有哪两种方式，各适用于何种场合？

二、选择题

1. 使用占位符在幻灯片中输入文本，在________可以看到输入的文本。
   A. 普通视图　　B. 浏览视图
   C. 备注页视图　　D. 大纲视图
2. 使用“绘图”工具栏中的文本框按钮输入文本时，下面说法正确的是________。
   A. 只能在占位符之外的位置输入文本　　B. 能在幻灯片的任意位置输入文本
   C. 只能用文字标签方式输入文本　　D. 可以使用竖排方式输入文本
3. 设置幻灯片文本的颜色时，下列说法正确的是________。
   A. 只能使用配色方案中的 8 种颜色　　B. 可以使用系统的多种颜色
   C. 可以使用的颜色共有 20 种　　D. 以上 3 种说法都不准确
4. 设置段落的“对齐”方式和“行间距”时，应首先________。
   A. 将光标插入段落的第一个文字前　　B. 将光标插入段落的最后处
   C. 选中段落中的所有文字　　D. 以上 3 种方法都正确
5. 编辑已存在的演示文稿时，如果要在幻灯片中插入新幻灯片，只能在________视图中操作。
   A. 大纲　　B. 普通
   C. 页面　　D. 以上 3 种答案都不准确
6. 选择________→“幻灯片副本”命令，可以在当前选中的幻灯片下方复制一张幻灯片。
   A. “编辑”　　B. “插入”
   C. “格式”　　D. “文件”
7. 在大纲视图中创建演示文稿的幻灯片时，正确的操作方法是________。
   A. 输入幻灯片的标题后，按“Enter”键便可以创建下一张幻灯片
   B. 输入幻灯片的标题后，按“Tab”键便可以创建下一张幻灯片
   C. 输入幻灯片的标题后，按“Tab”键便可以输入幻灯片的次级标题
   D. 幻灯片的次级标题输入后，按“Ctrl + Enter”组合键便可以创建下一张幻灯片

三、判断题

1. 只能在幻灯片的占位符中输入文字，而不能在幻灯片的占位符外输入文字。(　　)
2. 使用“绘图”工具栏中的“文本框”按钮只能在幻灯片中输入横排的文本。(　　)
3. 用文本标签方式在幻灯片中输入文本时，输入的文本不会自动换行。(　　)
4. 用字处理方式在幻灯片中输入文本时，输入的文本不会自动换行。(　　)
5. 当改变幻灯片中文本的字体、字号、字形和颜色时，用鼠标单击要编辑的文字，在文字周围出现了文本框，即可使用“格式”工具栏中的按钮进行设置。(　　)
6. 正文框中的文本段落前有一默认的项目符号，这些项目符号是不能进行修改的。(　　)
7. 正文框中的文本行间距可以增大，也可以减小。(　　)
8. 在幻灯片浏览视图中，可以一次选中多张幻灯片进行操作，如删除、复制、移动等。(　　)
9. 在幻灯片普通视图中，可以一次选中多张幻灯片进行操作，如删除、复制、移动等。(　　)

上机实习 3

1. 进入中文 PowerPoint 2003，打开文件名为“PP2”的演示文稿。
2. 显示“PP2”演示文稿中的第三张幻灯片，增加一张版式为“标题和文本”的新幻灯片。
3. 按如下要求，在幻灯片普通视图中输入文字。

（1）输入标题："自学式多媒体教材的设计"。

（2）在文本框中输入第一层次和第二层次的内容如下：

一、自学式教材的发展
　　1. 一般教学用书
　　2. 编序教材
　　3. 计算机辅助教学
　　4. 开放大学教材

4. 增加一张新的幻灯片，幻灯片版式为"标题和文本"。

5. 在新幻灯片中输入如下文字。

（1）输入标题："自学式多元媒体教材的设计"。

（2）在文本框中输入第一层次和第二层次的内容如下：

二、自学式教材所涵括的媒体
　　1. 实物媒体
　　2. 印刷媒体
　　3. 影音媒体
　　4. 计算机媒体
　　5. 网络媒体

6. 对第 3 ~ 4 张幻灯片做如下操作：

（1）将幻灯片中的标题文字的字体设置为"黑体"，字号设置为"40"，颜色设置为"红色"。

（2）将幻灯片中的正文文本中第一层次文字的字体设置为"宋体"，字号为"28"，颜色为"蓝色"；将第二层次文字的字体设置为"仿宋"，字号为"24"，颜色为"橘黄色"。

（3）将幻灯片中第一层次文字和第二层次文字的项目符号分别改变为"●"和"■"。

（4）修改第 3 ~ 4 张幻灯片中的文字段落的行间距，将正文第二层次文字的行间距设置为"1.5 行"，"段前"为"0.3 行"，"段后"为"0.2 行"。

第4章 图形处理

将图形和文字配合在一起，可以大大增强演示文稿的渲染力，增强演示效果。PowerPoint 2003 提供了强大的图形处理功能，可以使用“绘图”工具栏中的工具绘制图形，也可以从 PowerPoint 2003 内置的剪辑库或其他图形文件中导入图形、图片或剪贴画。

4.1 绘制与编辑图形

4.1.1 “绘图”工具栏

在默认状态下，“绘图”工具栏位于 PowerPoint 2003 窗口编辑区域的下侧，若没有显示，绘图前应先打开该工具栏。其方法为选择“视图”→“工具栏”命令，在弹出的子菜单中选择“绘图”命令，如图 4.1 所示。

图 4.1 “绘图”工具栏

表 4.1 为“绘图”工具栏中各按钮的名称与功能。

表 4.1 “绘图”工具栏中各按钮的名称与功能

按　钮	名　称	功　能
绘图(R)	绘图	用于打开编辑图形的命令菜单
	选择对象	用于将鼠标指针改为箭头，以便于选择图形对象
自选图形(U)	自选图形	用于打开制作自选图形的菜单
	直线	用于绘制直线
	箭头	用于绘制带箭头的线条
	矩形	用于绘制矩形
	椭圆	用于绘制椭圆
	文本框	用于插入一个文本横排的文本框
	竖排文本框	用于插入一个文本竖排的文本框
	插入艺术字	用于插入艺术字
	插入组织结构图或其他图示	用于插入组织结构图或其他图示
	插入剪贴画	用于插入艺术剪辑库中的剪贴画

续表

按　钮	名　称	功　能
	插入图片	用于插入图片文件
	填充颜色	用于为选中对象添加、更改或清除填充颜色（或填充效果）
	线条颜色	用于添加、更改或清除选中对象的线条颜色
	字体颜色	用于更改选中文字的颜色
	线型	用于更改选中线条的粗细
	虚线线型	用于更改选中线条的线型
	箭头样式	用于选择带箭头线条的样式
	阴影	用于为选中的对象添加阴影效果
	三维效果	用于为选中的对象添加三维立体效果

4.1.2 绘制基本图形

1. 绘制基本图形的方法

绘制基本图形的操作方法如下：

(1) 单击工具栏上的“新建”按钮，在“幻灯片版式”任务窗格中选择“空白”版式，创建一张空白幻灯片。

(2) 单击绘图工具栏中的“基本图形”（如直线、箭头、矩形或椭圆）按钮，然后，把光标移到幻灯片中，这时鼠标指针变成了“+”形状。

(3) 把“+”形状光标移到需要绘制图形的位置，拖动鼠标到适当的位置后松开，可以绘制出直线、矩形、箭头或椭圆等基本图形。图 4.2 所示为在幻灯片中绘制的几种基本图形。

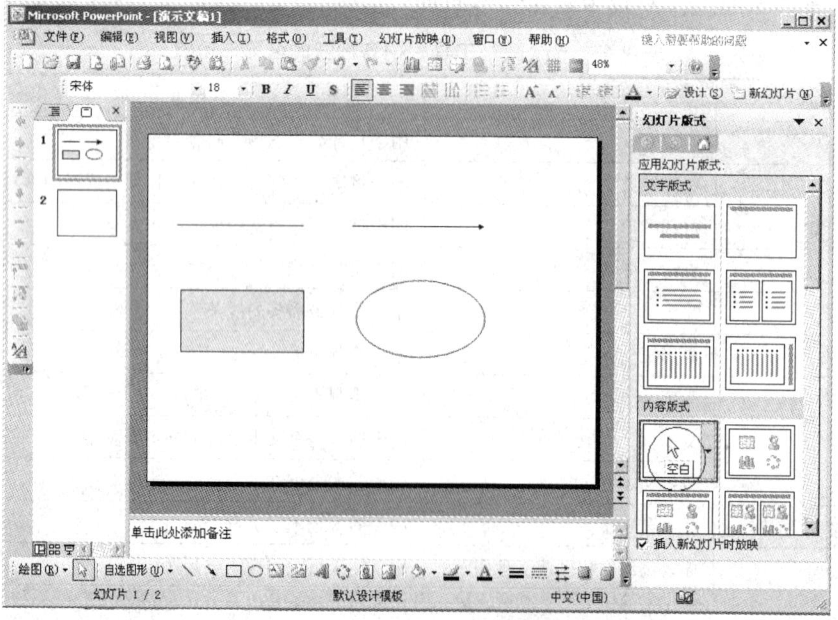

图 4.2　绘制基本图形

2. 绘制基本图形的技巧

绘制基本图形的技巧主要有以下几点。

（1）拖动鼠标绘图的同时，按住键盘上的“Shift”键，可绘制正方形和圆形，还可以绘制出从开始点处倾斜 15°及其 15°倍数的特殊角度（如水平、垂直及 30°和 60°）的直线或箭头。

（2）拖动鼠标的同时，按住“Ctrl”键，可以画出以按下鼠标位置为中心的图形。

（3）拖动鼠标绘制图形的同时，按住“Ctrl”键和“Shift”键，可以绘制以鼠标按下位置为中心的圆、正方形和各种特殊角度（如垂直、水平和 45°）的直线。

另外，也可以使用“自选图形”工具绘制图形。单击“绘图”工具栏中的“自选图形”按钮，打开“自选图形”类型列表，如图 4.3 所示。选择一种自选图形类型（如“基本形状”），在其子菜单中单击要绘制图形的按钮（例如“长方形”、“心形”、“立方体”、“等腰三角形”等），然后在幻灯片编辑区内拖动鼠标，即可绘制出不同形状的自选图形。

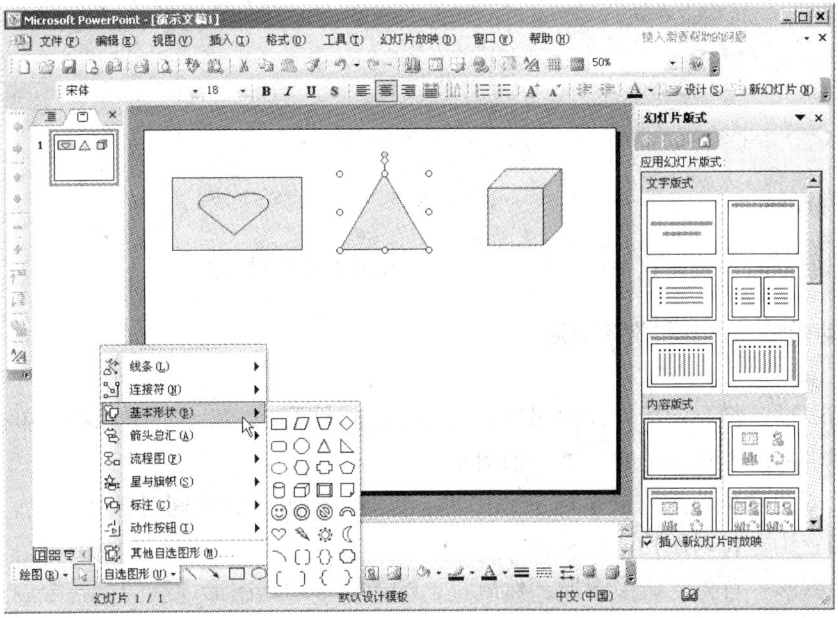

图 4.3　绘制“自选图形”

如果绘制成比例的正方形、圆、等边三角形或立方体等，按住“Shift”键的同时拖动鼠标即可。另外，还可以绘制出从开始点处倾斜 15°及 15°倍数的直线组成的图形。

4.1.3　图形的编辑

1. 选中图形

用鼠标单击图形，即可选中图形。图形被选中后，在其周围将出现 8 个控制点。顶端还有一个被称为旋转控制点的控制点，如图 4.3 所示（三角形为选中状态）。

若要对多个图形进行同一种编辑操作，应同时选中多个需要编辑的图形，其方法是先选中第一个图形，然后在按住“Shift”键的同时，再依次单击第二个、第三个、……直至选中所有的图形，如图 4.4 所示。

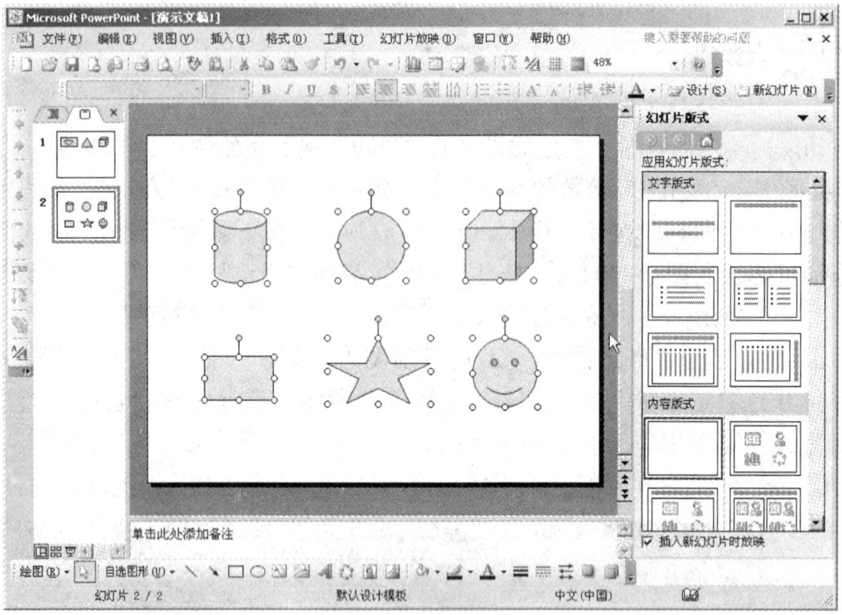

图 4.4　选定多个图形

2. 删除图形

选中图形以后，按键盘上的“Delete”键，即可把图形删除。

3. 移动图形的位置和旋转图形

- 移动图形：将鼠标指针放到图形上，当鼠标指针变成“ ”形状时，单击并拖动鼠标，将图形移到合适的位置，如图 4.5 所示。

精确改变图形位置的方法是选中该图形，按住“Ctrl”键的同时按↑、↓、←、→键，这样将以像素为单位对图形进行移动。

- 旋转图形：首先要选中图形，然后将鼠标指针移动到图形顶端的旋转控制点上，该旋转控制点变成旋转形状“ ”，此时单击鼠标并按下左键，旋转控制点变成“ ”形状，移动鼠标旋转图形至满意角度后，松开鼠标左键即可，如图 4.5 所示。

4. 改变图形的大小

改变图形大小的操作步骤如下：

（1）在幻灯片中，选中图形。

（2）移动鼠标指针到控制点，拖动鼠标更改大小：把鼠标指针移到图形 4 个角的控制点上，鼠标指针变为双向箭头时，单击并拖动鼠标可同时改变图形的高度和宽度（见图 4.6）。把鼠标指针移到图形 4 条边中间的控制点上，鼠标指针变为双向箭头时，拖动鼠标，将只改变图形的高度或宽度。

如果要精确地设置图形的大小，应在选定该图形后单击鼠标右键，打开快捷菜单，选择其中的“设置自选图形格式”命令；在打开的“设置自选图形格式”对话框中切换到“尺寸”选项卡（见图4.7），在“尺寸和旋转”选项组的“高度”和“宽度”文本框中输入数

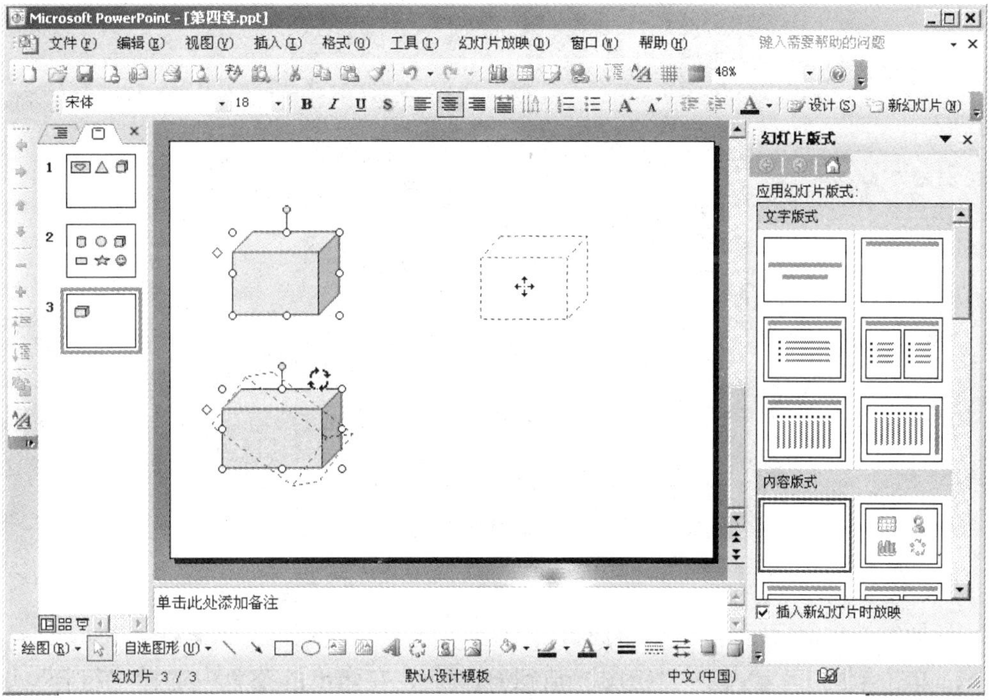

图 4.5　用鼠标移动和旋转图形

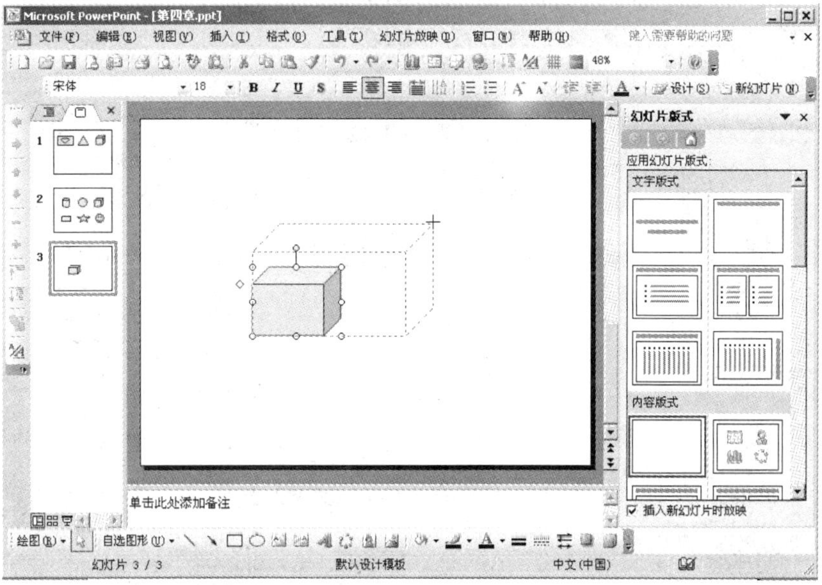

图 4.6　利用鼠标修改图形大小

值，或者在“缩放比例”选项组的“高度”和“宽度”文本框中输入图形的缩放比例。选中“锁定纵横比”复选框，可以在改变图形大小时保持图形的纵横比不变。最后单击“确定”按钮，关闭对话框。

5. 图形的组合

其具体操作步骤如下：

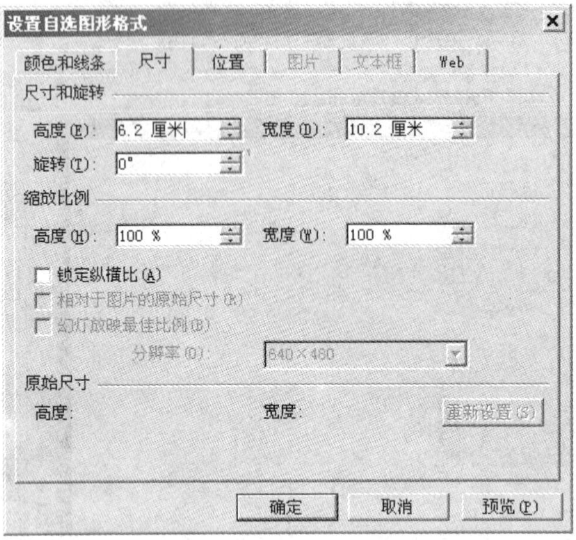

图 4.7 “尺寸”选项卡

(1) 同时选中需要组合到一起的多个图形。

(2) 单击绘图工具栏中的“绘图”按钮 绘图(R)·，在弹出的菜单中选择“组合”命令，如图 4.8 所示。

操作结束后，原来分散的单个图形被组合成了一个整体。

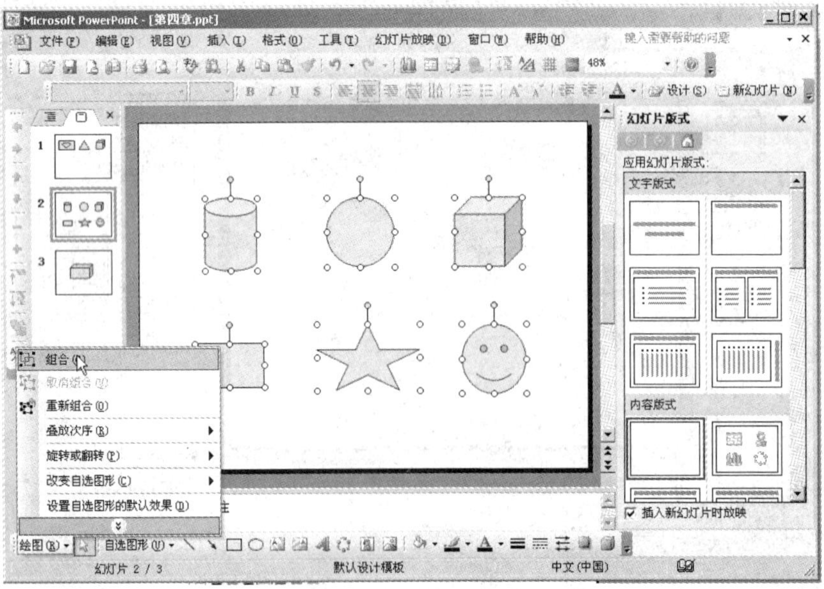

图 4.8 组合图形

6. 图形的拆分

其具体操作步骤如下：

(1) 选中经过组合的图形。

(2) 单击绘图工具栏中的“绘图”按钮 绘图(R)·，在弹出的菜单中选择“取消组合”命令。

7. 重新组合图形

图形拆分后，可对单个图形进行修改，若修改以后需要重新组合时，不必再一个一个选中图形，可按以下方法操作。

单击绘图工具栏中的“绘图”按钮绘图(R)▾，在弹出的菜单中选择“重新组合”命令，即可把拆分开的图形重新组合成一个整体。

8. 给图形填充颜色

其具体操作步骤如下：

（1）在幻灯片中，选中图形。

（2）单击绘图工具栏中的“填充颜色”按钮右侧的三角形，弹出如图 4.9 所示的菜单，单击所需的颜色，即可改变图形的填充颜色。如果选择“无填充颜色”命令，可取消图形的颜色填充。

9. 给图形设置阴影

其具体操作步骤如下：

（1）选中所需编辑的图形。

（2）单击绘图工具栏中的“阴影样式”按钮，弹出“阴影样式”菜单，如图 4.10 所示。

（3）根据需要，单击“阴影样式”菜单中的一种效果。例如，单击其中第一行的第一种阴影效果。图 4.11 所示为给矩形图形设置阴影后的效果。读者不妨试一试其他阴影样式的效果。

（4）如果要取消给图形设置的阴影效果，单击绘图工具栏中的“阴影”按钮，打开“阴影样式”菜单，在其中选择“无阴影”命令。

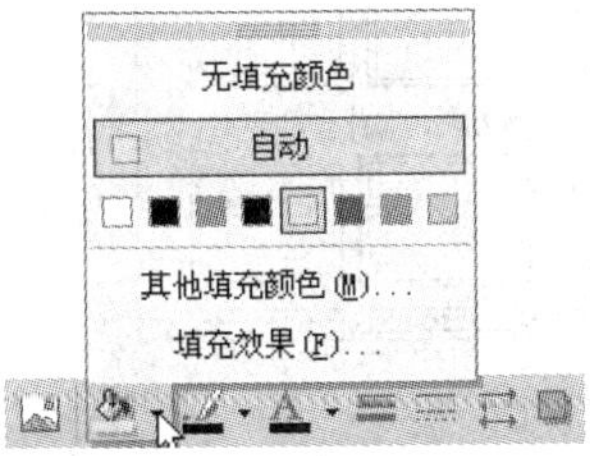

图 4.9　“填充颜色”菜单

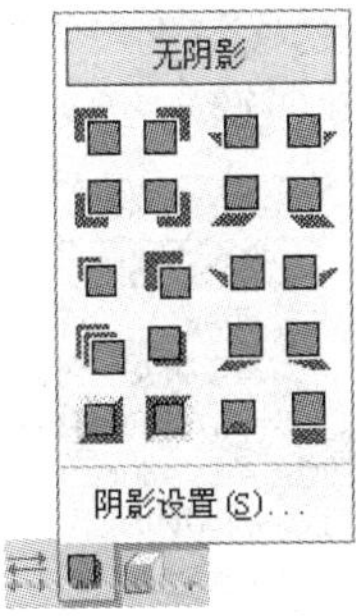

图 4.10　“阴影样式”菜单

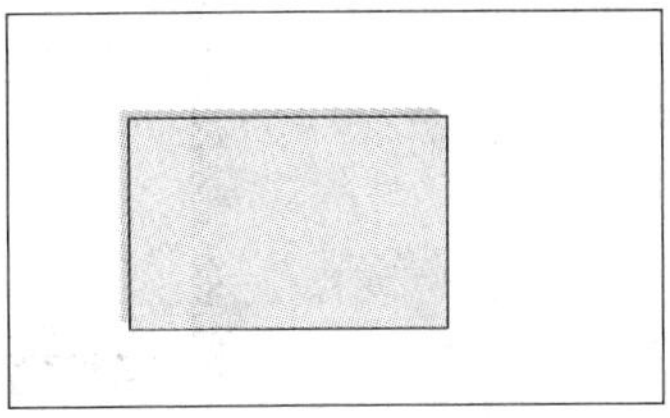

图 4.11　给图形增加阴影效果

10. 给图形设置三维效果

其具体操作步骤如下：

（1）在幻灯片中，选中所需编辑的图形。

（2）单击绘图工具栏中的“三维效果”按钮，弹出“三维效果”菜单，如图 4.12 所示。

（3）单击“三维效果”菜单中需要的三维效果。例如，单击列表中第一行的第一种三维效果。图 4. 13 所示为给矩形设置三维效果的情况。读者不妨试一试其他三维效果的设置。

（4）如果取消给图形添加的三维效果，单击绘图工具栏中的“三维效果”按钮。打开“三维效果”菜单，在其中选择“无三维效果”命令。

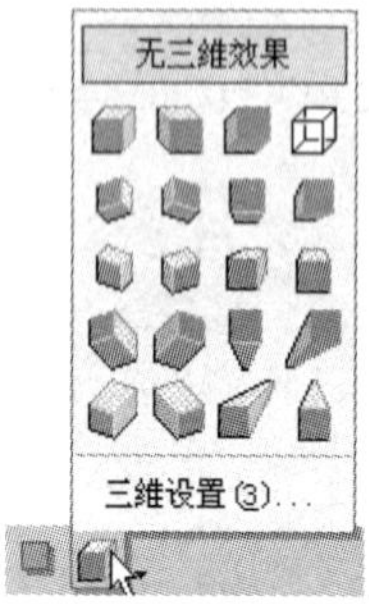

图 4. 12　“三维效果”菜单

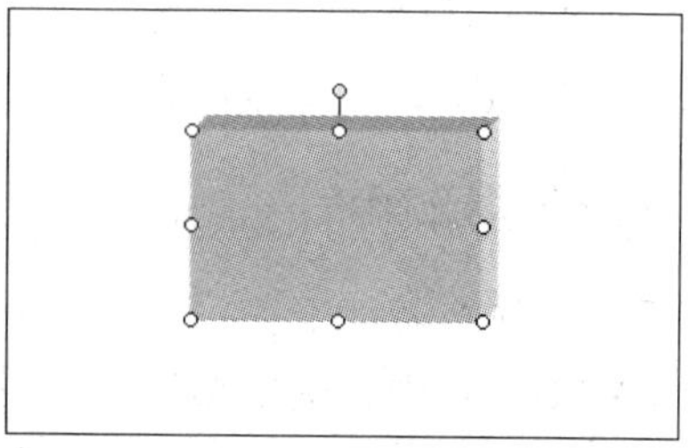

图 4. 13　给图形增加三维效果

11. 给图形添加文字

其具体操作步骤如下：

（1）在需要添加文字的图形上单击鼠标右键，在弹出的快捷菜单中选择“添加文本”命令，如图 4. 14 所示。

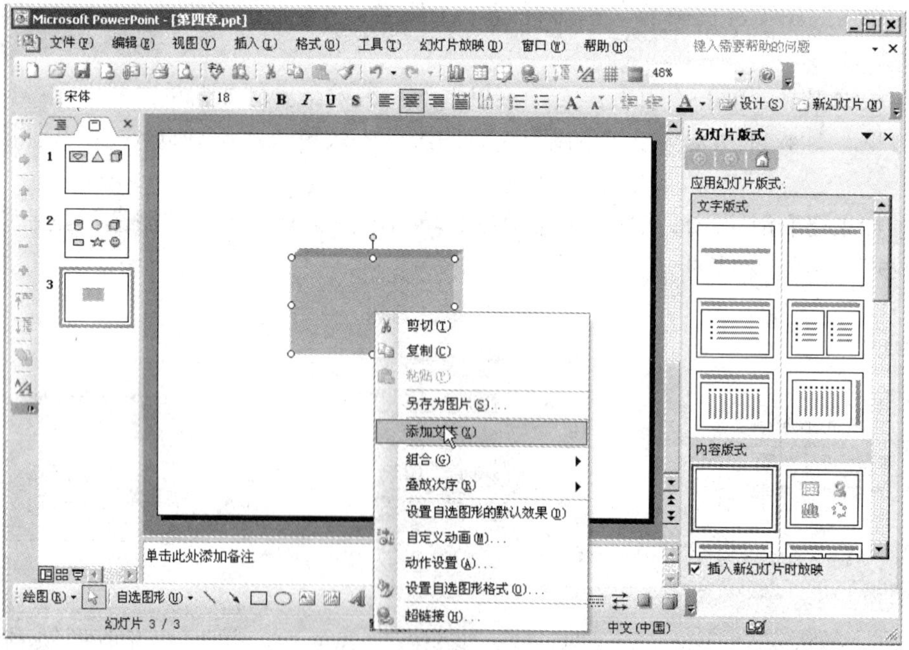

图 4. 14　选择“添加文本”命令

（2）在图形中出现输入光标，此时即可输入文字。

（3）输入完文字后，在图形外的任意位置单击鼠标，即可退出输入状态。图 4. 15 所示为在图形中加入文字后的情况。

如果需要对输入的文字进行编辑，首先选中要编辑的文字，其编辑方法与一般文本的编辑方法相同。

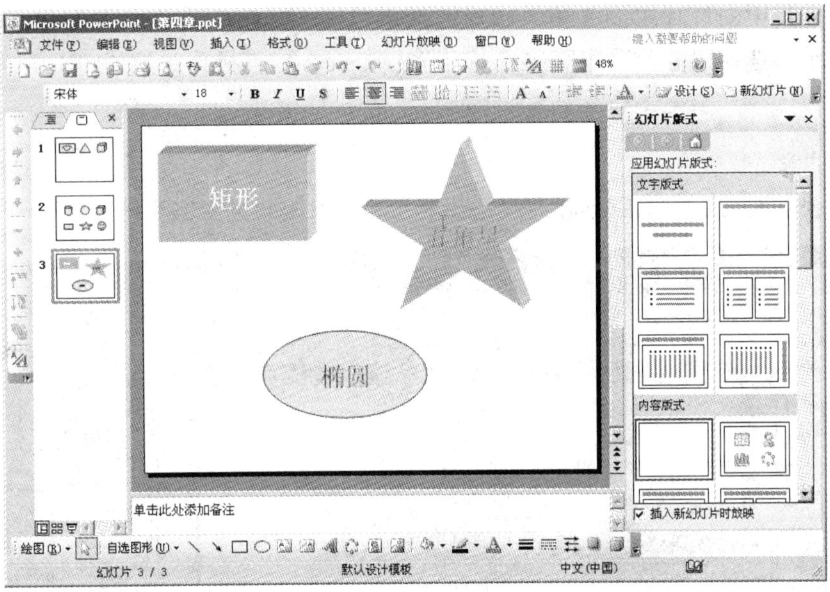

图 4.15　给图形添加文字

12. 图形的叠放次序

幻灯片中的图形有叠放次序关系，有的图形在上层，有的图形在下层，上层的图形将遮盖下层的图形，如图 4.16 所示。

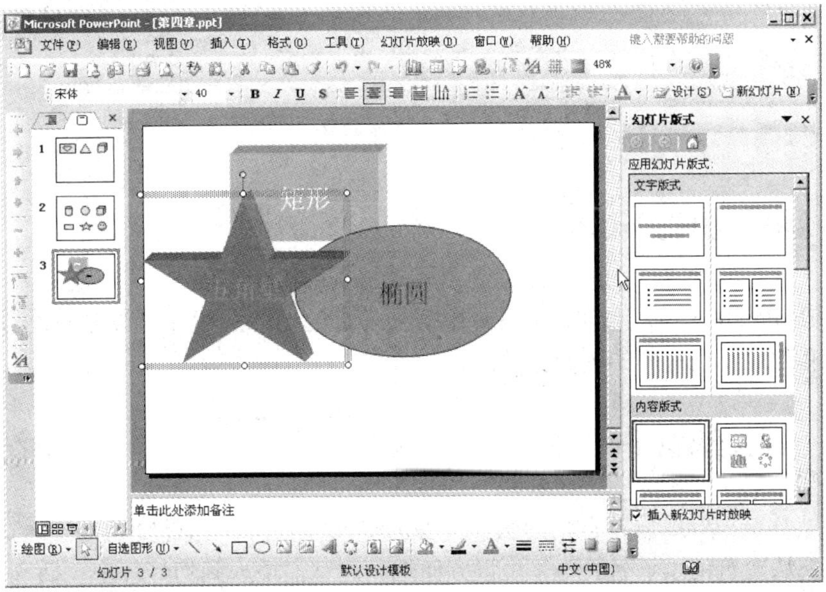

图 4.16　原图层叠放次序

如果需要改变图形之间的叠放次序，按如下方法操作：

(1) 选中要改变叠放次序的图形。

(2) 单击“绘图”工具栏中的“绘图”按钮，在下拉菜单中选择“叠放次序”命令，弹出级联子菜单，在子菜单中选择需要的选项。例如，若要将图 4.16 所示的上层五角星置于底层时，先选中幻灯片中的五角星图形，然后单击“绘图”工具栏中的“绘图”按钮，在打开的菜单中选择“叠放顺序”→“置于底层”命令。其操作效果如图 4.17 所示。

注意

每次新创建或插入一个图形时，总是被置于其他图形的最上层。

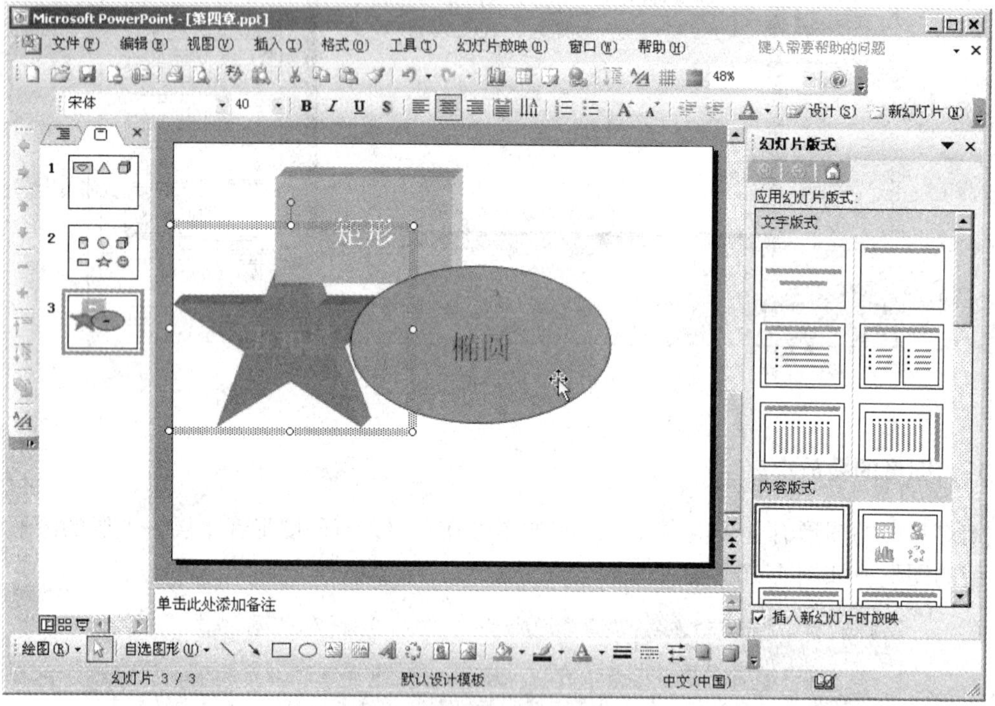

图 4.17　改变图层叠放次序

4.2　插入图片

在 PowerPoint 2003 中，允许在幻灯片中插入外部的图片。图片可以来自文件、剪贴画，或由扫描仪和数码相机得到的图像文件。

4.2.1　插入剪贴画

剪贴画是 Office 2003 软件自带的图片，PowerPoint 的剪辑库中包含了大量的图片，如从地图到人物，从建筑到风景名胜等，可以方便地利用它们插入到幻灯片中。插入剪贴画的操作方法如下：

（1）将插入点移至要插入剪贴画的位置上。

（2）选择“插入”→“图片”命令，再选择其子菜单中的“剪贴画”命令，或者在“绘图”工具栏上单击“插入剪贴画”按钮，打开“剪贴画”任务窗格，如图 4.18 所示。

（3）在“剪贴画”任务窗格中的“搜索文字”文本框中，输入剪贴画的类型，如输入“人物”、“动物”或“自然”等。在这里，我们输入“自然”。

图 4.18　“剪贴画”任务窗格

（4）在“搜索范围”下拉列表中，选定要搜索的范围，如选“Office 收藏集”，如图 4.19 所示。

（5）在“结果类型”下拉列表中选择要查找的剪辑类型。例如，选择“剪贴画”，如图 4.20 所示。

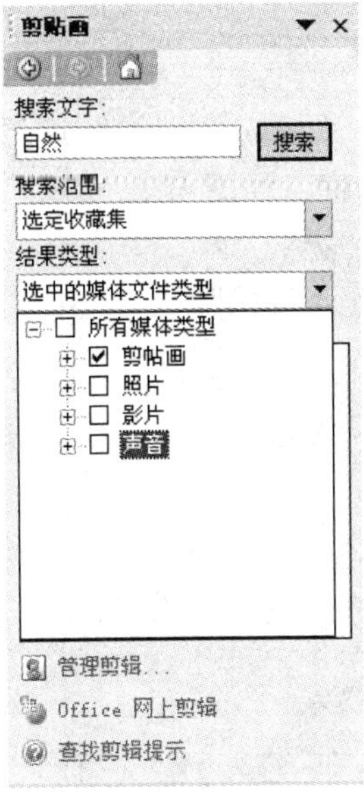

图 4.19　“搜索范围”下拉菜单

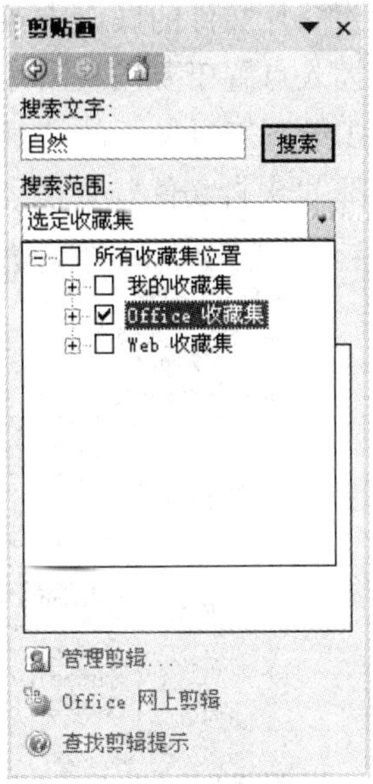

图 4.20　“结果类型”下拉菜单

（6）单击“搜索”按钮。这时在“剪贴画”任务窗格的“结果”列表框中，显示搜索到的有关“自然”类型的图片。

（7）单击要插入的图片，即可将剪贴画插入到光标所在位置，如图 4.21 所示。

图 4.21 插入剪贴画示例

4.2.2 插入图片文件

在 PowerPoint 中，可以插入多种格式的图片，如“.pcx”、“.bmp”、“.tif”及“.pic”等格式。插入图片文件的操作步骤如下：

（1）将插入点置于要插入图片的位置上。

（2）单击绘图工具栏上的“插入图片”按钮或选择“插入”→“图片”命令，从其子菜单中选择“来自文件”命令，打开“插入图片”对话框，如图 4.22 所示。

图 4.22 “插入图片”对话框

（3）在“查找范围”下拉列表中选择图片文件所在的文件夹，然后选定一个要插入的文件，也可以直接在“文件名”文本框中输入文件的路径和名称。

(4) 如果要预览图片，在对话框中单击“视图”按钮右边的向下箭头，从打开的下拉菜单中选择“预览”命令。

(5) 单击“插入”按钮，即可将选定的图片文件插入到幻灯片中。

4.2.3　设置图片格式

在幻灯片中插入剪贴画或图片后，可以对其进行调整和格式设置。例如，调整图片大小、图片位置、环绕方式、裁剪图片、添加边框、调整亮度和对比度等。

1. “图片”工具栏

在幻灯片中选中要插入的剪贴画或图片，在图片的周围出现 8 个控制点，同时在窗口中显示“图片”工具栏，如图 4.23 所示。“图片”工具栏中各按钮的功能说明如表 4.2 所示。

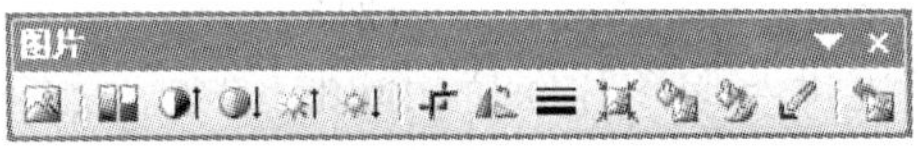

图 4.23　“图片”工具栏

表 4.2　“图片”工具栏中各按钮的名称与功能

按　钮	名　称	功　能
	插入图片	用于插入图片文件
	颜色	用于设置图片的自动、灰度、黑白或冲蚀
	增加对比度	用于增加图片的对比度
	降低对比度	用于降低图片的对比度
	增加亮度	用于增加图片的亮度
	降低亮度	用于降低图片的亮度
	裁剪	用于裁剪图片
	向左旋转 90°	用于逆时针旋转图片
	线型	用于设置或更改图片边框的线型
	压缩图片	用于压缩图片
	重新着色	用于给图片重新设置颜色
	设置图片格式	用于设置图片的大小、版式、线条及填充颜色等
	设置透明色	用于给图片设置透明色
	重设图片	用于取消对图片的编辑操作，使图片恢复原始状态

选中幻灯片中的图形或剪贴画后，如果没有显示“图片”工具栏，可以通过选择“视图”→“工具栏”→“图片”命令，调出“图片”工具栏。

2. 调整图片的大小

在幻灯片中插入图片以后，可以利用鼠标快速地调整图片的大小，也可以利用“图片”工具栏中的“设置图片格式”按钮精确设置图片的尺寸。

1）使用鼠标调整图片大小

（1）单击要缩放的图片，在图片周围出现 8 个控制点。

（2）当把鼠标指针移到图片 4 个角的控制点上时，鼠标指针变成斜向的双向箭头。按住鼠标左键拖动时，可以同时改变图片的宽度和高度。当把鼠标指针移到图片 4 条边中间的控制点上时，按住鼠标拖动，只改变图片的宽度或高度尺寸，从而会使图片产生变形效果。

按住“Shift”键并拖动图片的控制点时，将在保持原图片高宽比例的情况下进行图片缩放。按住“Ctrl”键并拖动图片的控制点时，将从图片的中心向外垂直、水平或沿对角线缩放图片。

2）精确调整图片大小

（1）在幻灯片中选中要缩放的图片。

（2）单击“图片”工具栏中的“设置图片格式”按钮，或者选择“格式”→“图片”命令，打开“设置图片格式”对话框，并切换到“尺寸”选项卡，如图 4. 24 所示。

（3）要使图片的高度和宽度与原图片保持相同的比例，应选中“锁定纵横比”复选框。

（4）在“尺寸和旋转”选项组的“高度”和“宽度”文本框中输入图片的高度和宽度值，或者在“缩放比例”选项组的“高度”和“宽度”文本框中输入图片的高度和宽度比例。

（5）单击“确定”按钮，关闭对话框。

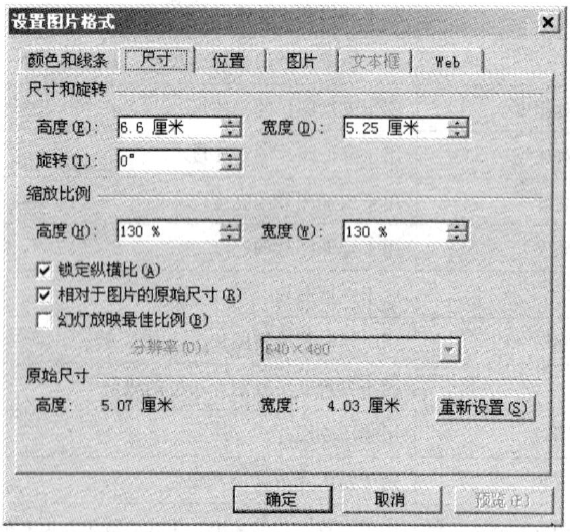

图 4. 24　“尺寸”选项卡

3. 裁剪图片

如果只希望显示插入图片的一部分，可通过“裁剪”工具按钮将图片中不希望显示的部分裁剪掉。其具体操作方法如下：

（1）在幻灯片中选中要裁剪的图片。

（2）单击“图片”工具栏中的“裁剪”按钮，鼠标指针变为形状。

（3）当把鼠标指针指到图片的某个控制点上并向图片内部拖动时，可以隐藏图片的部分区域。当向图片外部拖动时，可以增大图片周围的空白区域。

(4) 拖动图片至合适的位置后，松开鼠标左键。

实际上，被裁剪部分的图片并不是真正被删除，而是被隐藏起来。如果要恢复被裁剪的部分，可以先选定该图片，然后单击“图片”工具栏中的“裁剪”按钮，向图片外部拖动控制点即可。

如果要按尺寸精确地裁剪图片，可按如下方法操作。

(1) 单击要裁剪的图片。

(2) 单击“图片”工具栏中的“设置图片格式”按钮，打开“设置图片格式”对话框，并切换到“图片”选项卡，如图4.25所示。

(3) 在“裁剪”选项组中设置对图片从上、下、左、右4个方向裁剪的尺寸数值。

(4) 单击“确定”按钮，关闭对话框。

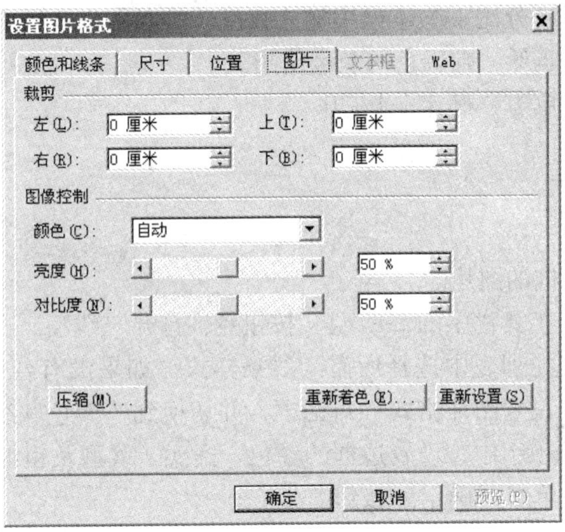

图4.25　“图片”选项卡

4. 设置图片或剪贴画的属性

其具体操作步骤如下：

(1) 单击要设置属性的图片。

(2) 根据需要，选择“图片”工具栏中相应的按钮。例如：

- 单击“颜色”按钮，打开“颜色”下拉菜单，如图4.26所示。默认选择为“自动”，即使用该图片的原始颜色。选择“灰度”命令，将彩色图片转换为黑白图片，每一种颜色都转换为相应的灰度级别。选择“黑白”命令，将图片转换为纯黑白图片，即线条画。选择“冲蚀”命令，将使用最宜于水印效果的预设亮度和对比度来设置图片的颜色。

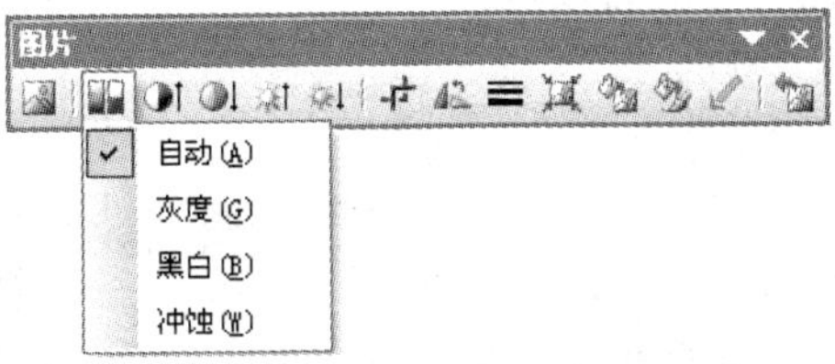

图4.26　“颜色”菜单

- 单击“增加对比度”按钮或者“降低对比度”按钮，可以调整图片的饱和度及明暗度。对比度越高，颜色灰度越少；对比度越低，颜色灰度越多。
- 单击“增加亮度”按钮或者“降低亮度”按钮，可以调整图片的亮度。颜色越亮，白色越多；颜色越暗，黑色越多。

如果要精确设置图片的亮度和对比度，应按如下方法操作。

(1) 选中要设置图像属性的图片。

(2) 单击“图片”工具栏中的“设置图片格式”按钮，打开“设置图片格式”对话框，并切换到“图片”选项卡。

(3) 在“亮度”框中拖动滑块，或在其后的“百分比”文本框中输入数值，可以用来设置亮度。百分比值越高，颜色越亮；百分比值越低，则颜色越暗。在“对比度”框中拖动滑块或者在其后的“百分比”文本框中输入数值，可以用来设置对比度。百分比值越高，则颜色越浓；百分比值越低，则颜色的灰度值越大。

(4) 设置完成后，单击“确定”按钮。

5. 给图片添加边框

其具体操作步骤如下：

(1) 选中要添加边框的图片。

(2) 单击“图片”工具栏中的“线型”按钮，打开“线型”下拉列表。

(3) 从“线型”下拉列表中选择所需的线条样式。如果没有合适的线型，应单击“其他线条”按钮，打开“设置图片格式”对话框，并切换到“颜色和线条”选项卡。

(4) 在“线条”选项组中，设置边框的颜色、虚实、线型及粗细等。

(5) 设置完成后，单击“确定”按钮。

6. 改变图片的填充颜色

其具体操作步骤如下：

(1) 选中要设置填充颜色的图片。

(2) 单击“图片”工具栏中的“设置图片格式”按钮，打开“设置图片格式”对话框。在该对话框中切换到“颜色和线条”选项卡。

(3) 打开“填充”选项组中“颜色”下拉列表，从其中选择所需的填充颜色。如果要以过渡、图案、纹理或图片来填充，则应选择“填充效果”命令，打开“填充效果”对话框。

(4) 可以根据需要选择相应的选项卡，然后设置所需的填充效果。单击“确定”按钮，返回到“设置图片格式”对话框中。

(5) 单击“确定”按钮，关闭对话框。

4.3 艺术字

所谓艺术字体，就是有特殊效果的文字。艺术字也是一种图形对象，因此可以用“绘图”工具栏上的按钮来改变其效果。例如，设置艺术字的边框、填充颜色等。

4.3.1　插入艺术字

在幻灯片中插入艺术字，可以按以下方法操作：

(1) 在幻灯片中，将插入点移到要插入艺术字的位置。

(2) 单击“绘图”工具栏中的“插入艺术字”按钮，或者选择“插入”→“图片”→“艺术字”命令，打开“‘艺术字’库”对话框，如图4.27所示。

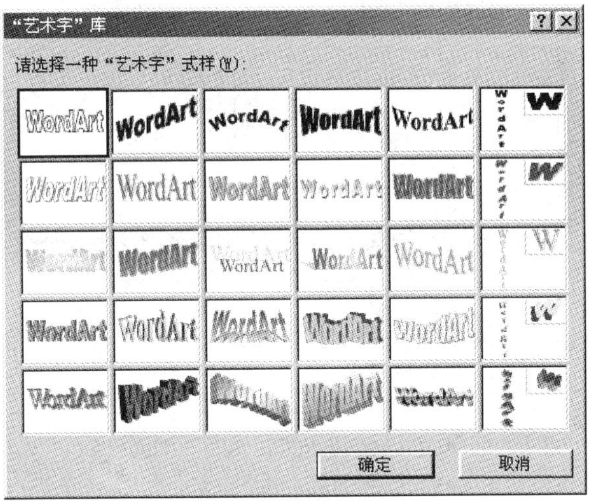

图4.27　“‘艺术字’库”对话框

(3) 在“请选择一种艺术字式样”列表框中选择艺术字的式样，然后单击“确定”按钮。打开“编辑‘艺术字’文字”对话框，如图4.28所示。

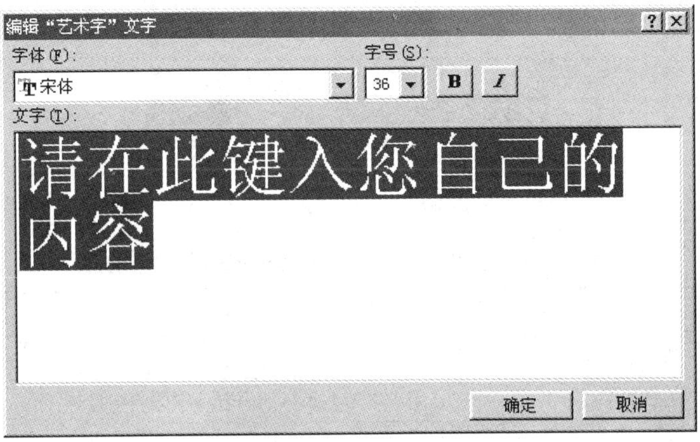

图4.28　“编辑‘艺术字’文字”对话框

(4) 在“文字”框中输入文字。选中输入的文字，在“字体”下拉列表中选择艺术字的字体；在“字号”下拉列表中选择字号。另外，还可利用“加粗”和“倾斜”两个字形按钮设置文字的字形。

(5) 单击“确定”按钮，关闭对话框，便可在幻灯片中插入所设置的艺术字，如图4.29所示。

图 4.29 插入“艺术字”示例

4.3.2 编辑艺术字

用鼠标单击幻灯片中的艺术字，可弹出“艺术字”工具栏，如图 4.30 所示。或选择“视图”→“工具栏”→“艺术字”命令，也可以在窗口中显示“艺术字”工具栏。使用“艺术字”工具栏，可完成对艺术字的多种编辑工作。“艺术字”工具栏中各按钮的名称与功能如表 4.3 所示。

图 4.30 “艺术字”工具栏

表 4.3 “艺术字”工具栏中各按钮的名称与功能

按 钮	名 称	功 能
	插入艺术字	用于在幻灯片中插入艺术字
编辑文字(X)...	编辑文字	用于编辑艺术字的内容、字体和字号等
	艺术字库	用于进入艺术字库，更改艺术字的样式
	设置艺术字格式	用于设置艺术字的大小、位置和颜色等
	艺术字形状	用于更改艺术字的形状
	艺术字字母高度相同	用于所有艺术字中的文字字符高度相同
	艺术字竖排文字	用于竖直方向排列艺术字
	艺术字对齐方式	用于设置艺术字的对齐方式
	艺术字字符间距	用于调整艺术字字符间的距离

1. 改变艺术字的大小

选中艺术字，将光标移至艺术字四周的控制点上，用鼠标拖动控制点，即可改变艺术字的大小。

2. 改变艺术字的字体

单击“艺术字”工具栏中的“编辑文字”按钮编辑文字(X)...，弹出图 4.28 所示的“编辑‘艺术字’文字”对话框。在该对话框中，可以进行重新输入艺术字的内容，改变艺术字的字体、字号、字形等操作。

3. 更改艺术字的形状

单击“艺术字”工具栏中的“艺术字形状”按钮，弹出如图 4.31 所示的“艺术字形状”列表，在其中选择一种合适的形状，即可更改艺术字的形状。

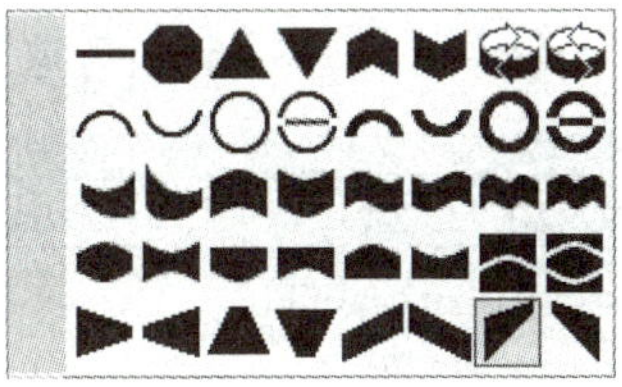

图 4.31　“艺术字形状”列表

4. 改变艺术字的颜色

单击“艺术字”工具栏中的“设置艺术字格式”按钮，弹出“设置艺术字格式”对话框，如图 4.32 所示。

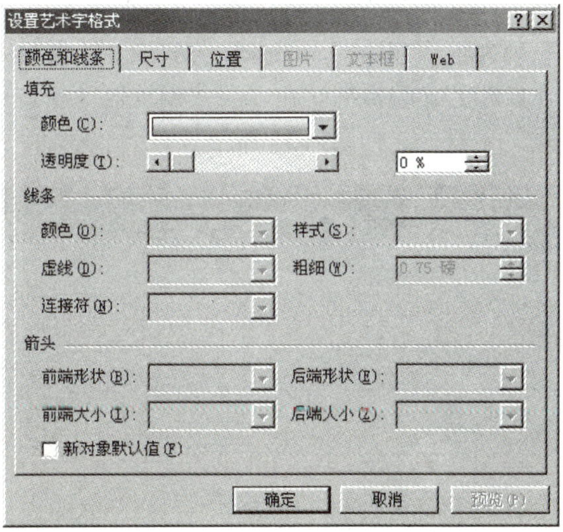

图 4.32　“设置艺术字格式”对话框

在该对话框中切换到“颜色和线条”选项卡，在“填充”选项组单击“颜色”下拉按钮，在下拉列表中选择一种合适的颜色，单击“确定”按钮，即可完成艺术字颜色的设置。

此外，可以通过“填充效果”对话框设置闪动的艺术字。其具体操作步骤：在“颜色”下拉列表中选择“填充效果”命令，在打开的“填充效果”对话框中单击“选择图片”按钮，进入“图片选择”对话框。此时，可选择一个 *.gif 图片，此图片在一定范围内的动态效果会直接影响艺术字的闪动效果，动的范围、颜色反差越大越好，否则可能会出现艺术字的一部分闪动、大部分不动的情况。

4.4 编辑公式

利用“公式编辑器 Microsoft 公式 3.0”，可以快速地编辑公式。

4.4.1 启动公式编辑器

启动公式编辑器，其具体操作步骤如下：

(1) 选择“插入”→“对象”命令，打开“插入对象”对话框，如图 4.33 所示。

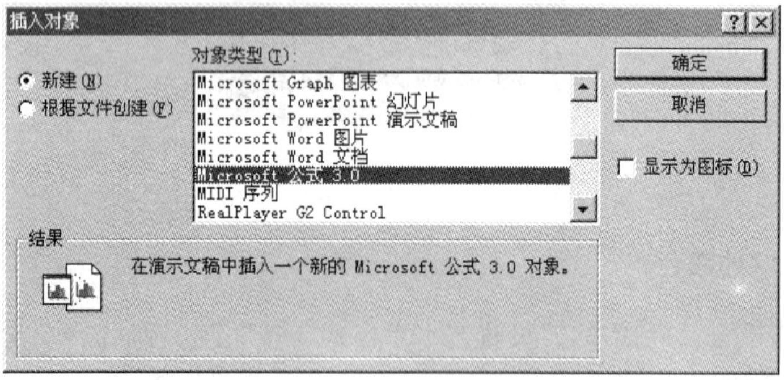

图 4.33 “插入对象”对话框

(2) 在“对象类型”列表框中双击“Microsoft 公式 3.0”选项，即可显示出如图 4.34 所示的“公式编辑器”窗口和公式编辑框。在“公式编辑器”窗口中选择“视图”→“工具栏”命令，打开“公式”工具栏，如图 4.35 所示。

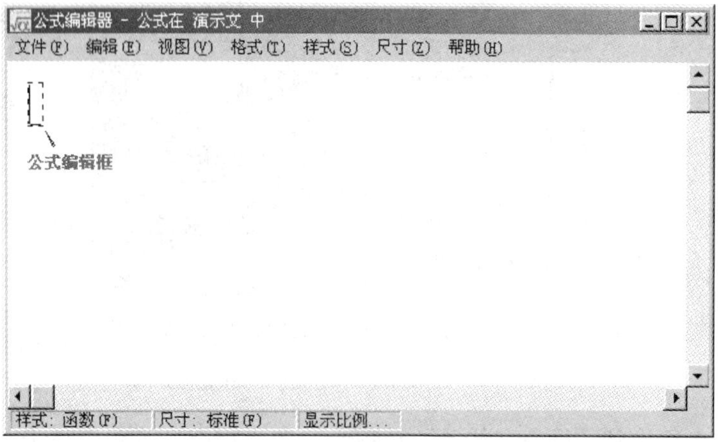

图 4.34 “公式编辑器”窗口

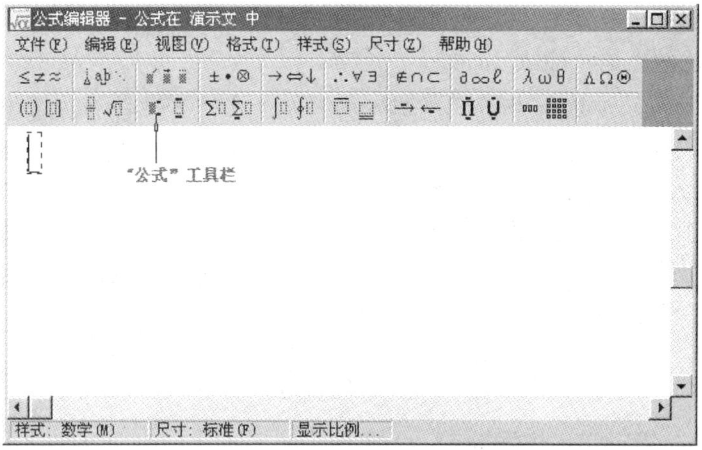

图 4.35　"公式"工具栏

只要选择工具栏上的符号并输入数字和变量，就可以创建复杂的公式。在向公式编辑框中输入时，"公式编辑器"将根据数学和排字格式约定，自动调整公式中各元素的大小、间距和格式。

"公式"工具栏由两行组成。单击第一行中的按钮，从打开的工具板中可选择 150 多个数学符号。利用第二行的按钮，可插入大约 120 种公式模板或框架，模板中一般还包含插槽，可以在其中插入文字和符号，也可以在插槽中再插入其他的模板来创建更复杂的公式。

4.4.2　编辑公式举例

下面以在文档中输入 $\sin\alpha = \sqrt{2 + \left(\frac{x+1}{3}\right)^2} - 1$ 为例，介绍"公式编辑器"的使用（见图 4.36）。

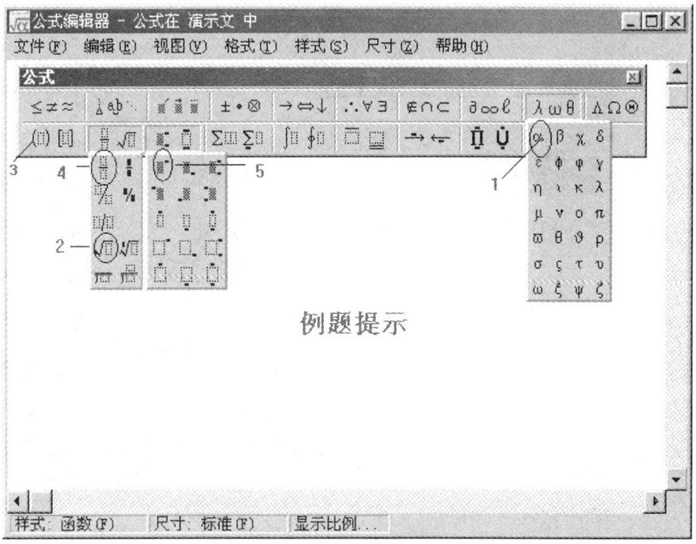

图 4.36　"例题提示"步骤

(1) 将插入点移至要插入公式的位置。

(2) 打开公式编辑器，输入“sin”。

(3) 打开“公式”工具栏中的“希腊字母（小写）”字符列表，选中希腊字母“α”，输入“=”。

(4) 单击“分式和根式”模板列表中所需的根式模板。

(5) 单击“围栏模板”按钮，打开模板列表，选中所要用的小括号模板。

(6) 打开“分式和根式”模板，选中要用的分式模板。在分数线上方输入“$x+1$”，按“Tab”键将插入点移到分数线下方，输入“3”。

(7) 按“Tab”键将插入点移到右括号外，打开“上标和下标”模板，选中要用的上标模板，输入“2”。

(8) 按“Tab”键将光标移到根式外，输入“-1”。

按以上步骤，选中不同的模板和符号，就能插入任意类型的公式。公式输入完成后，只需单击公式编辑框外的任一点，便可返回到原来的编辑状态。

如果对已经输入的公式不满意，直接在文档中双击该公式重新进入公式编辑状态，可对其进行编辑和修改。如果要改变位置，只要在选中该公式后，拖动鼠标将其移到目的地释放鼠标即可。

4.5 应用举例——制作新年贺卡和生日卡

4.5.1 制作新年贺卡

制作新年贺卡的操作步骤如下：

(1) 单击“常用”工具栏上的“新建”按钮，在“幻灯片版式”窗格中选择“空白”版式。

(2) 选择“插入”→“图片”→“来自文件”命令，打开“插入图片”对话框，如图 4.37 所示。

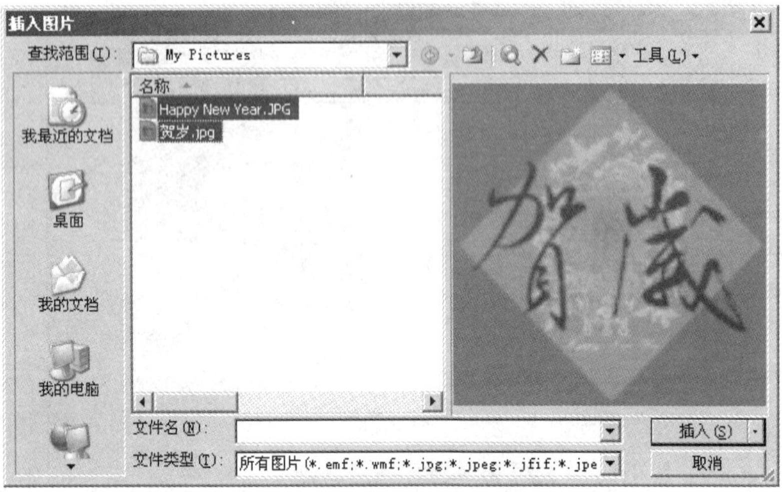

图 4.37 “插入图片”对话框

（3）选择一幅或者多幅合适的图片，在本例中选择命名为“贺岁”和“Happy New Year”的两幅图片，单击“插入”按钮，将会出现如图4.38所示的界面。

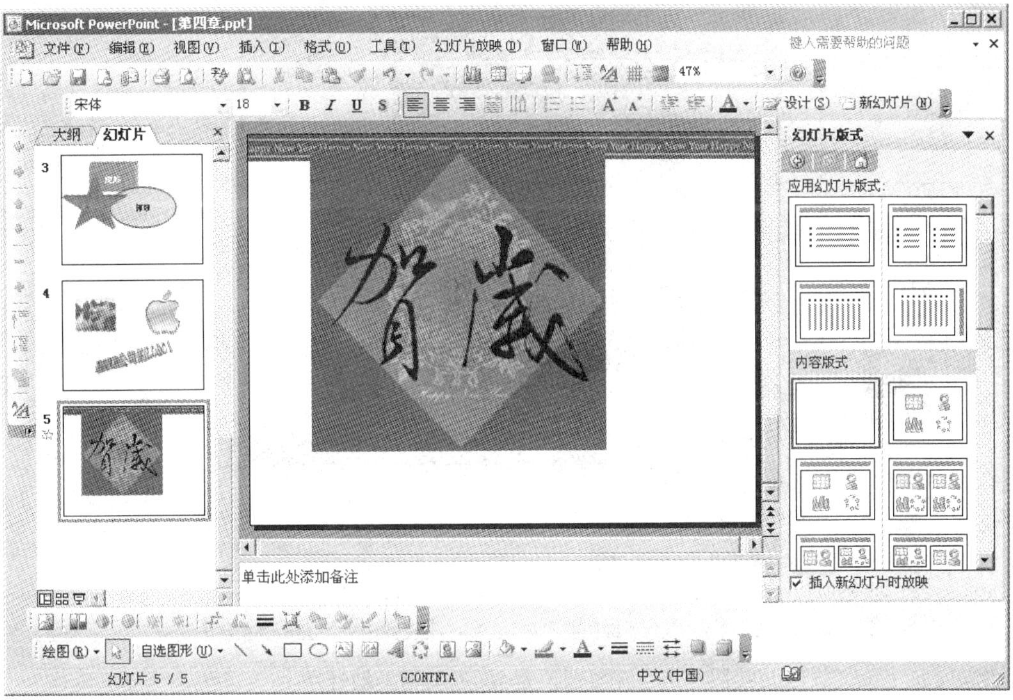

图4.38　插入两幅图片

（4）用鼠标拖动图片四周的控制点，将图片调整到合适的尺寸，并移到屏幕中合适的位置上。

（5）选中写有“贺岁”字的图片，单击“绘图”工具栏上的“绘图”按钮，在弹出的菜单中选择“叠放次序”命令，在子菜单中选择“置于顶层”命令。

（6）选中插入的长条形（即“Happy New Year”图片），按键盘上的“Ctrl + C”组合键，再按“Ctrl + V”组合键，复制一个新的图片；然后将复制得到的图片移到合适的位置，调整完所有图片大小及位置的幻灯片如图4.39所示。

（7）在编辑区的空白处单击鼠标右键，在弹出的快捷菜单中选择“背景”命令，弹出“背景”对话框。

（8）单击“背景填充”选项组中下拉列表框右侧的下拉箭头，在弹出的下拉列表中选择“填充效果”命令，如图4.40所示。此时将弹出“填充效果”对话框，在该对话框中切换到“纹理”选项卡，如图4.41所示。

（9）单击“纹理”选项卡下面的第3行第4列的选项。

（10）单击“确定”按钮，返回到“背景”对话框，再单击“应用”按钮，此时幻灯片的背景如图4.42所示。

（11）从图4.42中可以看到，有文字“贺岁”的图片由于背景遮住了其下面图片的部分内容，而且这样也显得很不美观，因此有必要对其进行处理。选中这幅图片，单击“图片”工具栏上的“设置透明色”按钮，将该图片的背景设为透明色。其图片设置为透明色后的效果如图4.43所示。

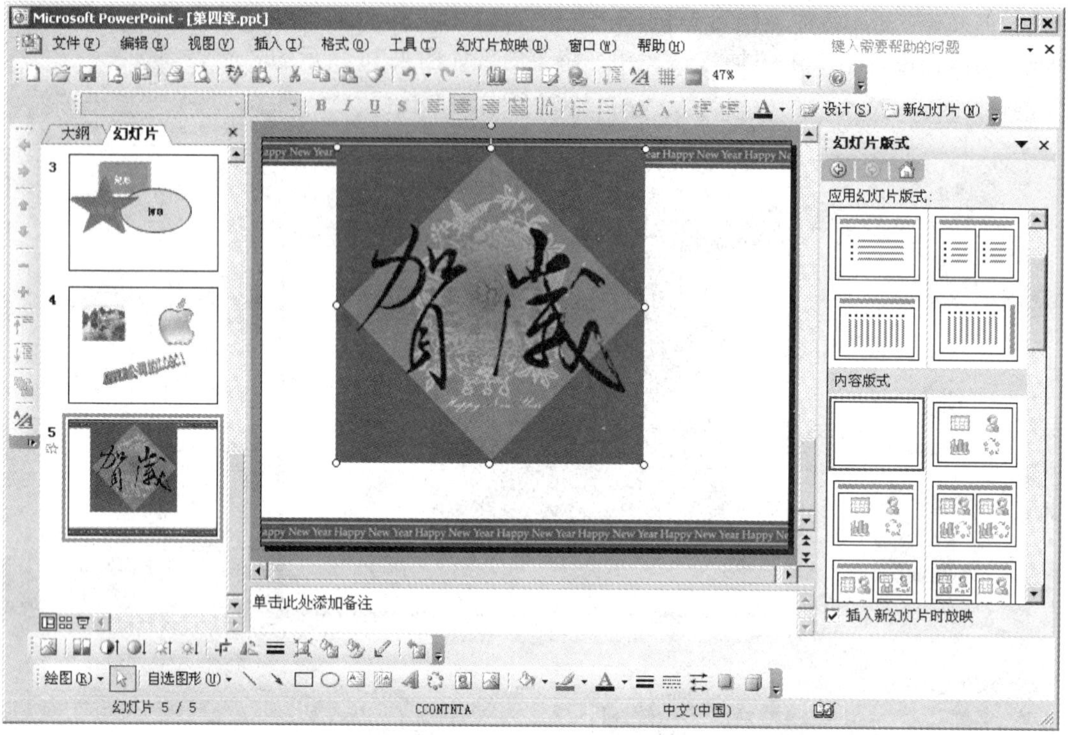

图 4.39　调整图片大小及位置后的幻灯片

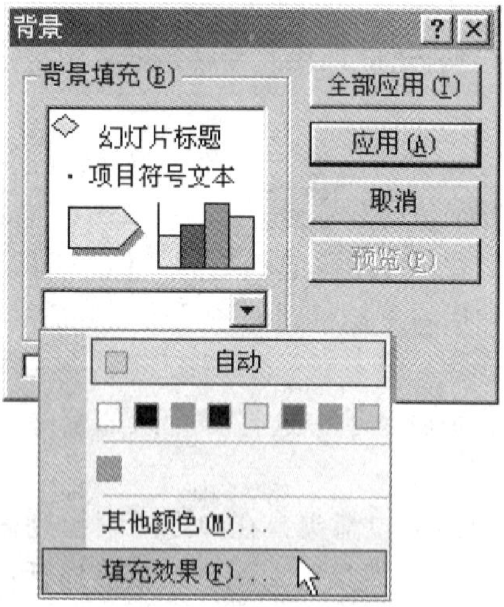

图 4.40　“背景”对话框

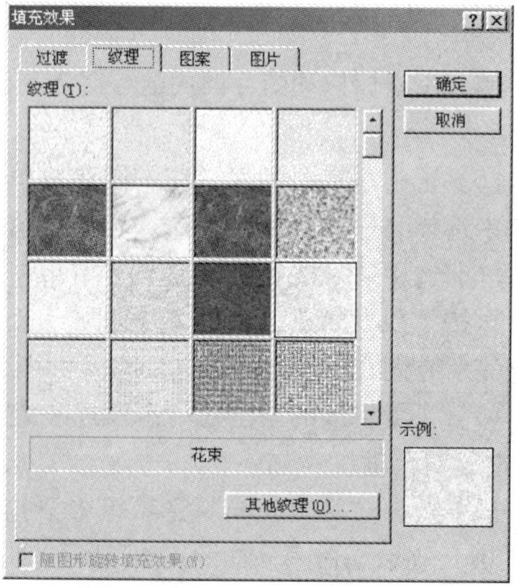

图 4.41　“纹理”选项卡

（12）单击“绘图”工具栏上的“文本框”按钮，在幻灯片编辑区的合适位置上拖出一个文本框，并输入文字“新年快乐万事如意”。

（13）选中此文本框，进行下列操作。

① 通过“格式”工具栏，将字体设置为“华文新魏”，字号为“72”。

② 单击“格式”工具栏上的“居中”按钮，使文字在文本框中居中显示。

③ 单击“格式”工具栏或者“绘图”工具栏上的“字体颜色”按钮，将文字颜色设置为“红色”。

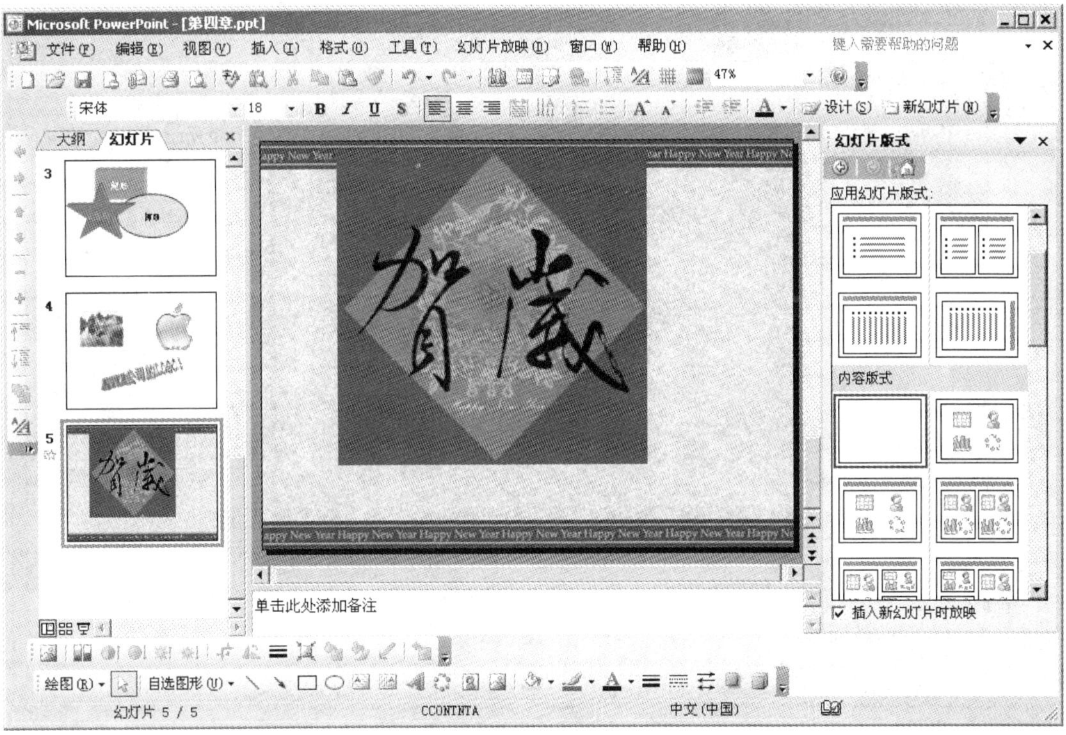

图4.42 添加背景图案后的效果

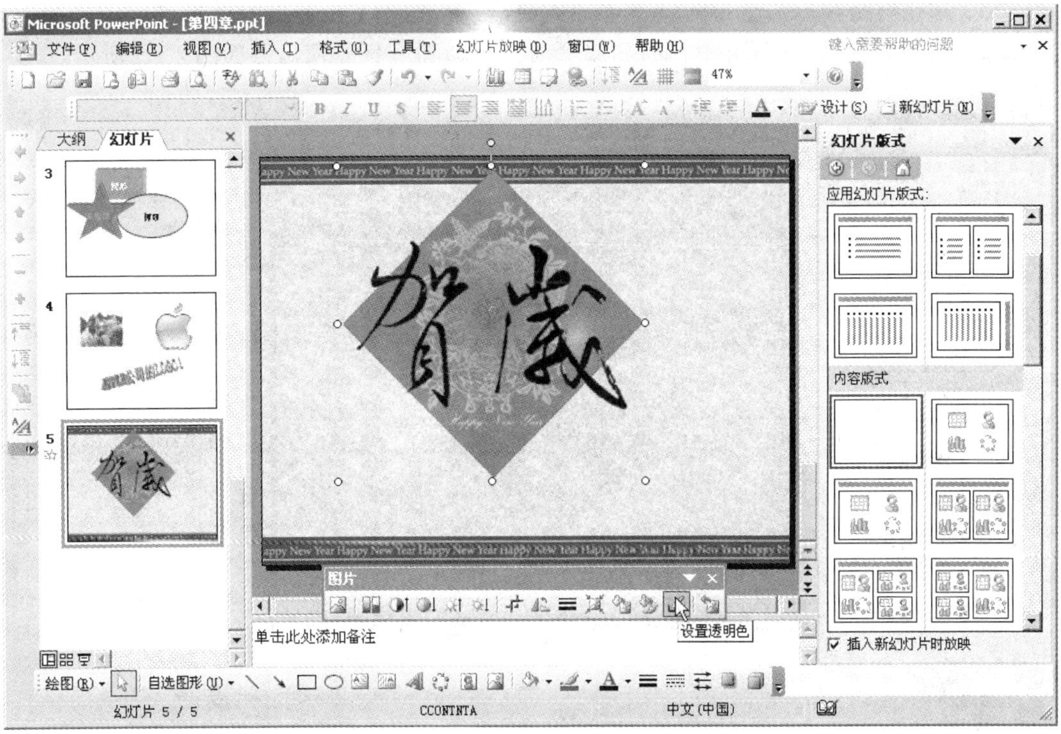

图4.43 设置透明色后的效果

④ 单击“绘图”工具栏上的“阴影样式”按钮，在弹出的下拉列表中选择“阴影样式1”，添加文字后的幻灯片如图4.44所示。

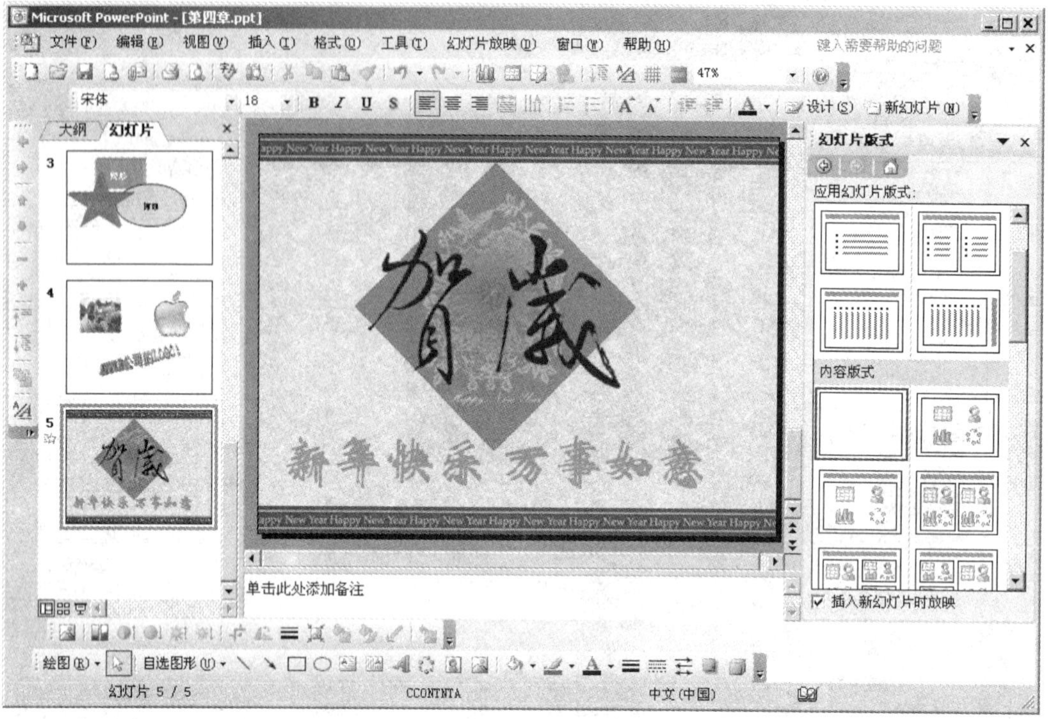

图 4.44　添加文字后的效果

（14）单击任务窗格右上角的“其他任务窗格”按钮，在弹出的下拉列表中选择“自定义动画”命令。此时，任务窗格将变成“自定义动画”任务窗格，如图 4.45 所示。

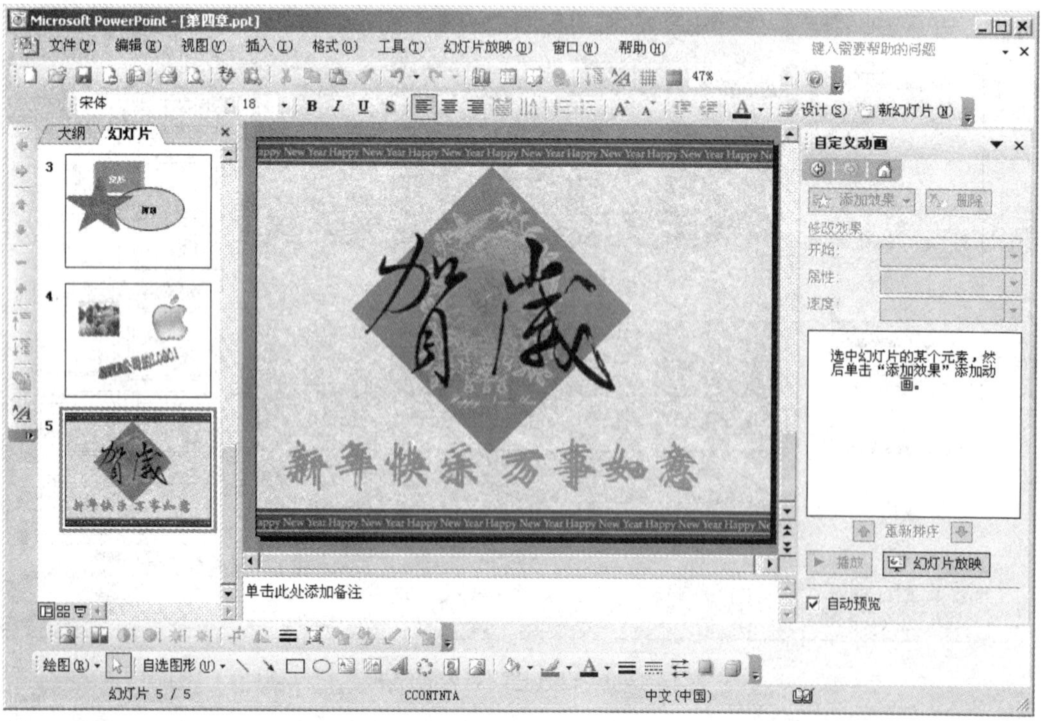

图 4.45　“自定义动画”任务窗格

（15）选中有文字“贺岁”的图片，单击“自定义动画”任务窗格中的“添加效果”按钮，在弹出的下拉菜单中选择“进入”命令，并在级联子菜单中选择“其他效果”命令，如图 4.46 所示。

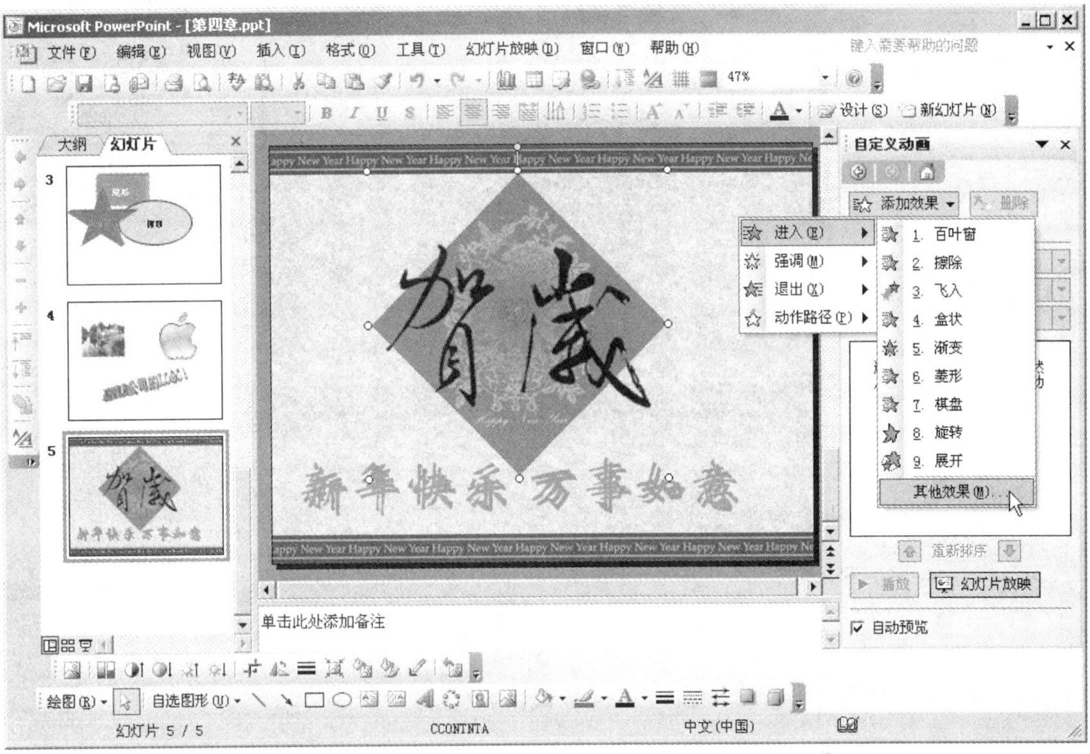

图 4.46　“添加效果”下拉列表

（16）执行步骤（15）中的命令后，弹出如图 4.47 所示的“添加进入效果”对话框，如图 4.47 所示。拖动此对话框右侧的滚动条，选择“华丽型”类型中的“旋转”效果，单击“确定”按钮。此时，得到幻灯片的效果如图 4.48 所示。

（17）继续选中有文字“贺岁”的图片，在“自定义动画”任务窗格中打开“开始”下拉列表，在其中选择“之前”命令。

（18）在幻灯片中选中“新年快乐万事如意”所在的文本框，单击“自定义动画”任务窗格中的“添加效果”按钮，在弹出的下拉菜单中选择“进入”命令，并在级联菜单中选择“飞入”命令。

（19）在“自定义动画”任务窗格中打开“开始”下拉列表，在其中选择“之后”命令。打开“方向”下拉列表，在其中选择“自左侧”命令。设置完的界面如图 4.49 所示。

图 4.47　“添加进入效果”对话框

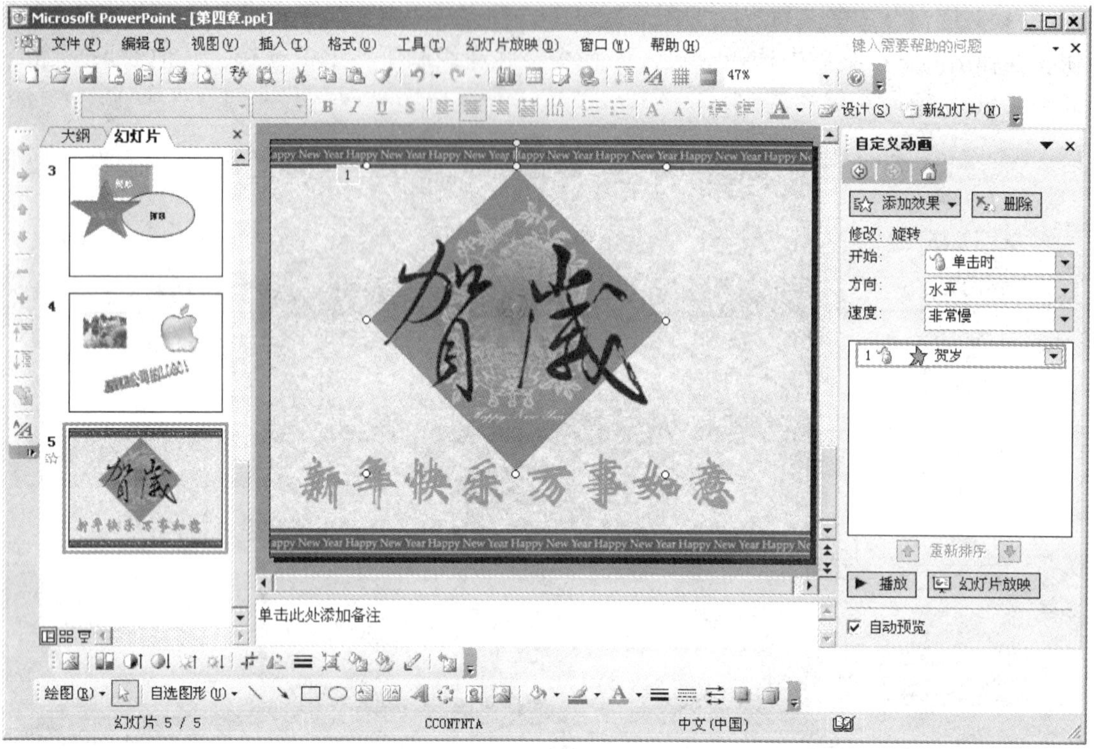

图 4.48 添加动画效果的界面

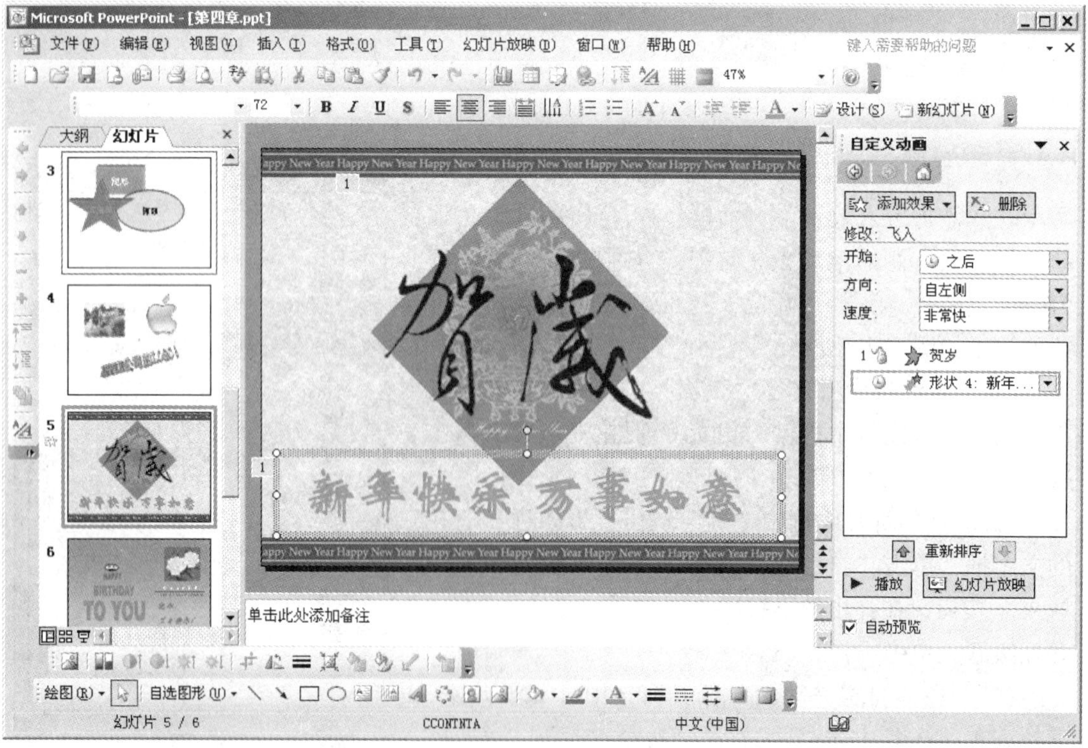

图 4.49 文本框的动画设置

(20) 继续选中“新年快乐万事如意”所在的文本框，单击“自定义动画”任务窗格中的“添加效果”按钮，在弹出的下拉菜单中选择“强调”命令，并在级联菜单中选择“其他效果”命令，弹出“添加强调效果”对话框，如图4.50所示。

(21) 拖动对话框右侧的滚动条，选择“温和型”类型中的“闪现”效果，然后单击“确定”按钮。

图4.50 “添加强调效果”对话框

(22) 单击“自定义动画”任务窗格中打开“开始”下拉列表，在其中选择“之后”命令。在“速度”下拉列表中选择“中速”命令，设置后的结果如图4.51所示。

(23) 单击任务窗格右上角的“其他任务窗格”按钮 ▾，在弹出的下拉列表中选择“幻灯片切换”命令。此时在窗口右侧的“自定义动画”任务窗格将变成“幻灯片切换”任务窗格，如图4.52所示。

(24) 在“幻灯片切换”任务窗格中用鼠标拖动“幻灯片切换效果框”的滚动条，选择“盒状展开”效果，在幻灯片中自动显示切换的效果。

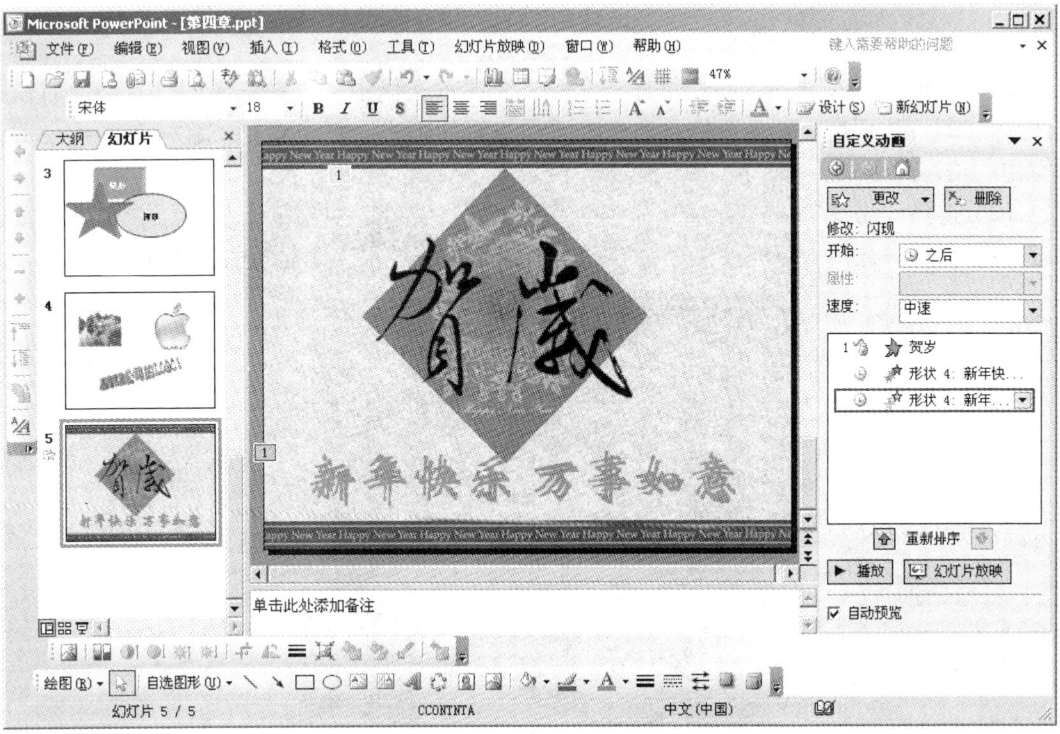

图4.51 设置“闪现”效果后的界面

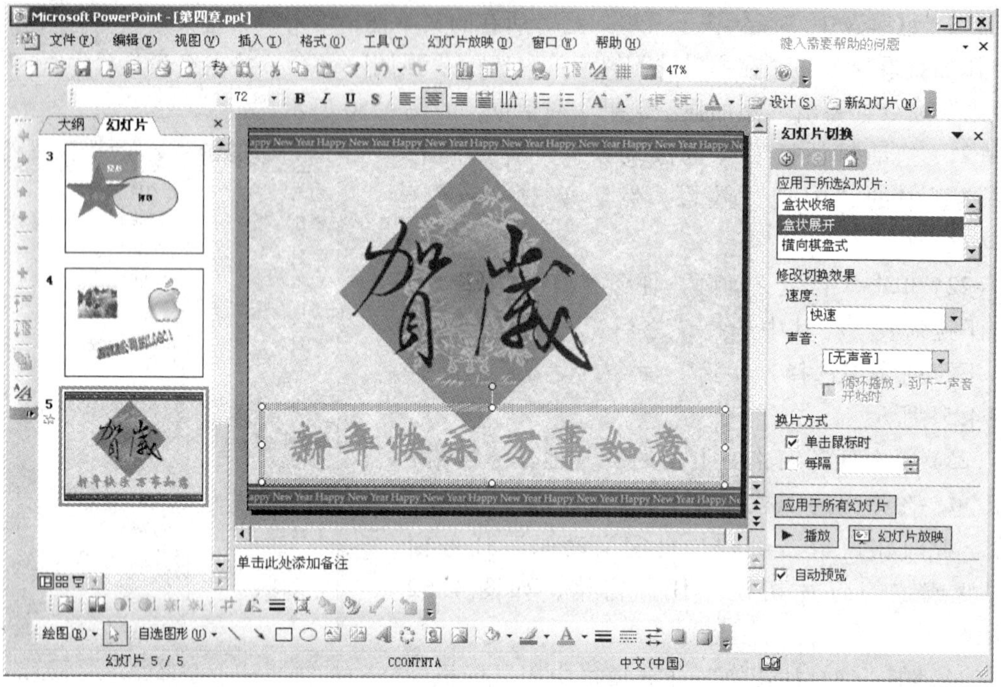

图 4.52 “幻灯片切换”任务窗格

4.5.2 制作生日卡

制作生日卡的操作步骤如下：

（1）选择“插入”→“新幻灯片”命令，在演示文稿中插入一张新幻灯片。此时窗口右侧的“幻灯片切换”任务窗格自动变成了“幻灯片版式”任务窗格。在任务窗格中选择“空白”幻灯片版式。

（2）选择“格式”→“背景”命令，在弹出的“背景”对话框中打开“背景填充”下拉列表，在其中选择“填充效果”命令，弹出的“填充效果”对话框如图 4.53 所示。

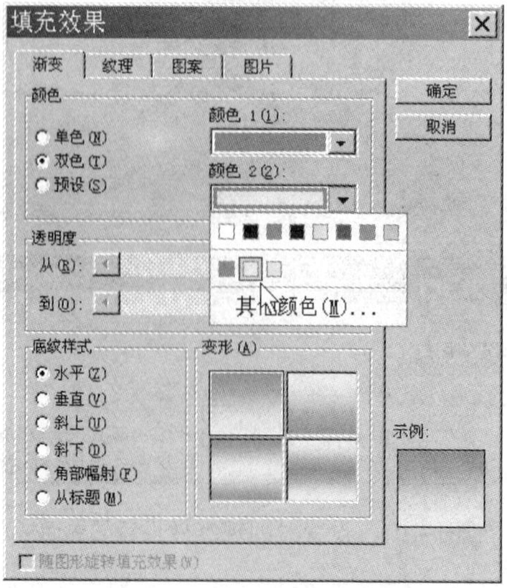

图 4.53 “填充效果”对话框

在该对话框中选择“渐变”选项卡，进行下列设置。

① 在“颜色”选项组，选中“双色”单选按钮。

② 打开“颜色1”的下拉列表，在其中选择“其他颜色”命令，从弹出的“颜色”对话框中选择“红色”。

③ 打开“颜色2”的下拉列表，将“颜色2”设置为“天蓝色”。

(3) 单击“确定”按钮，返回到“背景”对话框，再单击“应用”按钮，可将更改完的背景设置应用到当前的幻灯片中。

(4) 单击“绘图”工具栏上的“插入剪贴画”按钮，打开“剪贴画”任务窗格。在“剪贴画”任务窗格中进行如下操作。

① 在“搜索文字”文本框中，输入“自然”。

② 在“搜索范围”下拉列表中，选择“Office收藏集”。

③ 在“结果类型”下拉列表中，选择“剪贴画”，单击“搜索”按钮。

④ 在“剪贴画”任务窗格的“结果”列表框中，单击要插入的图片，将剪贴画插入到光标所在位置，如图4.54所示。

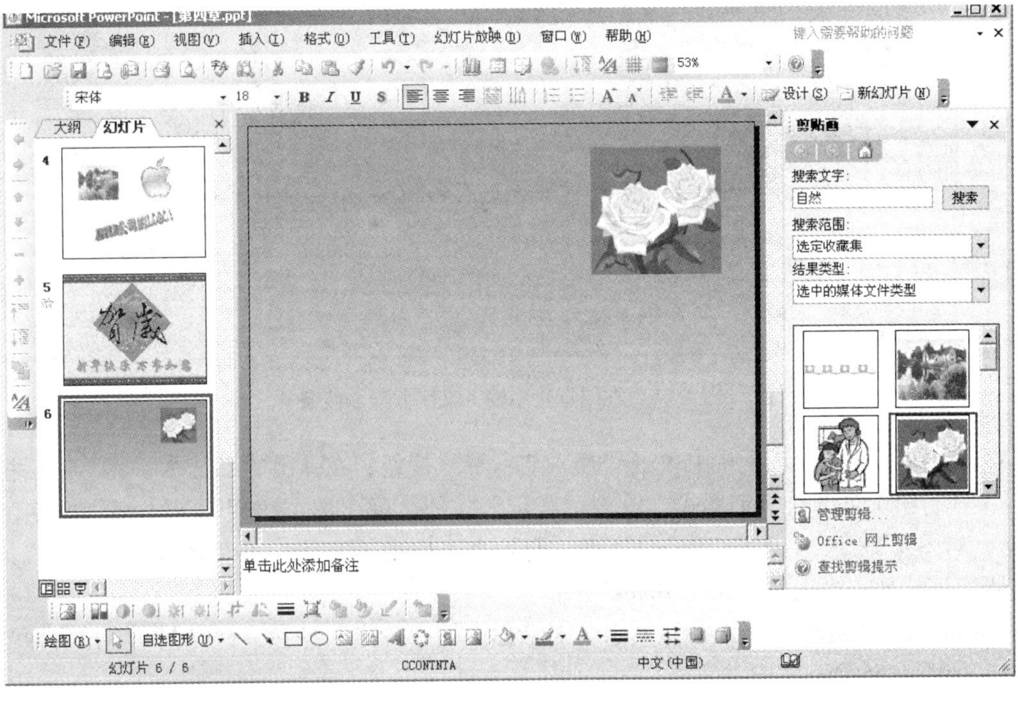

图4.54 插入剪贴画

(5) 拖动图片四周的控制点，调整到合适的尺寸，并将其移动到幻灯片中合适的位置。

(6) 单击“绘图”工具栏上的“文本框”按钮，在插入的图片下面绘制一个文本框，并输入文字“生日永远快乐”。

(7) 将字体设置为“方正舒体”，字号为“24”；通过单击“格式”工具栏或“绘图”工具栏上的“字体颜色”按钮，将文字颜色设置为“黄色”。

(8) 选中“生日永远快乐”所在的文本框，按住“Ctrl”键的同时将鼠标指向文本框，当鼠标变成四向箭头形状时，单击鼠标左键并向下拖动（此时光标上会出现“+”形状），当拖到合适的位置后释放鼠标左键，就会复制出一个与所选文本框完全相同的文本框。

（9）将复制文本框的文字改成“FOR MY DEAR FRIEND”，字体设置为“Times New Roman”字号为“20”；单击“格式”工具栏或“绘图”工具栏上“字体颜色”按钮旁的向下箭头，在弹出的下拉列表中选择“绿色”，将文字颜色设置为“绿色”。

（10）单击“绘图”工具栏上的“直线”按钮，将鼠标移至幻灯片编辑区，此时鼠标变成“十”字形状，在幻灯片的两行文字中间画出一条直线，单击“绘图”工具栏上“线条颜色”按钮旁的向下箭头，将直线的颜色设置为“蓝色”，设置后的效果如图 4.55 所示。

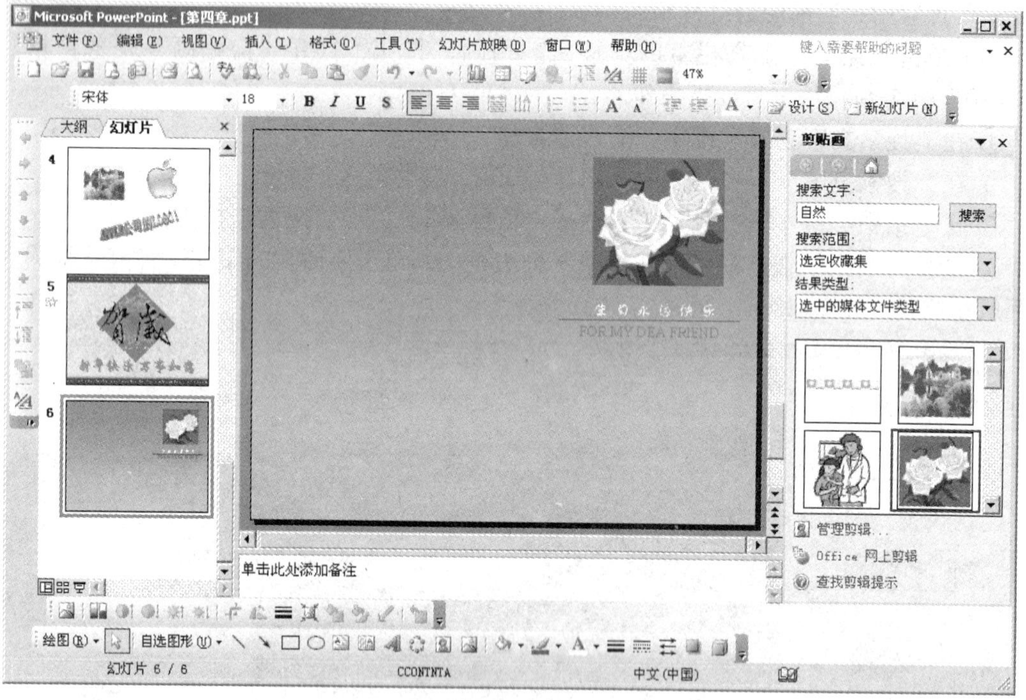

图 4.55 在幻灯片中输入文字并绘制线条

（11）在“绘图”工具栏中单击“插入艺术字”按钮，在弹出的“艺术字库”对话框中选择第 3 行第 1 列的艺术字样式，单击“确定”按钮。弹出的“编辑‘艺术字’文字”对话框，如图 4.28 所示。按“Delete”键，删除文本框中的文字，重新输入“HAPPY”，在“字体”下拉列表中选择“Arial Black”。

（12）单击“编辑‘艺术字’文字”对话框中的“确定”按钮，此时艺术字出现在幻灯片中，如图 4.56 所示。

（13）在新添加的艺术字上单击鼠标右键，在弹出的快捷菜单中选择“设置艺术字格式”命令。在弹出的“设置艺术字格式”对话框中切换到“颜色和线条”选项卡，如图 4.32 所示。在“填充”选项组中打开“颜色”下拉列表，在其中选择“蓝色”，将艺术字的填充颜色设置为“蓝色”。

（14）用相同的方法，再增加艺术字“BIRTHDAY”和“TO YOU”。按如图 4.57 所示的颜色和大小进行设置。

（15）单击“绘图”工具栏上的“自选图形”按钮，在弹出的菜单中选择“基本形状”中的“笑脸”符号☺。此时鼠标将变成“十”字形状，在文字“HAPPY”上侧拖动鼠标，画出一个“笑脸”图形。

图 4. 56　在幻灯片中插入艺术字“HAPPY”

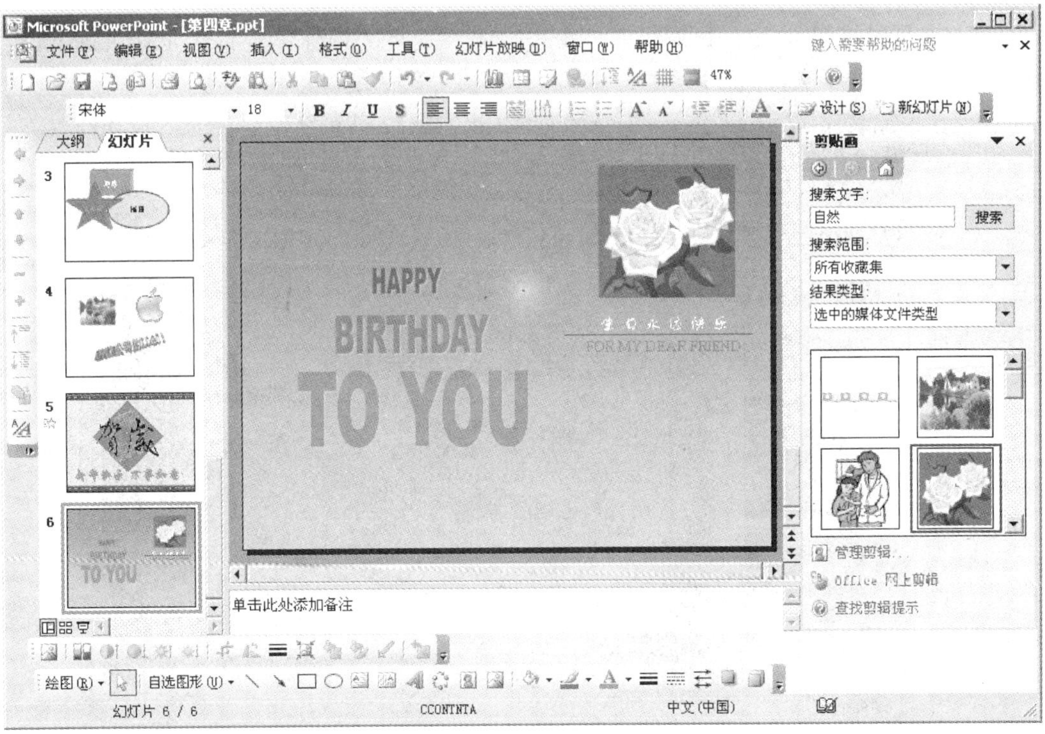

图 4. 57　在幻灯片中插入其他艺术字

(16) 拖动“笑脸”图形四周的控制点，调整到合适的尺寸，并将其移动到合适的位置，设置后的效果如图 4. 58 所示。

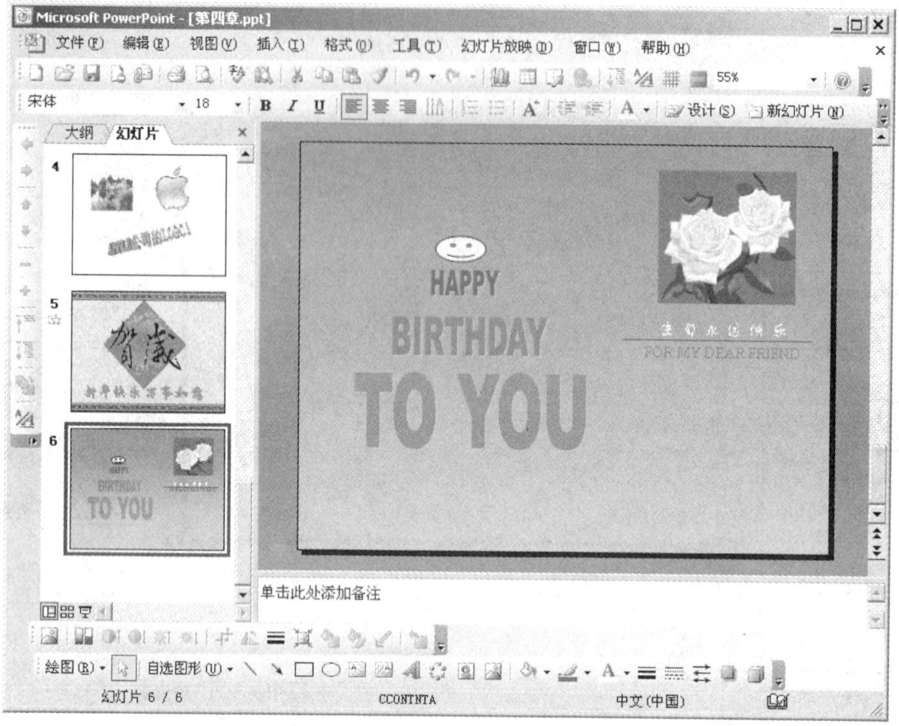

图 4.58 在幻灯片中插入自选图形

（17）在屏幕右侧插入一个文本框，在其中输入文字“祝你：生日快乐！永远开心！”，并将字体设置为“华文行楷”，字号为“40”，如图 4.59 所示。

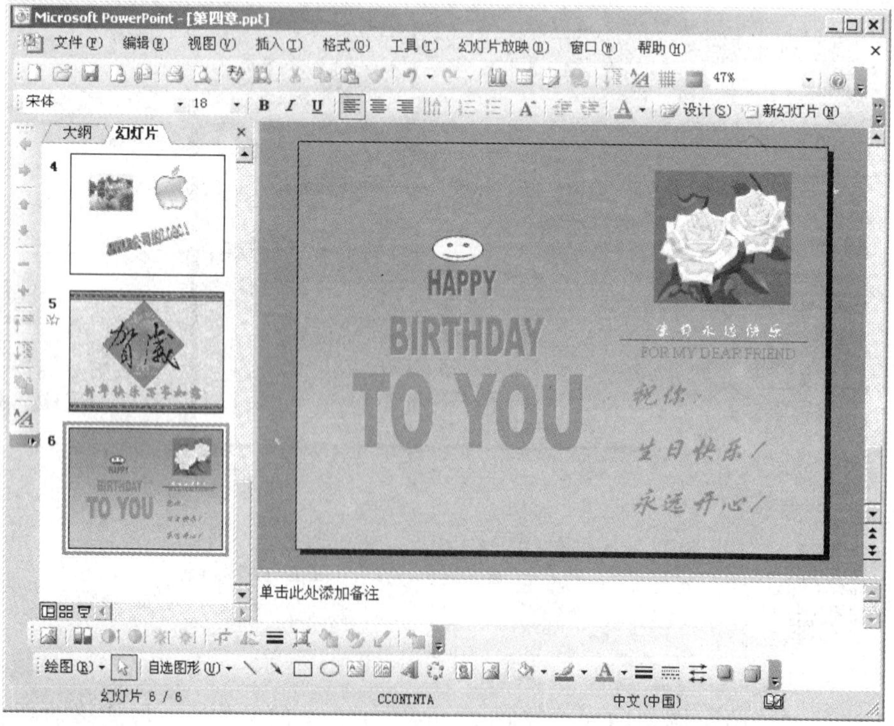

图 4.59 制作好的生日贺卡幻灯片

（18）选择“幻灯片放映”→“幻灯片切换”命令，此时屏幕右侧的“自定义动画”任务窗格变成了“幻灯片切换”任务窗格，并在“应用于所选幻灯片”列表框中选择“盒状展开”。

（19）单击常用工具栏上的“保存”按钮，将其保存为“贺卡 . ppt”文件，按键盘上的“F5”键切换到“幻灯片放映视图”观看放映效果。

习题 4

一、问答题

1. 如何在幻灯片中绘制基本图形和自选图形？
2. 如何在幻灯片中插入剪辑库中的剪贴画或图片？
3. 如何在幻灯片中改变图形的大小和位置？
4. 如何为图形添加边框、填充、设置阴影和三维效果？
5. 若需要将幻灯片中的多个图形组合为一个整体，应如何操作？若需要修改被组合图形中的单个图形时，如何使图形取消组合？
6. 怎样精确设置图形对象的位置？

二、选择题

1. 若要在幻灯片中多次绘制某个基本图形，在“绘图”工具栏中应________图形按钮，然后在幻灯片编辑区进行绘制。

    A. 单击　　B. 双击
    C. 按住“Ctrl”键单击　　D. 按住“Ctrl”键双击

2. 下列对幻灯片自选图形的操作叙述中，正确的是________。

    A. 可以改变图像的大小　　B. 可以旋转图形
    C. 可以给图形增加填充颜色　　D. 可以将 3 个以上的图形组合在一起

3. 在幻灯片中可以插入________图片。

    A. 来自本地计算机图形文件中的　　B. 来自剪辑编辑器中的
    C. 来自局域网其他计算机文件中的　　D. 以上 3 种答案都正确

4. 在幻灯片中插入图片后，可以为图片设置的属性有________。

    A. 图片的大小　　B. 图片的颜色
    C. 图片的类型　　D. 优化图片的效果

5. 给幻灯片中的图片增加的填充效果有________。

    A. 颜色　　B. 过渡色
    C. 图案　　D. 纹理

6. 在幻灯片中插入“艺术字”时，单击________工具栏中的“插入艺术字”按钮，可以打开“艺术字库”对话框。

    A.“绘图”工具栏　　B.“常用”工具栏
    C.“格式”工具栏　　D.“绘图“任务窗格

三、判断题

1. 绘制基本图形时，按住“Ctrl”键拖动鼠标，可以画出水平和垂直的直线。（　　）
2. 绘制基本图形时，按住“Shift”键拖动鼠标，可以画出圆形和正方形。（　　）
3. 对拆分后的图形进行重新组合时，必须首先选中要组合的各个图形。（　　）

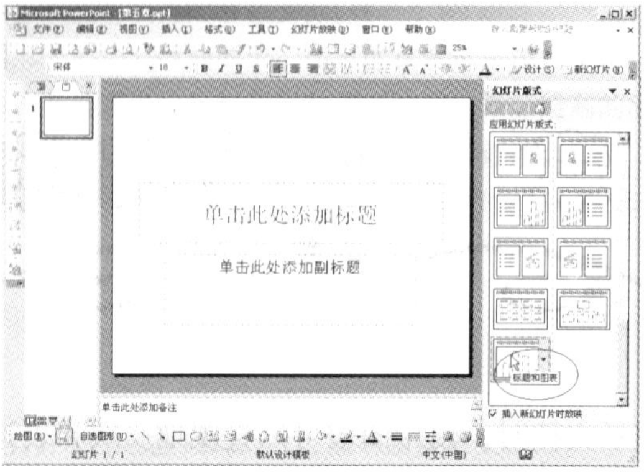

图 5.2 “新幻灯片”的界面

（2）在“应用幻灯片版式”列表框中选择“其他版式”中的“标题和图表”版式（见图 5.2）。单击“标题和图表”版式，新建一张幻灯片，如图 5.3 所示。

图 5.3 “图表”自动版式幻灯片

（3）用鼠标双击幻灯片中的“双击此处添加图表”处，则可启动 Microsoft Graph 应用程序，进入图表编辑状态。

5.1.2 在数据表中输入数据

在图 5.1 所示的图表编辑状态中，可以看到有数据和图表两个小窗口。在未给图表输入任何数据和文字前，数据窗口中有一组样本数据，并且在图表小窗口中有与其相对应的一个图表。在数据窗口中，标有 A、B、C、…的行是数据表的列控制框；标有数字 1、2、3、…的列是数据表的行控制框。数据表中的列用英文字母排序，而行用阿拉伯数字排序。在数据表中，第一行是列标题，用于反映某一列的属性。而第一列是行标题，用于反映某一行的属性。通过修改样本数据表，输入你自己需要的文本和数据，就可以得到所需要的图表。

1. 给数据表输入数据或文本

其具体操作步骤如下：

（1）单击需要输入数据的单元格，在单元格的四周出现一个黑色边框。

（2）从键盘上输入文字或数字。

（3）如果需要连续为多个单元格输入数字或文本，在给一个单元格输入完数字或文本后，按如下方法操作。

- 按键盘上的“Enter”键，光标移到当前单元格下方的单元格中，然后在单元格输入数据。
- 按键盘上的“Tab”键，光标移到当前单元格右方的单元格中，然后在单元格输入数据。
- 用鼠标直接单击数据表格中单元格，然后在该单元格中输入数据。

图5.4所示为输入数字和文本后的数据表格。由于数据表中的数值和图表中的数值是相连接的，因此当数据表中的数据更改后，图表将自动更新。

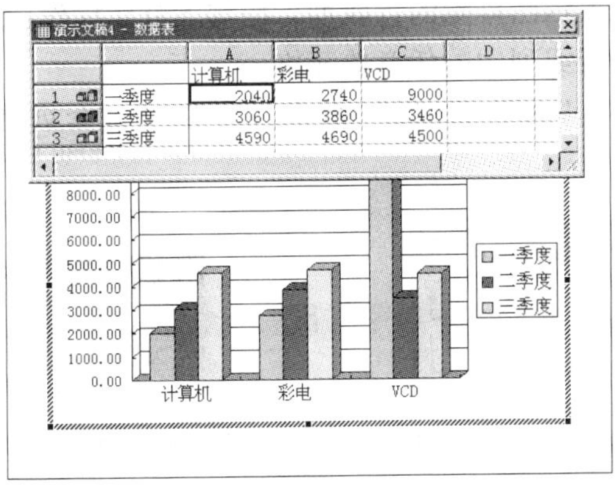

图5.4　在数据表中输入数据

2. 修改数据表中的文本或数字

当我们需要修改数据表中的数字和文本时，按如下方法操作。

(1) 在数据表中单击需要修改的单元格。

(2) 重新输入新的数字或文本。

3. 删除数据表中的单元格、行或列

其具体操作步骤如下：

(1) 选中需要删除的单元格、行或列，其选中的方法包括以下几种。

- 直接用鼠标单击某单元格，可以选中该单元格。
- 直接用鼠标单击表示某列的列标（字母），可选中该列。
- 单击表示某行的行标（数字），可选中该数字所代表的行。

(2) 选择“编辑”→“删除”命令，也可以按键盘上的“Delete”键，选中的单元格、行或列被删除。当单元格、行或列被删除后，周围的单元格、行或列将自动填补删除后所留出的空位。

5.1.3　“包含/排除”图表数据

制作统计图表时，有时希望数据表中的某些数据不在图表中显示，但又不想把它们从数据表中删除。使用PowerPoint 2003提供的“包含/排除”图表数据功能，可以很方便地做到

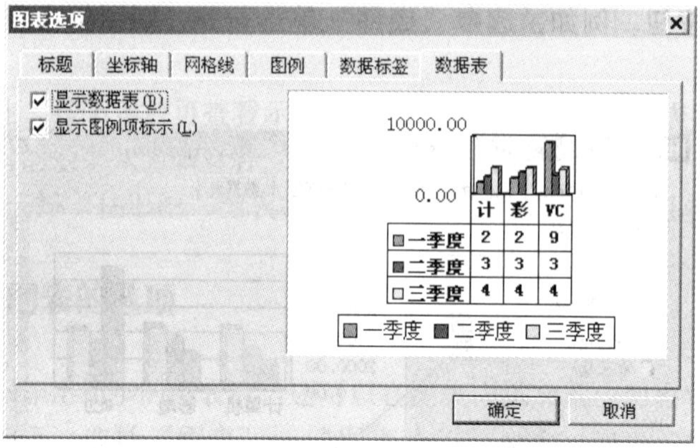

图 5.16 “数据表”选项卡

（2）选中“显示数据表”复选框，可以在图表的下方显示出数据表，如图 5.17 所示。

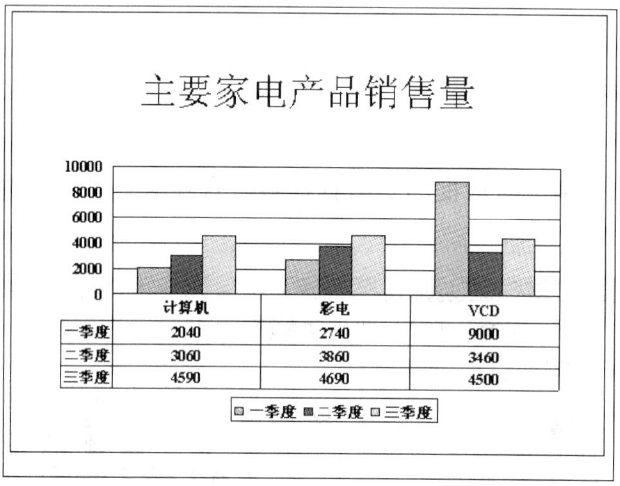

图 5.17 显示数据表的图表

5.2.3 格式化图表中的对象

图表中的对象（包括图表中的标题、轴线、图例及数据系列等）。根据需要可以进行各种编辑。

1. 编辑图例

其具体操作步骤如下：

（1）在幻灯片视图中，双击所需编辑的图表，进入图表编辑状态。

（2）用鼠标单击图表小窗口，然后打开“常用”工具栏中的“图表对象”下拉列表，如图 5.18 所示。

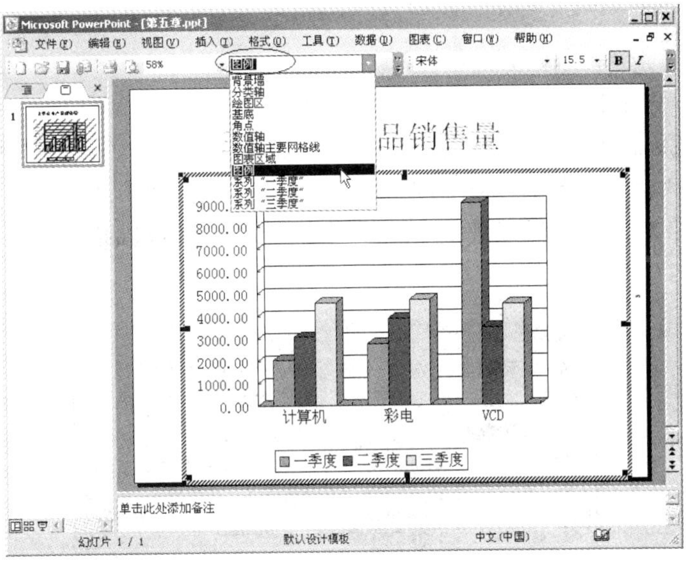

图 5.18 图表对象的下拉列表

（3）在下拉列表中，选择“图例”选项。

（4）选择“格式”→“字体”命令，弹出“图例格式”对话框，如图 5.19 所示。

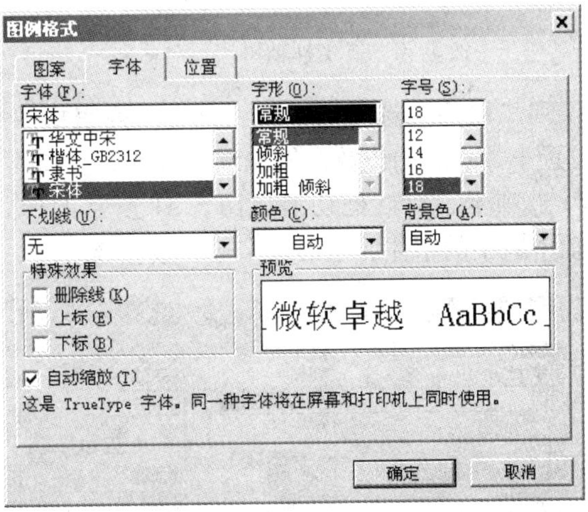

图 5.19 “图例格式”对话框

（5）切换到对话框中的“字体”选项卡，然后在其中改变图例中的字体、字形、字号、颜色、背景颜色和字体的特殊效果。例如，我们要改变字体的颜色，可单击“颜色”框的下三角按钮，在弹出的下拉列表选择一种颜色，如红色。

（6）完成图例格式的设置后，单击“确定”按钮。

当我们完成对图表的编辑后，在图表以外的任意位置单击鼠标，便可退出图表的编辑状态，返回到幻灯片视图中。

如果我们需要重新进入图表编辑状态，在幻灯片视图中双击图表即可。

2. 编辑数值轴

其具体操作步骤如下：

（1）重复上述编辑图例中，操作步骤（1）和步骤（2）。

（2）在图 5.18 所示的图表对象下拉列表中，选择“数值轴”项。

（3）选择“格式”→“所选坐标轴”命令，弹出“坐标轴格式”对话框，如图 5.20 所示。

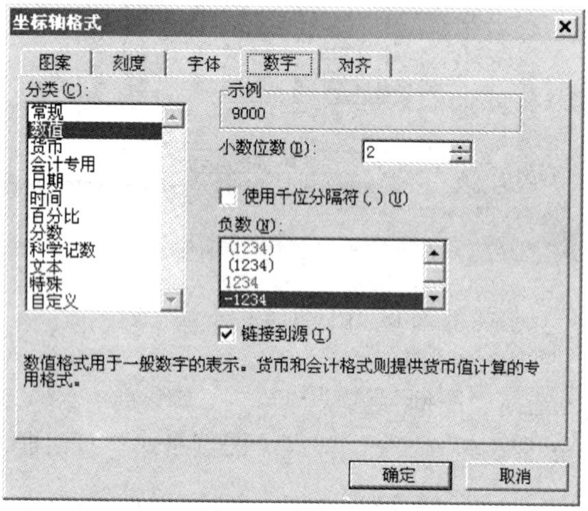

图 5.20 “坐标轴格式”对话框

（4）在对话框中切换到“数字”选项卡，在“分类”列表框中选择“数值”选项；在“小数位数”文本框中设置小数点后的位数，例如设置为“2”。

（5）切换到“字体”选项卡，对话框切换成图 5.21 所示的形式。在“字体”选项卡中，可以改变数值坐标轴中数字的字体、字形、字号和颜色等。

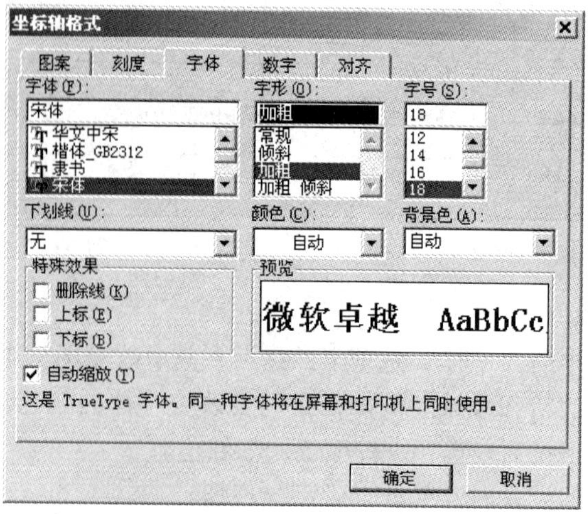

图 5.21 “字体”选项卡

（6）切换到“对齐”选项卡，“坐标轴格式”对话框切换成图 5.22 所示的形式。在此选项卡中，可以改变坐标轴文本的方向。若选“0”度，文本水平放置；若选“90”度，文本垂直放置。根据需要，我们还可以将文本设置成任意的角度。

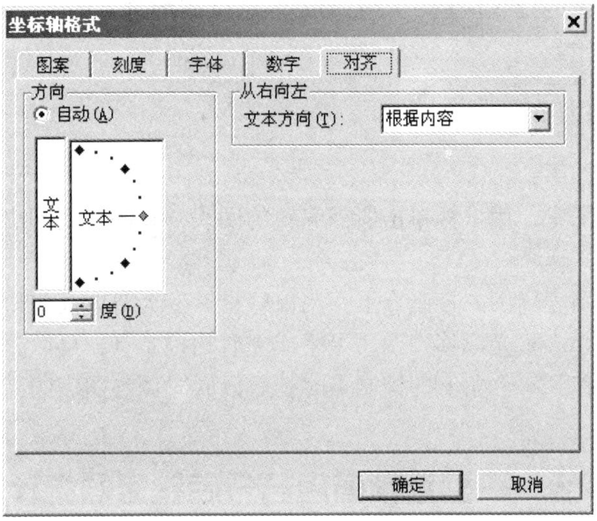

图 5.22　“对齐”选项卡

（7）设置完成后，单击“确定”按钮。

5.2.4　在幻灯片视图中对图表的操作

图表制作完成后，在图表外的任意位置单击鼠标，便可退出 Microsoft Graph 应用程序，返回到幻灯片视图中。在幻灯片视图中，通常需要完成如下操作。

1. 移动图表的位置

其具体操作步骤如下：

（1）在幻灯片视图中单击图表，在图表周围将出现 8 个控制点，如图 5.23 所示。

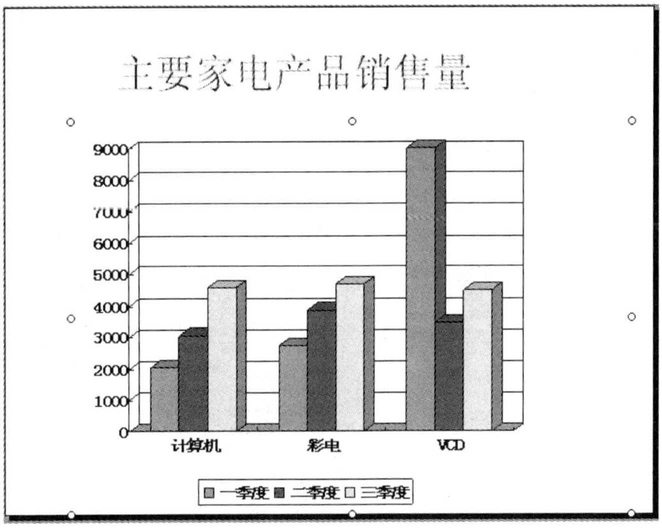

图 5.23　选中幻灯片中的图表

（2）将光标移到幻灯片的图表中，当光标变为“十”字箭头形状时，按下并拖动鼠标，即可将幻灯片移到所需的位置。选中图表后，也可以按键盘上的↑、↓、←或→ 4 个键来移动图表的位置。

2. 改变幻灯片的大小

其具体操作步骤如下：

（1）在幻灯片视图中，用鼠标单击所需编辑的图表，在图表周围出现 8 个控制点，如图 5.23 所示。

（2）将光标移到图表周围的控制点上，当鼠标指针变为双向箭头形状时，按下并拖动鼠标即可调整图表的大小。将光标移到图表上下或左右的控制点，可以分别调整图表的高度和宽度尺寸；而将光标移到 4 个角上的控制点时，可以同时调整图表的高度和宽度尺寸。

5.3 应用举例——某连锁商店各分店销售额统计图表

下面介绍某连锁商店各分店销售额统计图表的制作过程。

5.3.1 进入图表编辑状态

要进入图表编辑状态，其具体操作步骤如下：

（1）打开或新建一个演示文稿文档，单击常用工具栏中的“新建幻灯片”按钮，插入一张新幻灯片，打开“幻灯片版式”任务窗格。在任务窗格中选择“其他版式”中的“标题和图表”版式，如图 5.2 所示。单击“标题和图表”版式，新建一张幻灯片如图 5.3 所示。

（2）在幻灯片的标题位置输入幻灯片的标题“分店销售额统计图表”。

（3）双击幻灯片中的“双击此处添加图表”，进入图表编辑状态，如图 5.1 所示。

5.3.2 在数据表中输入数据

在数据表中输入数据，其具体操作步骤如下：

（1）将数据表中的数据删除。

（2）在数据表中输入某连锁商店 5 个分店销售额的统计资料，如图 5.24 所示。

第五章.ppt - 数据表

		A	B	C	D	E
		第一分店	第二分店	第三分店	第四分店	第五分店
1	第一季度	70000	85000	58000	60000	43000
2	第二季度	65000	76000	60000	70000	42100
3	第三季度	80000	90000	72000	80000	51000
4	第四季度	78000	82000	75000	80000	65000
5	总额	293000	333000	265000	290000	201100
6						

图 5.24 在数据表中输入数据

5.3.3 制作分店季度销售额对比图表

在数据表中输入数据后，在图表编辑状态下会看到与数据表相对应的数据图表，如图 5.25 所示。

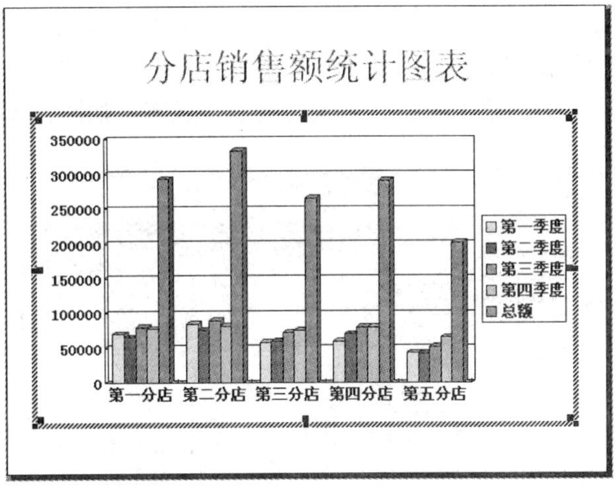

图 5.25 与数据表相对应的数据图表

在该图表中包括了各分店全年销售总额的数据系列，如果要制作分店各季度销售额对比图表，按以下方法操作。

(1) 在数据表中单击“总额”一行中的任意单元格。

(2) 选择“数据”→“排除行/列”命令，打开“排除行/列”对话框，如图 5.5 所示。

(3) 在对话框中选择“行”单选按钮，然后单击“确定”按钮。

(4) 在数据表“总额”行中的数据以灰度显示，而在图表中的总额系列被隐藏，如图 5.26 所示。

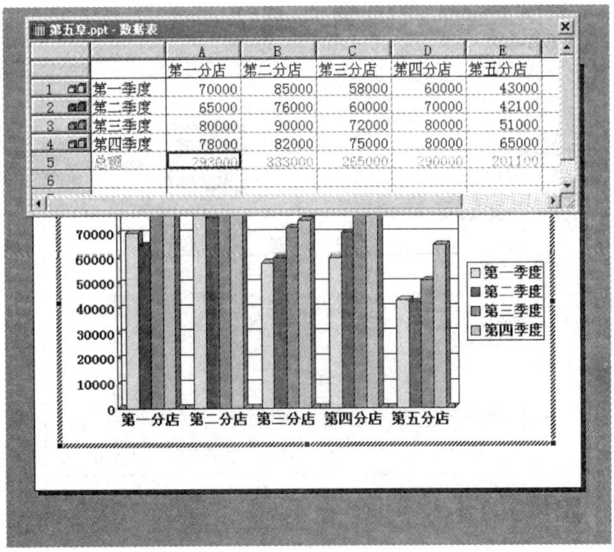

图 5.26 不含“总额”行的图表

（5）在图表之外的任意位置单击鼠标，退出图表编辑状态。

5.3.4 制作全年各分店销售总额在总店中所占比例图表

制作该对比图表，其具体操作步骤如下：

（1）选中已制作的“分店季度销售额对比图表”幻灯片，单击常用工具栏中的“复制”按钮，然后单击“粘贴”按钮，复制一张新幻灯片。

（2）在复制的幻灯片中，双击图表，进入图表编辑状态，如图 5.27 所示。

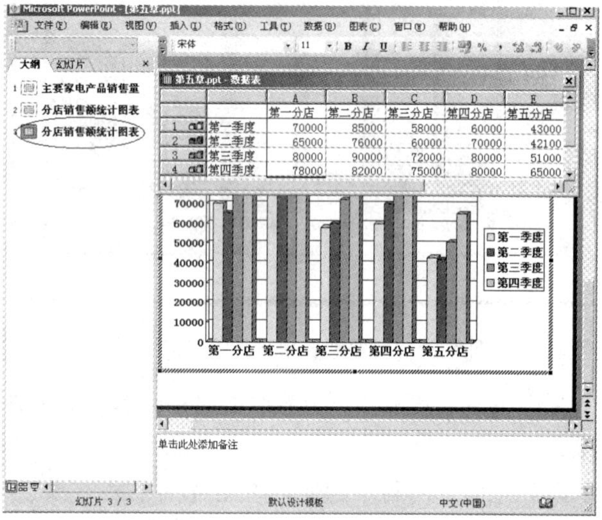

图 5.27　进入图表编辑状态

（3）单击“图表”菜单中的“图表类型”命令，打开“图表类型”对话框，如图 5.28 所示。

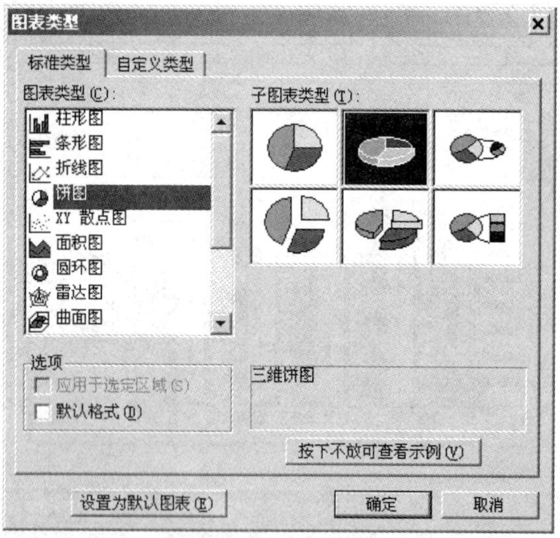

图 5.28　“图表类型”对话框

(4) 在对话框的“图表类型”中选择“饼图”，在“子图表类型”中选择“三位饼图”。

(5) 单击“确定”按钮，图表效果如图 5. 29 所示。

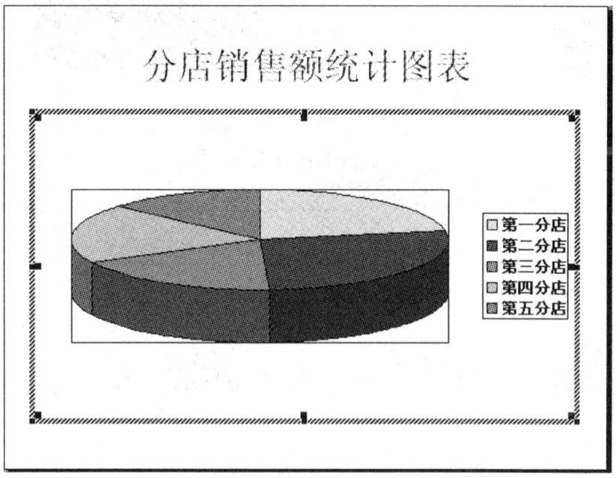

图 5. 29　在“图表类型”中选择“饼图”

(6) 由于图 5. 29 所示图表不是我们要求的结果，因此需要使用 PowerPoint 提供的包含/排除功能，将图表中的“总额”所在的行包含，而将第一、第二、第三和第四季度所在的行排除。

(7) 用鼠标在“总额”行的任意单元格中单击，选择“数据”→“包含行/列”命令，打开“包含行/列”对话框，如图 5. 6 所示。在对话框中选择“行”单选按钮，单击“确定”按钮。

(8) 在数据表中选中“第一季度”、“第二季度”、“第三季度”和“第四季度”4 个单元格，选择“数据”→“排除行/列”命令，打开“排除行/列”对话框，如图 5. 5 所示。在对话框中选择“行”单选按钮，单击“确定”按钮。

(9) 选择“图表”→“图表选项”命令，打开“图表选项”对话框。

(10) 在对话框中切换到“标题”选项卡，如图 5. 30 所示。在“图表标题”文本框中输入图表的标题“分店销售总额所占比例统计图表”。

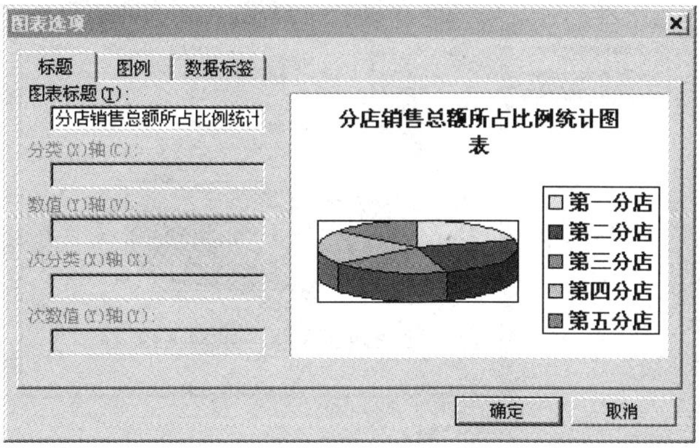

图 5. 30　“图表选项”对话框

(11) 切换到“图例”选项卡，如图 5. 31 所示。选中“显示图例”复选框，在“位置”选项中选择“底部”单选按钮。

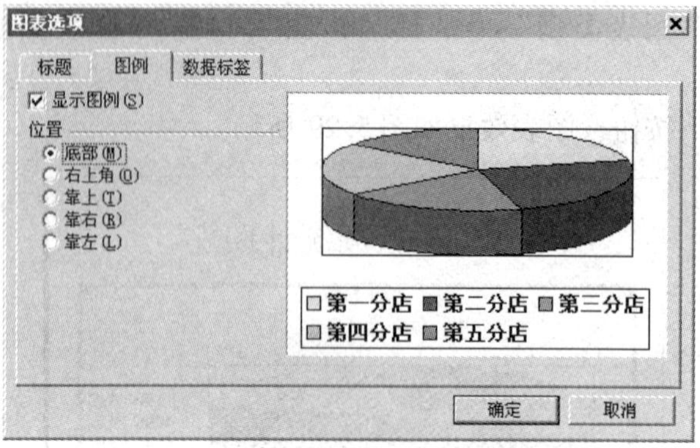

图 5.31　设置“图例”选项卡

（12）切换到“数据标签”选项卡，如图 5.32 所示。在“数据标签包括”选项组中选择“百分比”复选框。

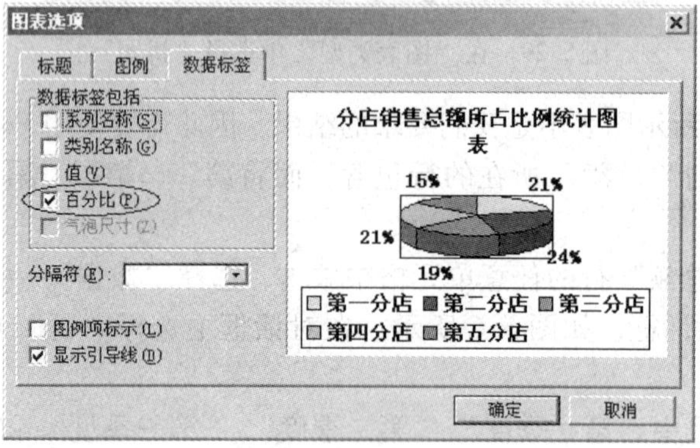

图 5.32　设置“数据标志”选项卡

（13）在“图表选项”对话框中单击“确定”按钮，并在图表之外的任意位置单击鼠标，退出图表编辑状态。其结果如图 5.33 所示。

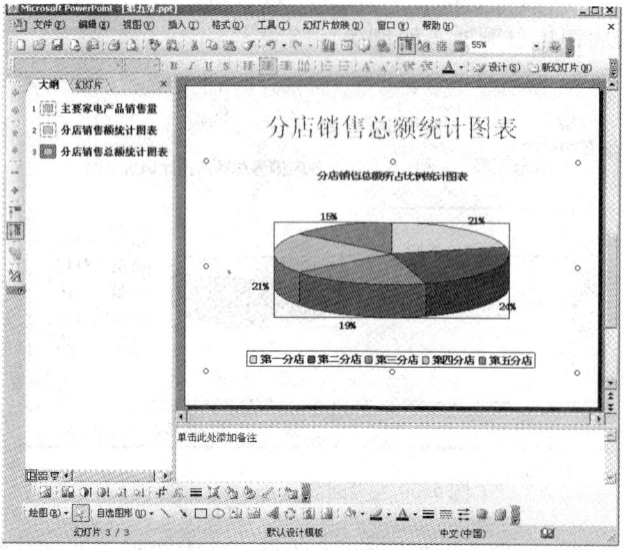

图 5.33　各分店销售总额在总店中所占比例图表

习题 5

一、问答题

1. 启动 Microsoft Graph 应用程序进入图表编辑状态有哪几种方法？
2. 简述利用自动版式创建 Graph 数据图表的步骤。
3. 怎样在 Graph 数据图标中隐藏数据表？
4. 如何在数据表中插入一行或一列？
5. 如何在数据表中输入数据？
6. 怎样选择图表的类型？

二、选择题

1. 在已有的幻灯片中插入数据图表的方法为________。

A. 选择“插入”→“图表”命令

B. 双击幻灯片中已插入的表格

C. 双击幻灯片中的“图表”占位符

D. 选择“格式”→“对象”命令

2. 给数据表的一个单元格输入数据后，然后按________，便可输入当前单元格右侧单元格的内容。

A.“Enter”键　　B.“Tab”键

C.“Shift + Enter”组合键　　D.“Shift + Tab”组合键

3. 在幻灯片的图表中，图例用来表示数据图表各系列元素的内容，下面有关图例的说法中，不正确的是________。

A. 可以在图表中隐藏图例　　B. 可以把图例移到图表的上侧

C. 可以修改图例的颜色　　D. 不能把图例移到图表的左侧

4. 在幻灯片中，当制作好书据图表后，退出图表编辑状态的方法为________。

A. 选择“文件”→“退出”命令　　B. 按“Ctrl + W”组合键

C. 在数据图表外单击鼠标　　D. 以上方法都正确

5. 在图表编辑状态中，通过修改数据表的内容可以修改图表图形，如果想使图表图形不包含数据表中的内容，首先选择________→“排除行/列”命令。

A.“表格”　　B.“数据”　　C.“格式”　　D.“图表”

6. 制作好数据图表后，返回幻灯片普通视图后，可以对数据图表进行操作的内容有________。

A. 改变数据图表的位置　　B. 改变数据图表的大小

C. 改变数据图表的类型　　D. 为数据图表增加数据标志

三、判断题

1. 在幻灯片中插入数据图表时，首先应启动 Microsoft Graph 应用程序，进入图表编辑状态。（　　）
2. 进入图表编辑状态，如果没有显示数据表，选择“视图”→“数据工作表”命令。（　　）
3. 使用 PowerPoint 2003 的“包含/排除”图表数据功能，可以排除数据表中的多行或多列数据，可显示数据表。（　　）
4. 要重新编辑幻灯片中的数据图表时，在幻灯片中单击数据图表。（　　）
5. 要编辑数据图表的坐标轴，在图表编辑状态中，直接双击图表坐标轴或坐标轴上的文字和数字，即可打开“坐标轴格式”对话框。（　　）
6. 要编辑数据图表中的图例，在图表编辑状态中，直接双击数据图表中的图例，即可打开“图例格

式”对话框。 （ ）

7. 数据图表制作完成后，除不能对数据图表的类型修改外，可以修改数据图表的其他任何部分。（ ）

上机实习 5

1. 进入中文 PowerPoint 2003，打开文件“PP2”。
2. 显示 PP2 文件中的第 4 张幻灯片，然后增加一张新的“标题和图表”自动版式幻灯片。
3. 启动 Microsfot Graph 应用程序进入图表编辑状态，按如下要求操作。

（1）输入标题：“自学式多元媒体教材销售情况”。

（2）在图表小窗口的第 1 列中输入行标题：“2000 年”、“2001 年”和“2003 年”。

（3）在图表小窗口的第 1 行中输入列标题：“文字教材”、“单机版课件”和“网络版课件”。

（4）在图表小窗口的第 2 ~4 行中分别输入下列数据。

第 2 行：1150、420、680。

第 3 行：1300、800、750。

第 4 行：1560、1050、900。

（5）退出图表编辑状态，返回幻灯片普通视图中，调整图表的大小和位置，并观看图表的显示效果。

（6）在幻灯片视图中，双击图表区域，进入图表编辑状态。

（7）将图表类型改变为“簇状柱形图”，并将图例的位置设置在图表的下方。

（8）退出图表编辑状态，返回到幻灯片视图中。

第6章 组织结构图

在演示文稿时，如果需要涉及一种结构关系或层次关系，使用 PowerPoint 提供的创建组织结构图功能，可以形象地表达结构和层次关系，从而快速高效地制作出组织结构图。

6.1 制作组织结构图

6.1.1 进入组织结构图操作窗口

通过以下两种方法可以进入组织结构图操作窗口。

1. 使用“组织结构图”自动版式幻灯片

其具体操作步骤如下：

(1) 在常用工具栏中单击“新幻灯片”按钮 新幻灯片(N)，打开“幻灯片版式”任务窗格。

(2) 在“应用幻灯片版式”中选择“其他版式”中的“标题和图示或组织结构图”版式，新建的一张幻灯片如图 6.1 所示。

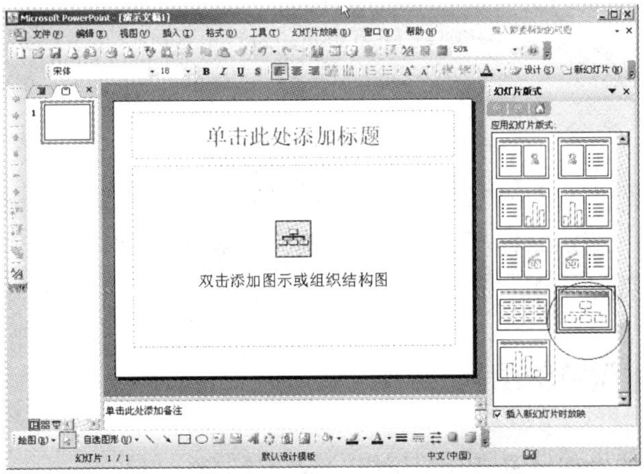

图 6.1 “标题和图示或组织结构图”版式

(3) 用鼠标双击“双击添加图示或组织结构图”占位符，弹出“图示库”对话框，如图 6.2 所示。在对话框中选择“组织结构图”，即可进入“组织结构图”操作窗口，如图 6.3 所示。

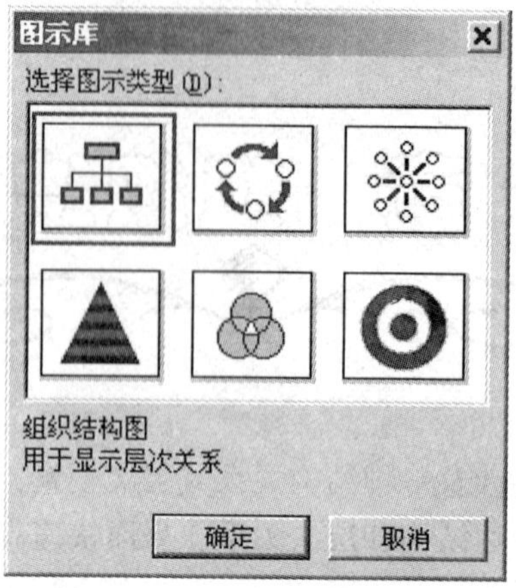

图 6.2 “图示库”对话框

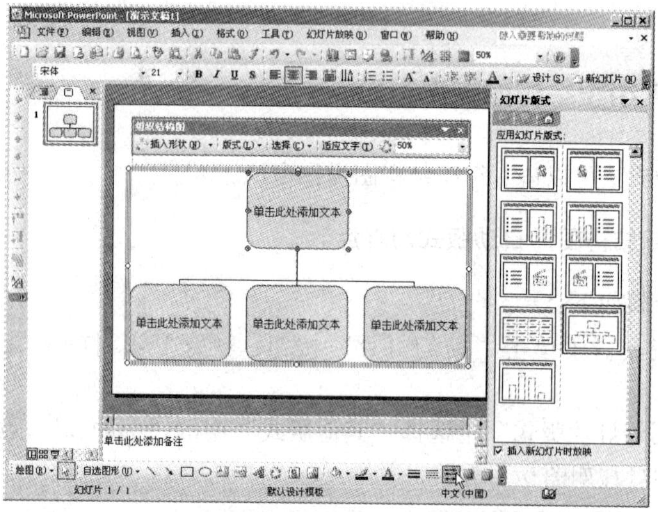

图 6.3 “组织结构图”工具栏

2. 使用“图示”命令

在普通视图的“幻灯片”选项卡中，选择“插入”→“图示”命令。打开“图示库”对话框，在其中选择“组织结构图”，单击“确定”按钮，即可进入“组织结构图”操作窗口，同时打开“组织结构图”工具栏，如图 6.3 所示。

6.1.2 创建组织结构图

下面通过某学校的机构设置来介绍组织结构图的制作过程。

其具体操作方法如下：

(1) 进入“组织结构图”操作窗口。

(2) 如图 6.3 所示的“组织结构图”操作窗口中，用鼠标单击上面第一个图框，在该图框中出现文字光标。

（3）在图框中输入文字“校务会”。

（4）由于学校下设办公室、教务处、教学处和总务处 4 个中层机构，因此需要在校务会下面再增加一个图框。选中“校务会”图框，单击“组织结构图”工具栏中的“插入形状”按钮右侧的下三角形，在打开的下拉菜单中选择“下属”命令（见图 6.4），在“校务会”框的下方增加一个图框，用同样的方法，再增加另一个图框。

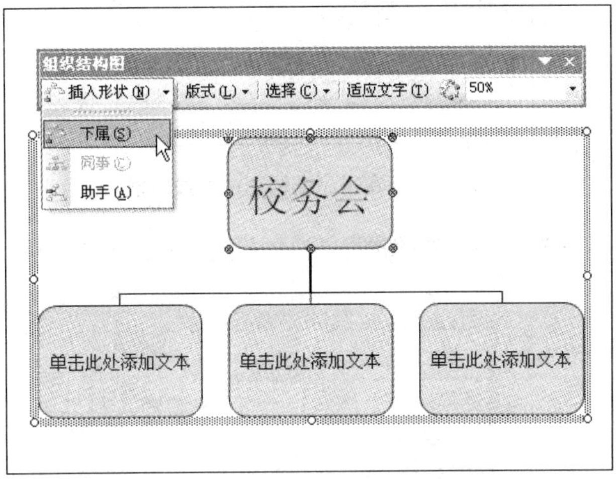

图 6.4　增加图框

（5）用鼠标单击“校务会”图框下方左端的图框，输入文字“办公室”。

（6）用同样的方法在其余 3 个图框中分别输入文字“教务处”、“教学处”和“总务处”，效果如图 6.5 所示。

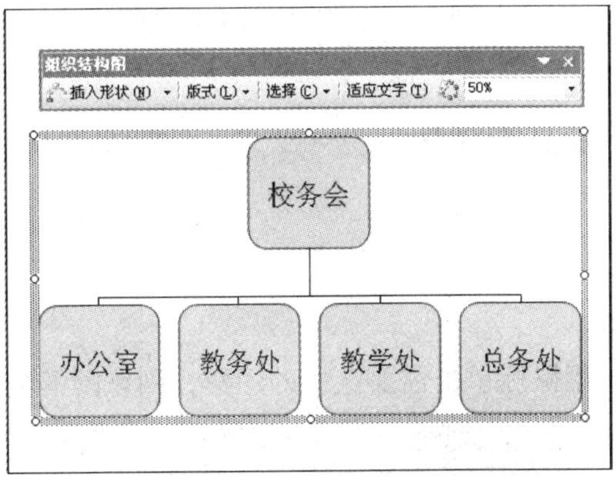

图 6.5　在组织结构图的图框中输入文字

（7）由于教务处下设教师科和教材科，因此需要在“教务处”图框下方制作出两个图框。将鼠标指针移到“教务处”图框上单击，在“组织结构图”工具栏中单击“插入形状”按钮的下三角形，在下拉菜单中选择“下属”命令，即可在其下方增加一个图框。用同样方法，再增加另一个下属图框。

（8）在新增的两个图框中分别输入“教材科”和“教师科”，如图 6.6 所示。

（9）用 同样的方法，添加学校机构中的其他机构，在各图框中输入名称，并将其字体设置为“隶书”，颜色为“红色”，效果如图 6.7 所示。

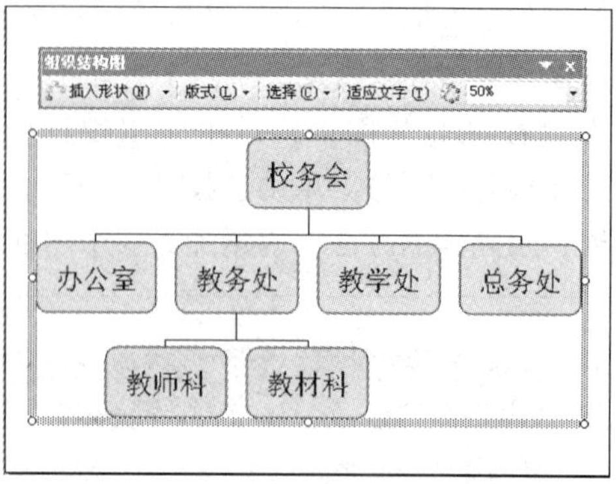

图 6.6　在组织结构图中增加图框

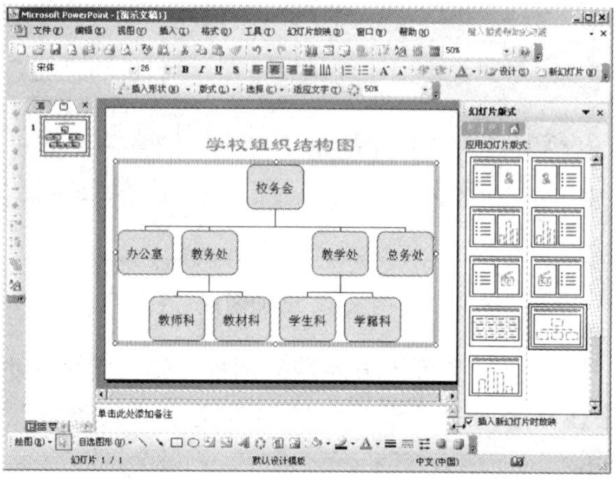

图 6.7　制作组织结构图实例

6.1.3　编辑图框及其他操作

1. 选中图框

选中图框的方法如下：

（1）选中单个图框。用鼠标单击需要选中的图框，则该图框被选中，如图 6.8 所示。

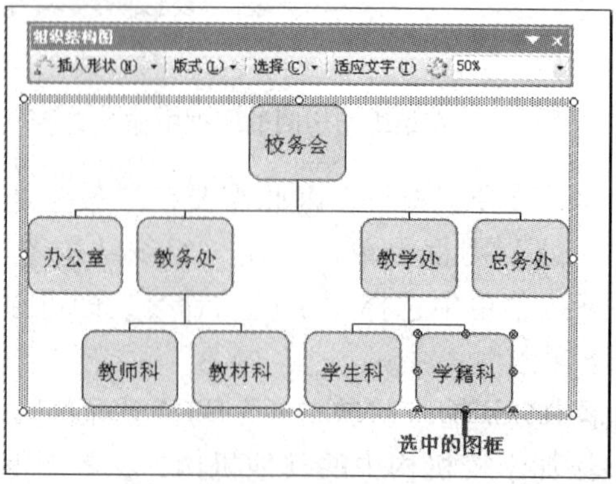

图 6.8　选中单个图框

(2) 选中多个图框。先选中第一个图框，然后在按住“Shift”键的同时，依次单击其他需要选中的图框。

2. 删除图框

在组织结构图操作窗口中，选中要删除的图框，按键盘上的“Delete”键。

3. 添加新图框

通过工具栏中的工具按钮，如图 6.9 所示，可以在组织结构图中增加图框。

图 6.9　“组织结构图”窗口中的工具栏

4. 组织结构图工具栏

组织结构工具栏有 3 个菜单，其各下拉菜单中命令如图 6.10 所示。

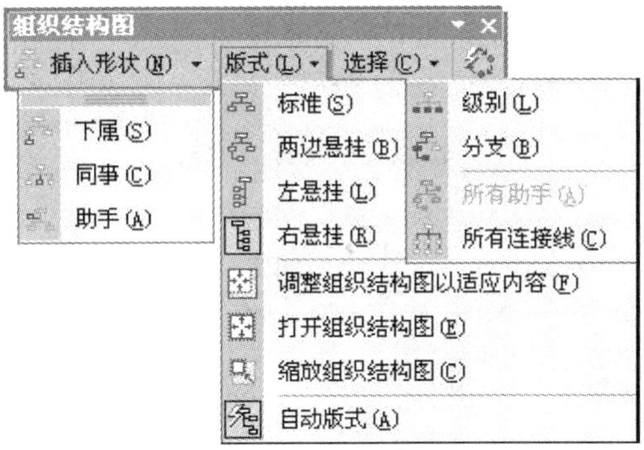

图 6.10　菜单中各命令

菜单中各命令的主要功能如下。

1)“插入形状”菜单

- “下属”：单击某图框，再选择该命令，可以为该图框添加一个部下图框，即下一等级的图框。
- “同事”：单击某图框，再选择该命令，可以为该图框添加一个同事图框，即同一等级的图框。
- “助手”：单击某图框，再选择该按钮，可以在该图框下面添加一个图框，位于选中图框与下级图框之间。

2)“版式”菜单

- “标准”：选择该命令，可以创建左右对称的组织结构图。
- “两边悬挂”。
- “左悬挂”：选择该命令，所创建的组织结构图的所有图框均位于竖直线的左侧。
- “右悬挂”：选择该命令，所创建的组织结构图的所有图框均位于竖直线的右侧。

3)“选择”菜单

- “级别”：选中某一个图框后，选择该命令，则可以选中所有和该图框处于同一级别的图框。

- “分支”：单击某图框，再选择该命令，可以选中所有由该图框所派生出的其他图框。
- “所有助手”：单击某图框，再选择该命令，可以选择所有该图框的助手级别的图框。
- “所有连接线”：选择该命令，可以在组织结构图中选中不同图框之间垂直转向的连接线。

5. 在组织结构图中输入文本

其具体操作步骤如下：

（1）在普通视图中，双击组织结构图，进入组织结构图工作窗口。

（2）用鼠标单击文字“单击此处填加标题”，当文字光标出现后即可输入文字。例如，输入“学校组织结构图”。

（3）在“组织结构图”操作窗口中，单击绘图工具栏上的“文本框”按钮，将光标移到需要输入文字的位置单击鼠标，当出现文字输入光标后，即可输入文字。例如，输入“2008. 8”。图 6. 11 所示为输入文本后的组织结构图。

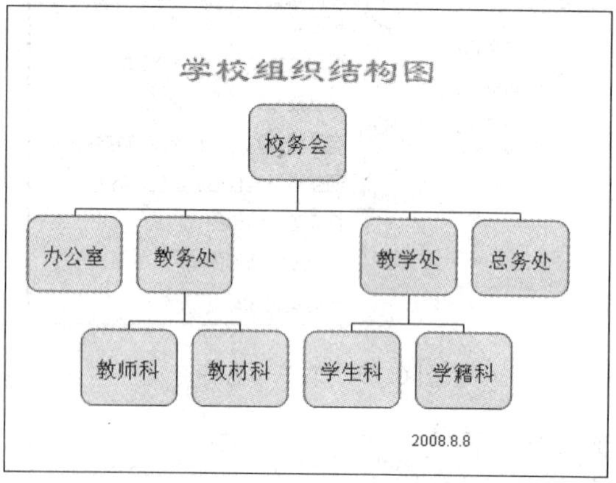

图 6. 11　在组织结构图中输入文本后的结构图

6. 文本的格式化

设置文本的格式，其具体操作步骤如下：

（1）单击图框中的文本，即选中需要格式化的图框。

（2）选择“格式”→“字体”命令，弹出“字体”对话框。

（3）在“字体”对话框中，设置文字的字体、字形和字号。

（4）在“字体”对话框中，打开“颜色”下拉列表，在列表中选择需要的颜色。

（5）设置完成以后，单击“确定”按钮。效果如图 6. 12 所示，标题为“隶书”，字号为“60”，颜色为“红色”；各图框中的文字字体为“宋体”，字号为“28”，颜色为“蓝色”；日期文字的字体为“华文楷体”，字号为“24”。

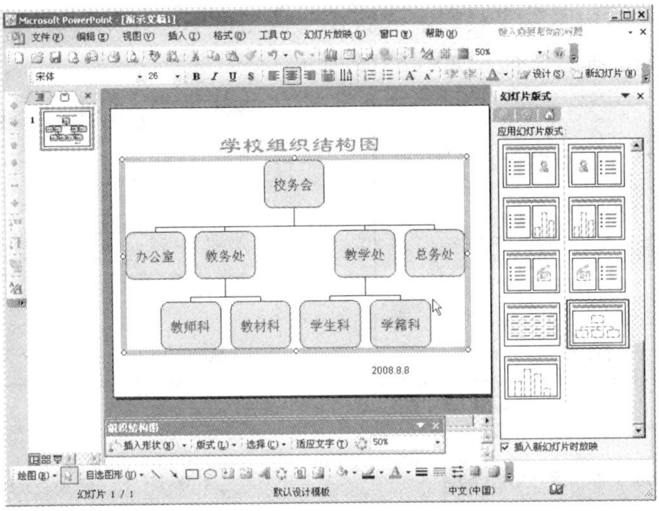

图 6.12　文本的格式化示例

7. 图框的格式化

设置图框的格式，其具体操作步骤如下：

(1) 选中组织结构图中所需格式化的图框，如选中“校务会”图框。

(2) 双击选定的图框边缘，弹出“设置自选图形格式”对话框，如图 6.13 所示。

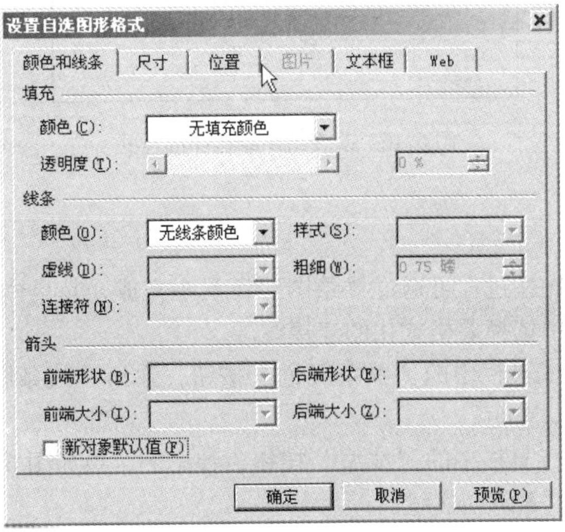

图 6.13　“设置自选图形格式”对话框

(3) 在“颜色和线条”选项卡中，将图框的颜色线条设置为“红色”、线条样式为“实线”、线条粗细为“1 磅”、图框的填充颜色为“黄色”。

(4) 单击“确定”按钮。图框格式化后的组织结构图如图 6.14 所示。

8. 改变组织结构图的样式

其具体操作步骤如下：

(1) 选中需要改变样式的图框。例如，选中“教务处”图框。

（2）单击“组织结构图”工具栏中“版式”按钮的下三角形，在弹出的下拉菜单中选择所需的结构，例如选择右悬挂，如图 6.15 所示。

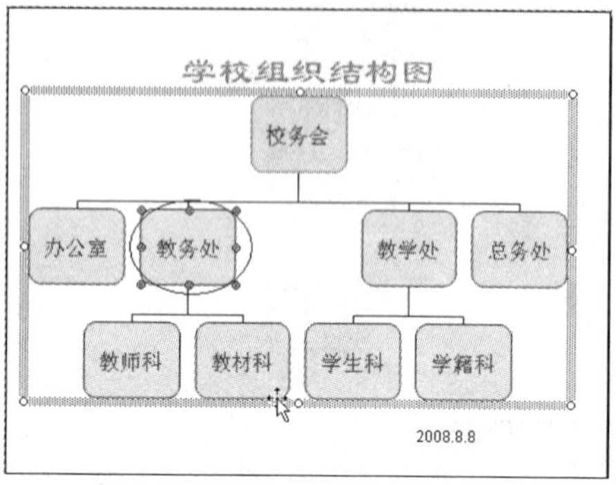

图 6.14　选中改变样式的图框

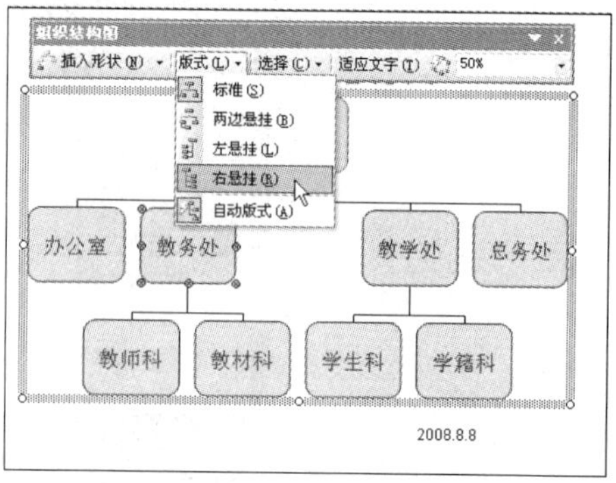

图 6.15　“版式”下拉菜单

（3）图 6.14 所示的组织结构图将改变为图 6.16 所示的样式。

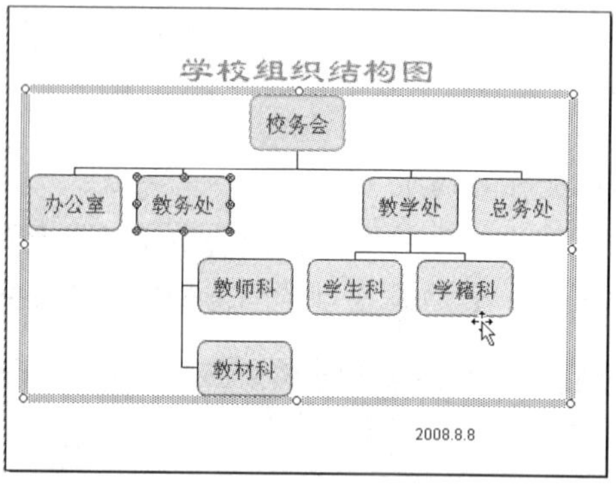

图 6.16　改变组织结构图的样式

9. 连接线的格式化

设置连接线格式的操作过程可通过“绘图”工具栏完成，其具体操作方法如下：

（1）在组织结构图中选择要格式化的连接线。

（2）单击“绘图”工具栏中的“线条颜色”按钮，弹出“线条颜色”菜单。在其中选择需要的颜色，如选择“蓝色”。

（3）单击“绘图”工具栏中的“线型”按钮，弹出的菜单如图 6.18 所示。在其中选择连接线的线型，如选择“3 磅”实线。

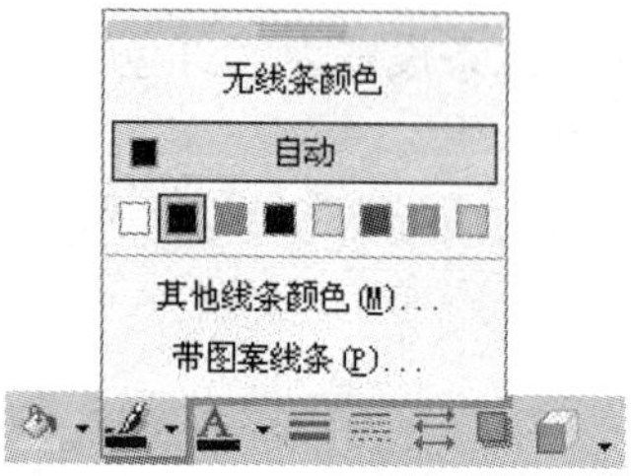

图 6.17　“线条颜色”菜单

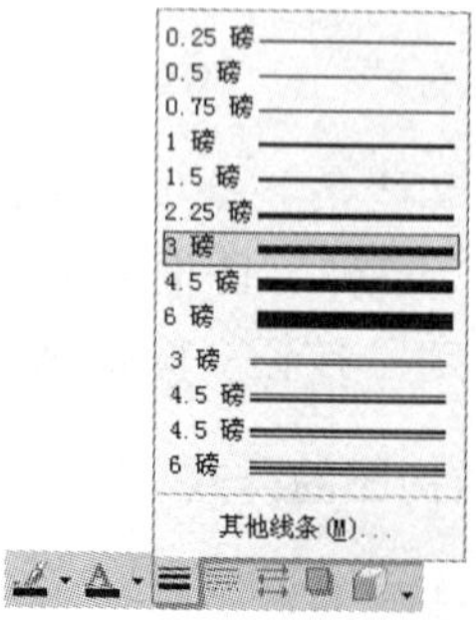

图 6.18　“线型”菜单

(4) 连接线格式化后的组织结构图如图 6.19 所示。

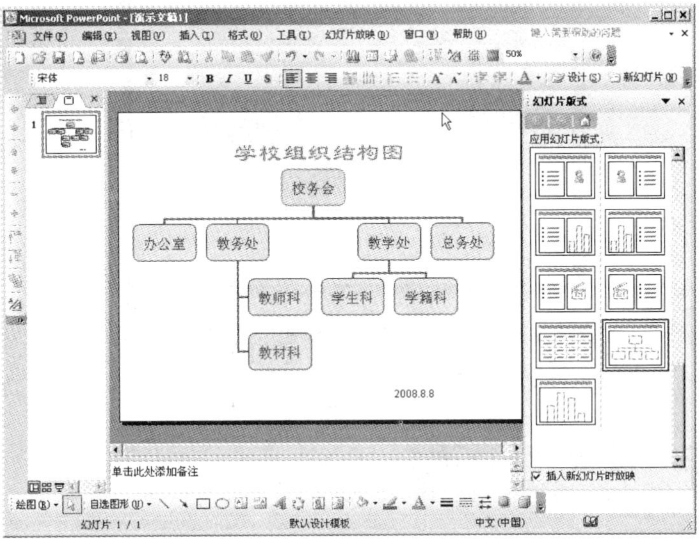

图 6.19　连接线的格式化

10. 使用组织结构图的预设图样

PowerPoint 2003 提供了多种组织结构图的预设图样，不同的样式采用了不同的图框颜色、阴影及样式等。如果给幻灯片中的组织结构图使用预设图样，其具体操作方法如下：

(1) 在幻灯片中，选中组织结构图。

(2) 在“组织结构图”工具栏中单击“自动套用格式”按钮，弹出“组织结构图样式库”对话框，如图 6.20 所示。

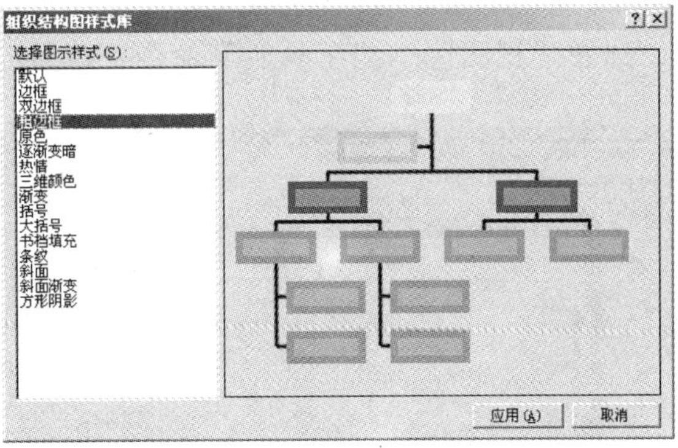

图 6.20　“组织结构图样式库”对话框

(3) 在对话框的“选择图示样式”框中选择一种喜欢的样式，这里选择“粗边框”。

(4) 单击“应用”按钮，选中的组织结构图将采用所选择的组织结构图样式。图 6.19 所示的组织结构图采用“粗边框”样式后，其效果如图 6.21 所示。

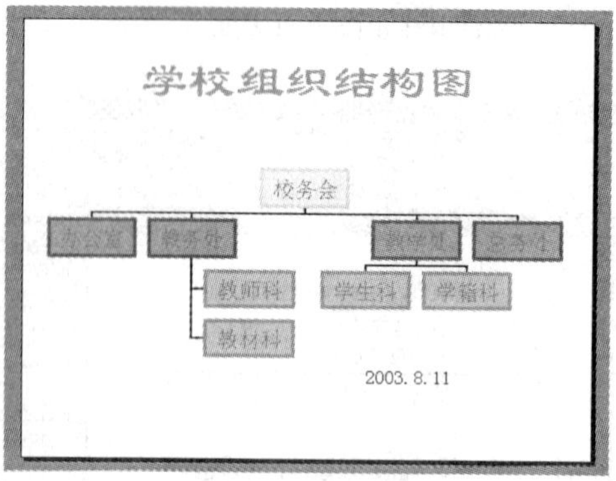

图 6. 21　采用“粗边框”样式后的组织结构图

6. 2　制作“图示”幻灯片

PowerPoint 2003 具有通用性图示的图库，图示的类型包括：循环图、目标图、棱锥图、维恩图和射线图等。在幻灯片中使用这些图示，可用来说明各种概念性的资料，并使演示文稿更加生动和更具吸引力。

1. 插入循环图

循环图用于表示具有连续循环的过程，插入循环图的方法如下：

（1）在演示文稿中新建一张幻灯片。

（2）选择“插入”→“图示”命令，打开“图示库”对话框，如图 6. 2 所示。

（3）在“选择图示类型”框中单击“循环图”（在对话框的下侧会显示“循环图”图示的简要说明），然后单击“确定”按钮。

（4）在幻灯片中出现一个空白的循环图，并弹出“图示”工具栏，如图 6. 22 所示。如果没有“图示”工具栏，选择“视图”→“工具栏”命令，在弹出的级联子菜单中选择“图示”命令。

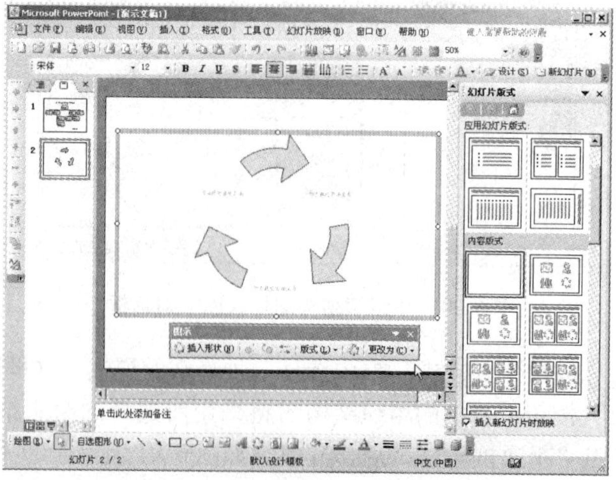

图 6. 22　在幻灯片中插入空白循环图

（5）在空白循环图中单击“单击并添加文字”，在单击位置上出现一个文本框，并在文本框中输入文字“大海”。按照相同的方法在其他两个位置上输入文字“太阳”和“雨水”，其效果如图 6.23 所示。

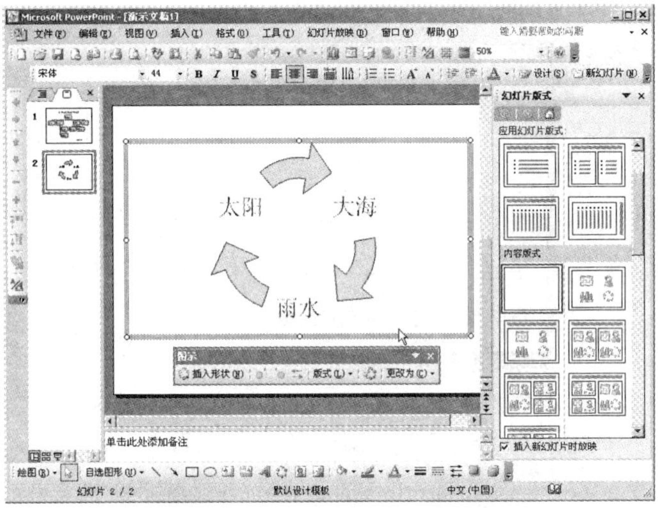

图 6.23　在幻灯片中插入循环图

2. 插入棱锥图

棱锥图常用来表示基于基础之间的关系，在幻灯片中插入棱锥图的操作方法如下：

（1）在演示文稿中选择或新建一张幻灯片。

（2）选择“插入”→“图示”命令，打开“图示库”对话框，如图 6.2 所示。

（3）在“选择图示类型”框中单击“棱锥图”（在对话框的下侧会显示“棱锥图”图示的简要说明），然后单击“确定”按钮。

（4）在幻灯片中出现一个空白的棱锥图，并弹出“图示”工具栏，如图 6.24 所示。

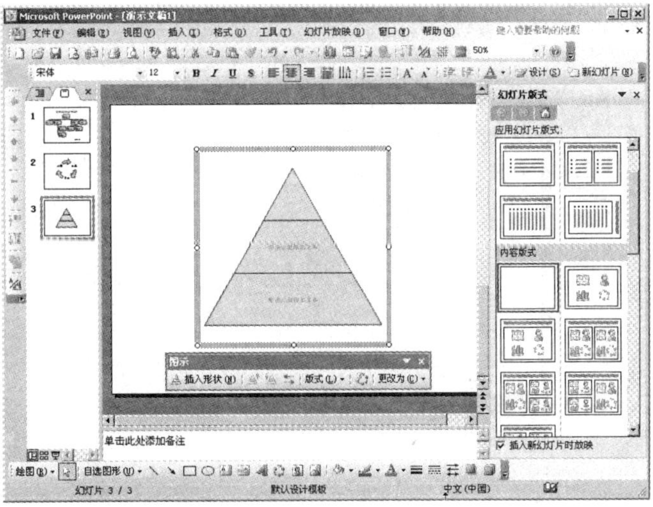

图 6.24　在幻灯片中插入空白棱锥图

（5）在空白的棱锥图中单击“单击并添加文字”，在单击位置上出现一个文本框，并在文本框中输入文字。输入文字后的棱锥图如图 6.25 所示。

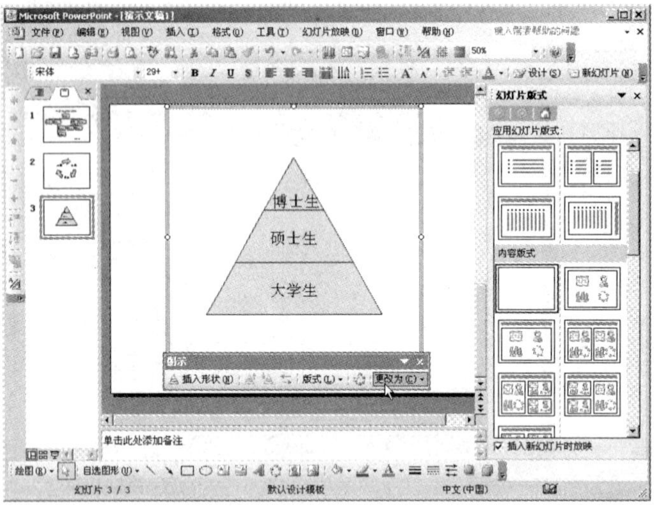

图 6.25　在幻灯片中插入棱锥图

3. 插入维恩图

维恩图通常用于表示各元素间重叠区域间的关系。在幻灯片中插入棱锥图的操作方法如下：

（1）在演示文稿中选择或新建一张幻灯片。

（2）选择“插入”→“图示”命令，打开“图示库”对话框，如图 6.2 所示。

（3）在“选择图示类型”框中单击“维恩图”（在对话框的下侧会显示“维恩图”图示的简要说明），然后单击“确定”按钮。

（4）在幻灯片中出现一个空白的维恩图，并弹出“图示”工具栏，如图 6.26 所示。

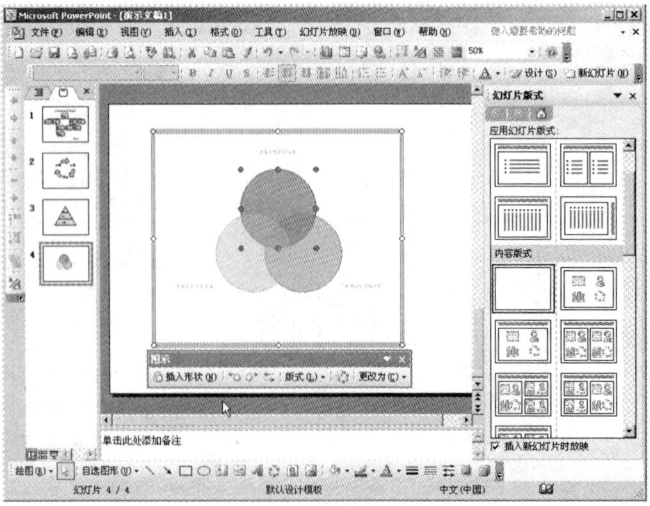

图 6.26　在幻灯片中插入空白维恩图

（5）在空白的维恩图中单击“单击并添加文字”，在单击位置上出现一个文本框，并在文本框中输入文字。输入文字后的维恩图如图 6. 27 所示。

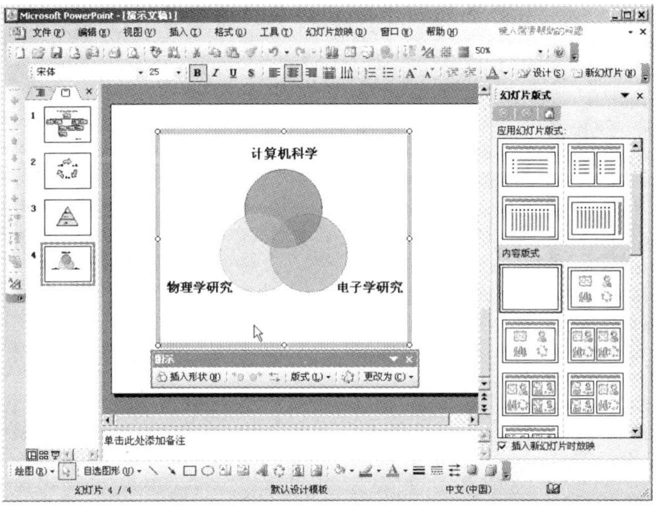

图 6. 27　在幻灯片中插入维恩图

4. 插入射线图

射线图通常用于表示元素与核心元素间的关系。在幻灯片中插入射线图图示的操作方法如下：

（1）在演示文稿中选择或新建一张幻灯片。

（2）选择“插入”→“图示”命令，打开“图示库”对话框，如图 6. 2 所示。

（3）在“选择图示类型”框中单击“射线图”（在对话框的下侧会显示“射线图”图示的简要说明），然后单击“确定”按钮。

（4）在幻灯片中出现一个空白的射线图，并弹出“图示”工具栏，如图 6. 28 所示。

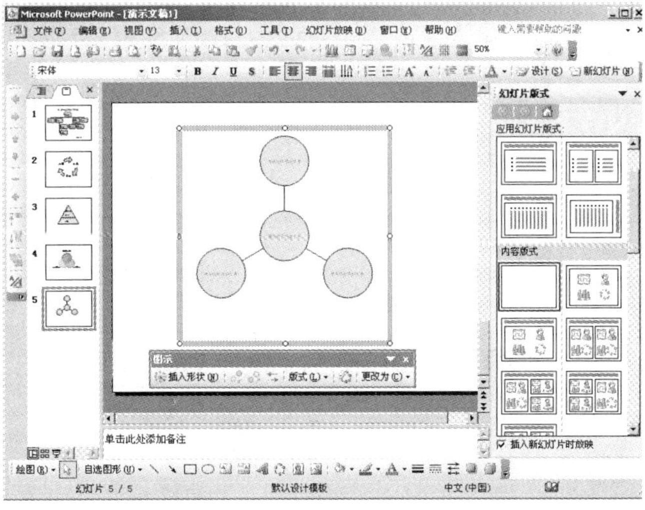

图 6. 28　在幻灯片中插入空白射线图

（5）在幻灯片中单击“单击并添加文字”，在单击位置处出现一个文本框，并在文本框中输入文字。输入文字后的射线图如图 6. 29 所示。

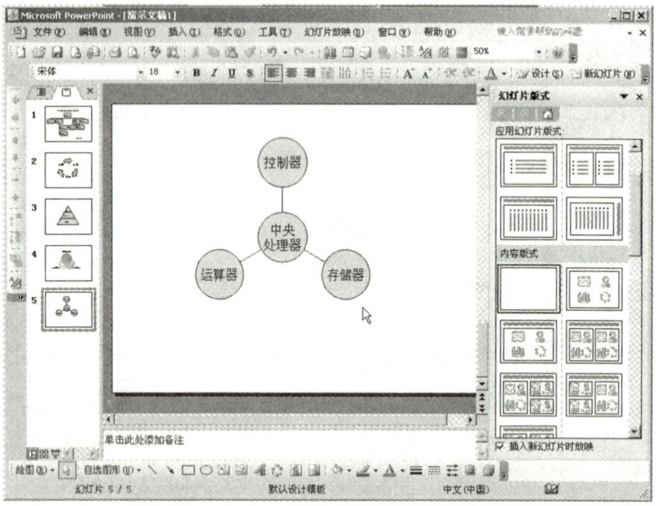

图 6. 29　在幻灯片中插入射线图

5. 插入目标图

目标图通常用于表示实现目标的情况下。在幻灯片中插入目标图的操作方法如下：

（1）在演示文稿中选择或新建一张幻灯片。

（2）选择“插入”→“图示”命令，打开“图示库”对话框，如图 6. 2 所示。

（3）在“选择图示类型”框中单击“目标图”（在对话框的下侧会显示“目标图”图示的简要说明），然后单击“确定”按钮。

（4）在幻灯片中出现一个空白的目标图，并弹出“图示”工具栏，如图 6. 30 所示。

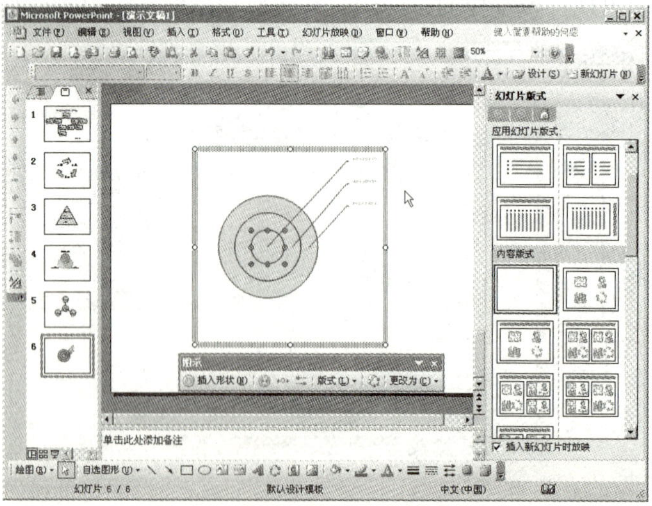

图 6. 30　在幻灯片中插入空白目标图

（5）在幻灯片中单击“单击并添加文字”，在单击位置上出现一个文本框，并在文本框中输入文字。输入文字后的目标图如图 6.31 所示。

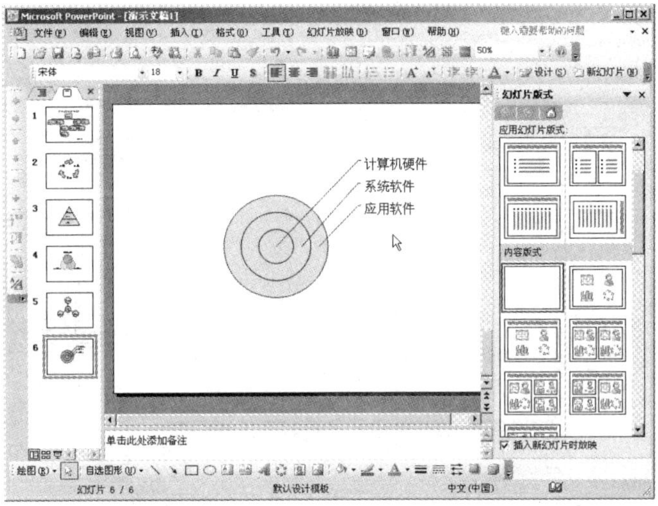

图 6.31 在幻灯片中插入目标图

6. 编辑幻灯片中的图示

插入幻灯片中的图示可以进行修改和编辑，其编辑方法如下：

（1）若要增加图示的图形元素，单击“图示”工具栏中的“插入图形”按钮。例如，把图 6.23 所示循环图的元素由 3 个增加为 5 个时，先选中循环图，然后单击“插入图形”按钮两次，其效果如图 6.32 所示。

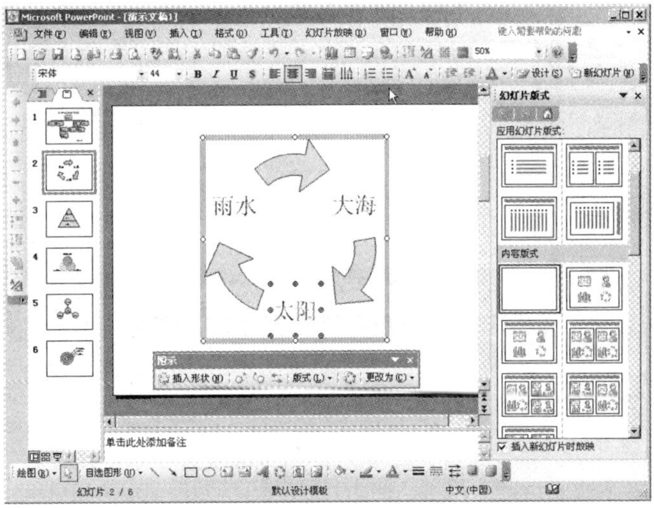

图 6.32 增加图示的图形元素

（2）若要移动文本框的位置，先选中要移动的文本框，然后单击“后移图形”按钮或“前移图形”按钮。单击“后移图形”按钮，选中的文本框逆时针旋转到另一个位置，其他文本框逆时针旋转相同的角度。单击“前移图形”按钮，选中的文本框顺时针旋转到另一个位置，其他文本框则顺时针旋转相同的角度。选中图 6.23 所示循环图中的“太阳”

文本框，单击“后移图形”按钮，其效果如图 6. 33 所示。

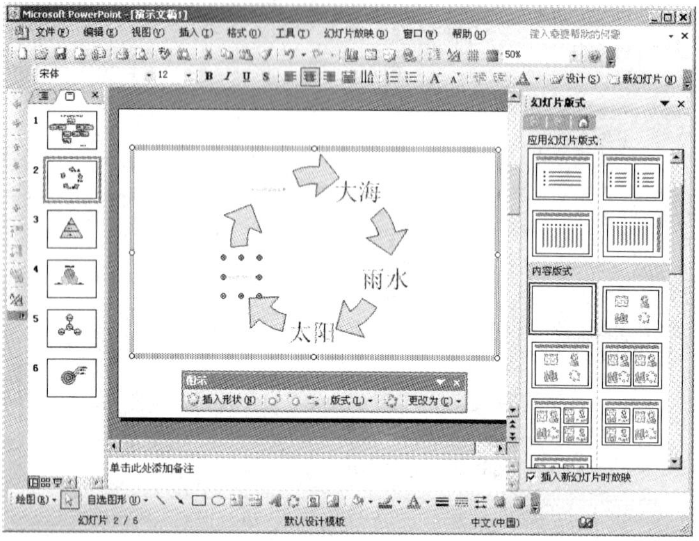

图 6. 33　移动文本框的位置

（3）若要翻转幻灯片中的图示，先选中图示，然后单击“翻转图示”按钮。例如，选中图 6. 23 所示的循环图图示，单击“反转图示”按钮，循环图图示按垂直对称轴水平旋转，其效果如图 6. 34 所示。

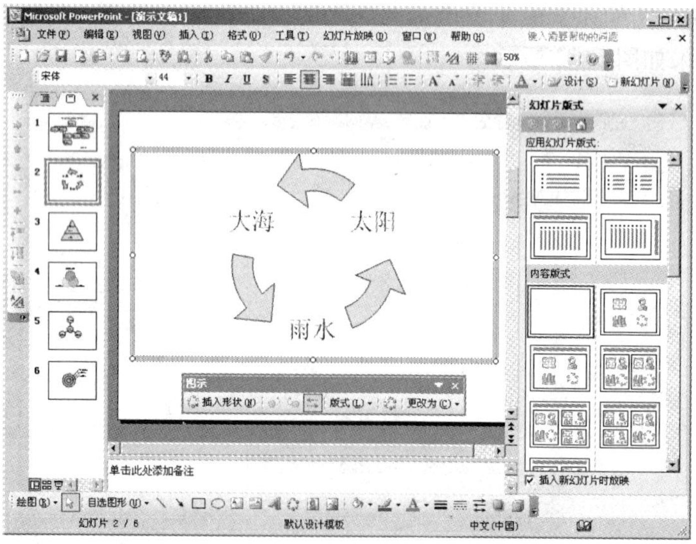

图 6. 34　翻转文本框的位置

（4）若要调整图示的大小，先选中幻灯片中的图示，然后单击“图示”工具栏的“版式”按钮，在打开的下拉菜单中选择“调整图示大小”命令。幻灯片中的图示四周选中框上将出现 8 个小圆圈，把鼠标移到小圆圈上，当鼠标形状变为双向箭头时，拖动鼠标即可调整图示的大小，如图 6. 35 所示。

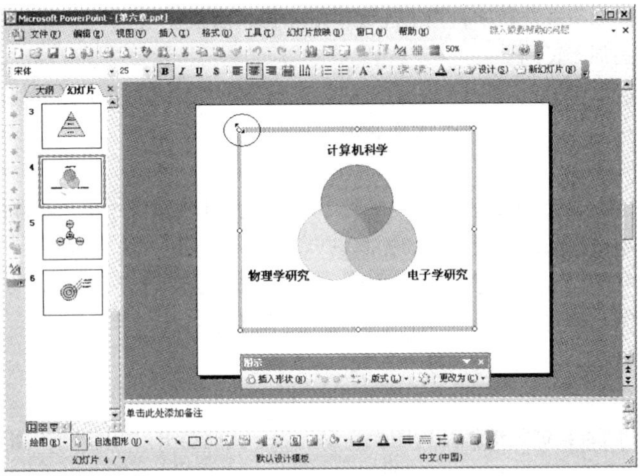

图 6.35　调整图示的大小

（5）若需要设置图示中的文字效果，用鼠标双击图示中的文字，即将文字选中，然后使用“格式”工具栏中的“文字格式”按钮，改变文字的字体、字号、修饰或颜色等属性。选中文字后，设置文字效果的另一种方法是选择“格式”→“字体”命令，打开“字体”对话框。通过“字体”对话框设置文字的效果。

习题 6

一、问答题

1. 什么是组织结构图？
2. 进入组织结构图操作窗口有哪几种方法？
3. 在组织结构图的图框中如何输入文字？在组织结构图中如何增加图框？
4. 选中组织结构图中的图框有哪几种方法？
5. 如何改变组织结构图的图框样式及背景？
6. 格式化图示主要包括哪些内容？
7. 组织结构图工具栏上有哪些工具，它们的作用是什么？

二、选择题

1. 进入组织结构图操作窗口，可以有________方法。

   A. 一种　　B. 两种　　C. 三种　　D. 四种

2. 要删除组织结构图中的一个图框，操作过程为将鼠标________，然后按“Delete”键。

   A. 指向图框的边框，当鼠标变为四向箭头时单击

   B. 指向图框，当鼠标变为文字光标“ I ”时单击

   C. 在图框中单击鼠标

   D. 在图框中双击鼠标

3. 如果要在组织结构图中添加图框，首先选中一个图框。然后按下面的方法操作。下列 4 种操作方法中正确的是________。

   A. 要添加 3 个下属图框，在工具栏上连续单击“插入形状”按钮 3 次

   B. 要添加 3 个同事图框，在工具栏上连续单击“插入形状”按钮 3 次

C. 要添加 3 个助手图框，在工具栏上连续单击“插入形状”按钮 3 次

D. 以上 3 种方法都不正确

4. 在幻灯片中插入循环图后，默认的图示元素为 3 个。但可以增加图示元素到________。

A. 5 个之内　　B. 8 个之内

C. 任意多个　　D. 以上说法都不正确

5. 在幻灯片中插入图示后，可以调整图示的大小。下面几种操作方法中，正确的是________。

A. 选中图示后用鼠标拖动图示周围的控制点

B. 选择“版式”→“调整图示大小”命令，然后拖动图示周围的控制点

C. 单击“设置图片格式”按钮，然后拖动图示周围的控制点

D. 在图片工具栏中单击“压缩图片”按钮

三、判断题

1. 在插入组织结构图时，进入组织结构图操作窗口后，同时打开“组织结构图”工具栏。（　）

2. 在组织结构图中，最上方只能有一个框图。（　）

3. 在组织结构图操作状态下，单击“组织结构图”工具栏中的“自动套用格式”按钮。只能在制作组织结构图的开始阶段才能有效。（　）

4. 选中组织结构图的多个图框时，先选中第一个图框，然后在按住“Alt”键的同时，依次单击其他需要选中的图框。（　）

5. 改变组织结构图的样式时，可以使用“组织结构图”工具栏中的“版式”菜单自行设置，也可以单击“动套用格式”按钮，在对话框中选择样式。（　）

6. 选中图示中的一个文本框，在工具栏中单击“前移图形”按钮，选中的图形按逆时针方向旋转一个角度。（　）

上机实习 6

1. 进入中文 PowerPoint 2003，打开文件“PP2”。

2. 显示“PP2”文件中的第 5 张幻灯片，然后增加一张新的“标题和图示或组织结构图”版式幻灯片。

3. 进入组织结构图操作窗口，进行如下操作：

(1) 输入标题：“自学式多元媒体教材评估机构设置”。

(2) 在顶部图框中输入文本：“评估机构”。

(3) 由于教材评估机构有 4 个专业小组组成，因此在顶部图框下方再增加一个部下图框。

(4) 在 4 个部下图框中输入文本：“课程专家”、“教学法专家”、“媒体专家”和“行政领导”。

(5) 在“媒体专家”图框下方增加两个部下图框，并在两个图框中输入文本：“硬件专家”和“软件专家”。

(6) 更改组织结构图中所有的图框填充色为“红色”。

(7) 为所有图框增加“右下”阴影。

(8) 改变所有图框的边框颜色为“绿色”。

(9) 将所有图框中的文字设置为“黄色”，字体为“黑体”。

(10) 将所有连接线的颜色设置为“黄色”，并加粗连接线。

(11) 改变“媒体专家”图框下面的两个部下图框的样式为“竖排”。

4. 退出组织结构图操作窗口，返回幻灯片普通视图中，并用原文件名保存文件到原文件夹中。

第7章 插入表格

使用表格，可以清楚地表达各数据之间的关系，使要展示的内容更加有条理，对比强烈且有很强的说服力。本章将介绍在幻灯片中插入表格的方法，以及编辑和格式化表格等内容。

7.1 插入表格的方法

当需要在演示文稿中插入表格时，可以利用表格幻灯片版式创建一张新幻灯片，也可向已包含其他对象的原幻灯片中添加表格。

1. 创建含表格的幻灯片

利用表格幻灯片版式创建新幻灯片的操作方法如下：

(1) 单击工具栏上的“新建”按钮。

(2) 选择“格式”→“幻灯片版式”命令，打开“幻灯片版式”任务窗格。

(3) 在任务窗格中选择“标题和表格”自动版式，如图7.1所示。其中包含两个占位符：一个是幻灯片标题，另一个是表格。

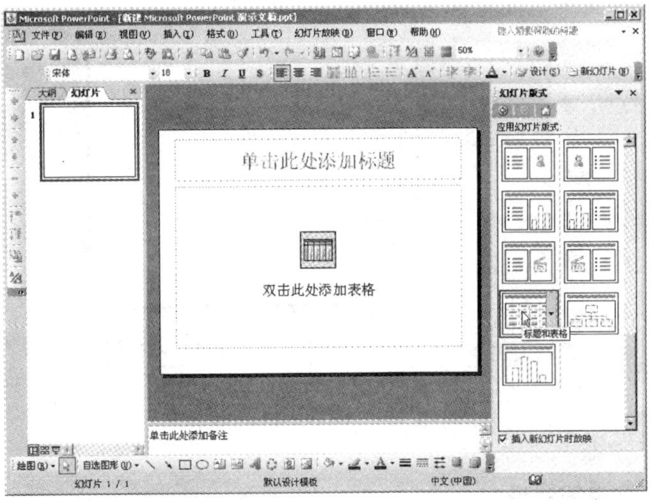

图7.1　选择“标题和表格”自动版式后的幻灯片

(4) 双击表格占位符，弹出“插入表格”对话框，如图7.2所示。

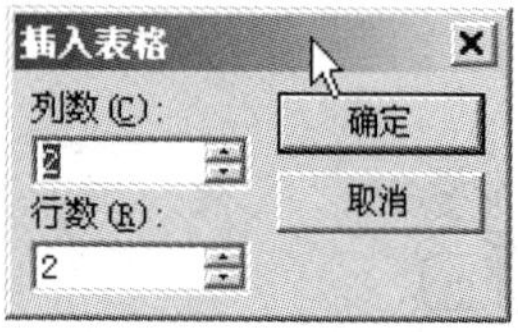

图 7.2 “插入表格”对话框

（5）在“列数”框中输入表格的列数，在“行数”编辑框中输入表格的行数。

（6）单击“确定”按钮，即可在幻灯片中插入所需表格。

2. 利用“插入表格”按钮插入表格

其具体操作步骤如下：

（1）打开要插入表格的幻灯片。

（2）单击常用工具栏中的“插入表格”按钮，并拖动鼠标，在下拉网格中选择行和列数，如图 7.3 所示。

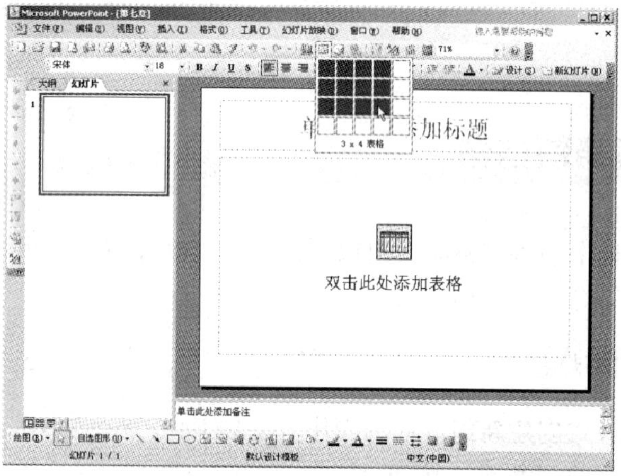

图 7.3 “插入表格”按钮

（3）松开鼠标左键并单击其他位置，在幻灯片插入一个二维表格，如图 7.4 所示。

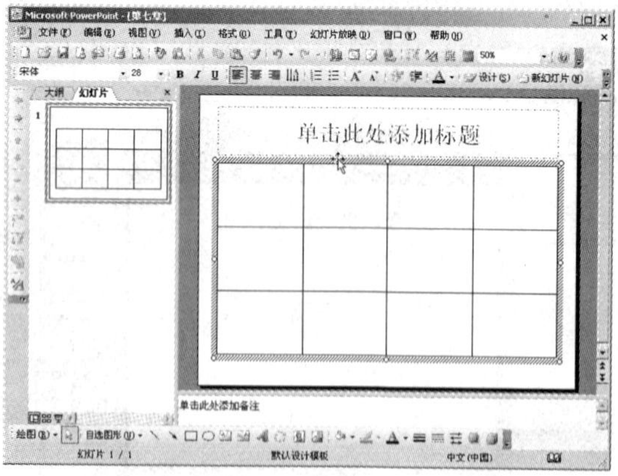

图 7.4 插入表格效果

3. 使用表格命令添加表格

其具体操作步骤如下：

（1）打开要添加表格的幻灯片。

（2）选择“插入”→“表格”命令，弹出“插入表格”对话框。

(3) 在对话框中输入所需的行数和列数。

(4) 单击“确定”按钮，即可插入表格。

4. 绘制自由表格

PowerPoint 除了按上述命令制作表格以外，还提供了类似于手动制表的功能——绘制自由表格功能。它可以用来制作带斜线的复杂表格，也可以与命令制作表格结合，简化表格的制作。

打开绘制自由表格的方法：单击“常用”工具栏中的“表格和边框”按钮，打开“表格和边框”工具栏，如图 7.5 所示。此时鼠标指针在工作区变成笔形。

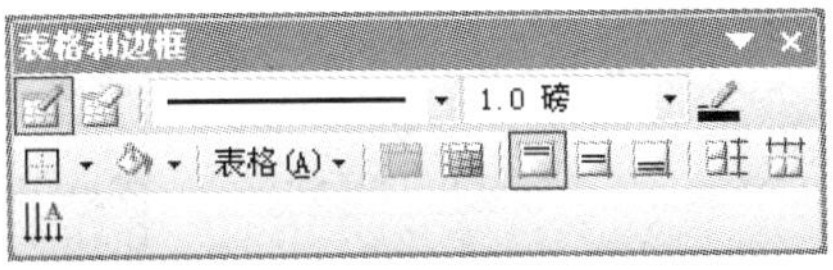

图 7.5　“表格和边框”工具栏

使用“表格和边框”工具栏制作表格时，按下面步骤操作：

(1) 在表格的左上角拖动鼠标到表格的右下角后松开左键，以确定表格的外框。

(2) 在表格外框中绘制横线、竖线或斜线，方法仍然是从起始位置拖动鼠标到其终点后松开。

(3) 单击“表格和边框”工具栏中的“擦除”按钮，鼠标指针将变成橡皮擦形状，在表格线上拖动鼠标即可删除对应的表格线。

(4) 在表格以外的任意位置单击鼠标，光标将恢复为插入状态。

(5) 如果要绘制外粗里细的表格（即表格外边框线比较粗，而内边框线比较细的表格），或表中需要插入一条较粗的线条，还可以选择线型和线条粗细。

说明：表格绘制完毕后，如发现行高、单元格宽度不符合要求，可用鼠标拖动表格边框线进行修改。

7.2 表格的编辑

1. 表格的填充

要向表格中输入内容，通常采用横向输入和纵向输入两种方法。其具体说明如下：

(1) 如果要输入表头，应采用横向输入法。方法是在第一个单元格输入数据后，按“Tab”键右移一个单元格；再输入数据，按“Tab”键右移一个单元格，直到全部表头输入完毕。如果输入有错误，还可以用“Shift + Tab”组合键使插入点左移一个单元格进行修改。

(2) 如果要输入表头下方各单元格的数据，一般用纵向输入法。方法是在第一个单元格输入数据后，按↓键下移到一个单元格并输入数据。

表格中的文本编辑和格式设置与普通文本的操作方法相同。当输入内容到达单元格右边界时，文本自动换行，同时单元格的行高将随着改变。如要恢复原来的行高可调整列宽（将在 7.3 节学习）。如果用“Enter”键改变了行高，可用“Backspace”键来恢复。

用鼠标单击表格中的单元格，就可以将文字光标插入移到该单元格中。

2. 选定行、列、单元格

根据先选定后操作的原则，编辑表格前，也要首先选定欲操作的行、列或单元格。其操作方法如下：

（1）单击工具栏上的“表格和边框”按钮，打开“表格和边框”工具栏。

（2）单击“表格和边框”工具栏中的“表格”按钮，在打开的下拉菜单中选择“选择行”（或“选择列”）命令（见图7.6），即可将插入点所在的行（或列）选中。

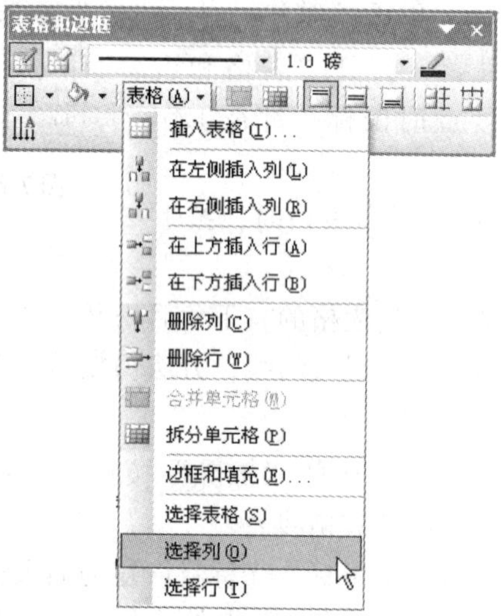

图 7.6 选中表格元素的操作

3. 修改行高或列宽

1）修改行高

修改行高的具体操作步骤如下：

（1）将鼠标指向要修改行的行边框线上，使其光标形状变为“$\div$”。

（2）按下鼠标左键并拖动到所需要的位置，如图 7.7 所示。

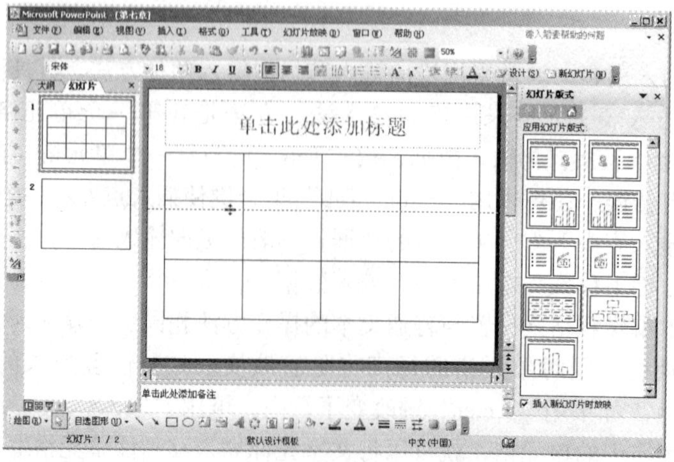

图 7.7 修改行高

2）修改列宽

修改列宽的具体操作步骤如下：

（1）把鼠标指针指向所要调整列的列边框线上，使鼠标指针的形状变为“⫲”。

（2）按住鼠标左键向左或向右拖动，至合适列宽后松开鼠标左键。

4. 平均分布各行或各列

其具体操作步骤如下：

（1）在表格中选中要调整的多行（或多列）。

（2）单击“表格和边框”工具栏中的“平均分布各行”按钮（或“平均分布各列”按钮，见图7.8），自动将所选多行（或多列）的行高（或列宽）均匀分布。

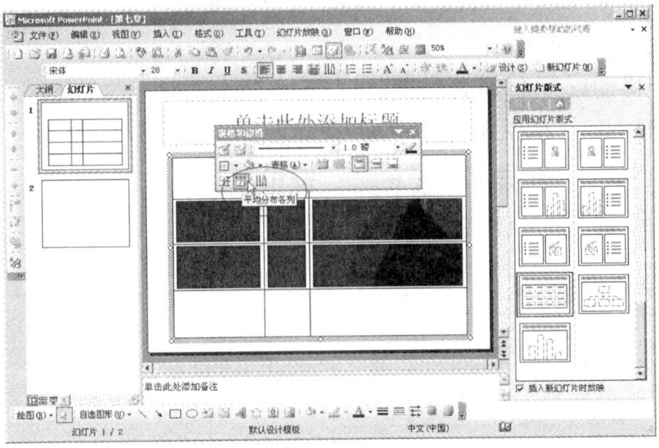

图7.8 平均分布各行或各列

5. 插入行和列

1）插入行

其具体操作步骤如下：

（1）将光标置于要插入行的任意一个单元格中。

（2）单击鼠标右键，在弹出的快捷菜单中选择“插入行”命令。

2）插入列

其具体操作步骤如下：

（1）将光标置于要插入列的任意一个单元格中。

（2）单击鼠标右键，在弹出的快捷菜单中选择“插入列”命令。

6. 删除表格中的行、列或单元格

1）删除行

其具体操作步骤如下：

（1）在表格中选中要删除的行。

（2）单击鼠标右键，在弹出的快捷菜单中选择“删除行”命令。

这时，删除选定的行，并将其余的行向上移动。

2）删除列

其具体操作步骤如下：

（1）在表格中选中要删除的列。

（2）单击鼠标右键，在弹出的快捷菜单中选择“删除列”命令。

这时，删除选中的列，并将其余的列向左移动。

7. 移动/复制行、列或单元格中的内容

其具体操作步骤如下：

（1）选定所要移动/复制的行、列或单元格。

（2）若要移动文本，则选择“编辑”→“剪切”命令（或单击“常用”工具栏中的“剪切”按钮）；若要复制文本，则选择“编辑”→“复制”命令（或单击“常用”工具栏中的“复制”按钮）。

（3）将鼠标置于移动或复制到的目标位置。

（4）选择“编辑”→“粘贴单元格”命令（此时，“粘贴”命令已经变为“粘贴单元格”），或者单击“常用”工具栏中的“粘贴”按钮。

这时，就完成了所选文本的移动/复制操作。

8. 合并或拆分单元格

其具体操作步骤如下：

（1）选中要合并的单元格（至少应有两个）或要拆分的单元格（一个）。

（2）单击“边框和表格”工具栏上的“合并单元格”按钮或“拆分单元格”按钮。

如图 7.9 所示的为表格经合并单元格操作后，其效果如图 7.10 所示。

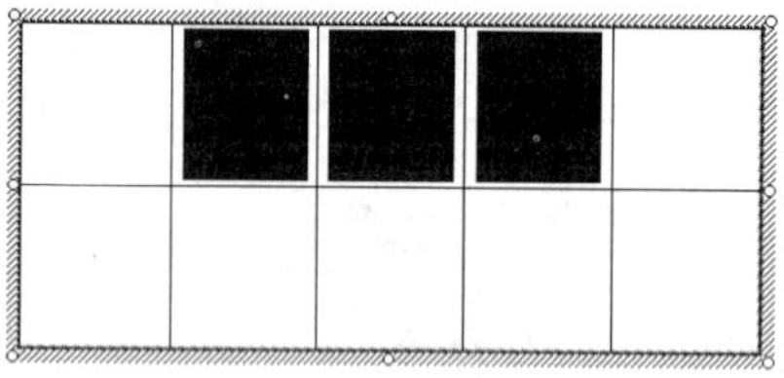

图 7.9　选中要合并的单元格

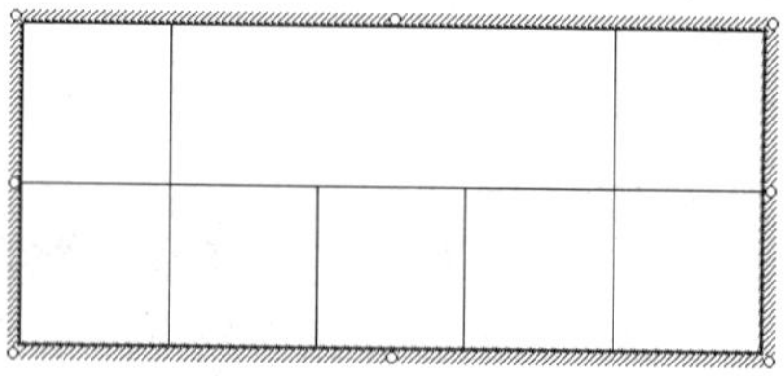

图 7.10　合并后的表格

7.3 格式化表格

表格创建完成后，还可以对表格的格式进行设置，以美化幻灯片中的表格。

1. 为表格中的文字设置格式和对齐方式

在选中要设置字符格式的行、列或单元格后，根据需要可进行格式设置。例如，将表格的第一行文字的字体设置为“楷体”，字号为“44”，文字垂直居中。其具体操作方法如下：

（1）选中表格中的第一行。

（2）打开“格式”工具栏中的“字体”下拉列表，在其中选择“楷体”。

（3）打开“格式”工具栏中的“字号”下拉列表，在其中选择“44”。

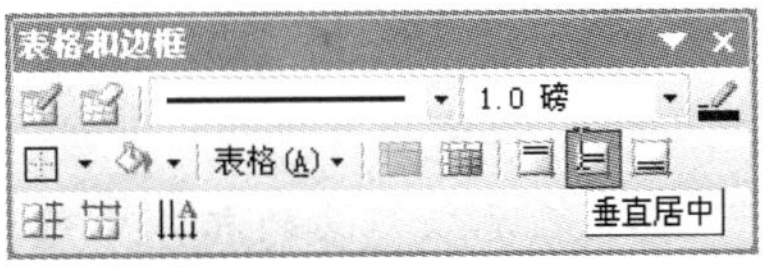

图7.11 单击“垂直居中”按钮

（4）单击“表格和边框”工具栏中的“垂直居中”按钮，如图7.11所示。

这样，表格中的第一行内容就设置为楷体“44”磅，垂直对齐方式为“居中”，效果如图7.12所示。

图7.12 为文字设置格式和对齐方式

2. 为表格添加填充颜色和填充效果

其具体操作步骤如下：

（1）选定需要添加填充的行、列或单元格。

（2）在“表格和边框”工具栏中单击“填充颜色”按钮，打开“填充颜色”下拉菜单。

（3）单击所需的颜色方块，如填充为“绿色”，即可为选定对象添加颜色，如图7.13所示。

图7.13 填充颜色示例

注意

如果需要从更多的颜色中选择，选择“其他填充颜色”命令，从弹出的“颜色”对话框中选择所需的颜色。

如果需要设置不同的填充效果（如过渡、纹理、图案或图片），可以选择“填充效果”命令，打开“填充效果”对话框，从中选择所需的效果。

3. 设置表格的边框

PowerPoint 默认的表格边框往往不能满足用户的要求，用户常常要重新设置表格的边框样式，表格边框可以设置的内容包括边框的格式、边框的线型、边框的宽度和边框的颜色。设置表格边框的格式有两种方法：使用“表格和边框”工具栏和使用“设置表格格式”对话框。

1）使用“设置表格格式”对话框

使用“设置表格格式”对话框设置表格边框格式，按如下方法操作：

（1）选中要进行设置边框的表格、单元格、行或列。

（2）选择“格式”→“设置表格格式”命令，打开“设置表格格式”对话框，如图 7.14 所示。

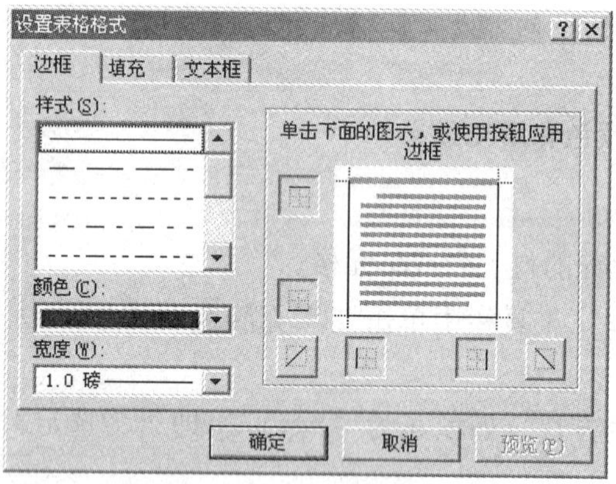

图 7.14 “设置表格格式”对话框

（3）在对话框中切换到“边框”选项卡。

（4）“样式”列表框中有边框的多种样式，在其中为边框选择一种样式。

（5）打开“颜色”下拉列表，在其中选择边框的颜色。

（6）打开“宽度”下拉列表，在其中选择边框的宽度。

（7）“设置表格格式”对话框的左侧有代表边框线的多个按钮，各按钮所代表的表格边框线见表 7.1。这些边框线按钮都具有开关特性，如果第一次单击时增加边框线，则再次单击时将去除表格中相应的边框线。

（8）选中表格或表格中的单元格，根据需要单击代表边框线的按钮。

（9）设置完成后，单击“确定”按钮。

表7.1 “设置表格格式”对话框各按钮所代表的表格边框线

按　钮	名　称	功　能
	上框线	用于选中/取消选中表格、多个单元格或单个单元格的上边框线
	内部横框	用于选中/取消选中表格、多个单元格的水平内边框线
	下框线	用于选中/取消选中表格、多个单元格或单个单元格的下边框线
	斜上框线	用于选中/取消选中表格、多个单元格或单个单元格的对角线
	左框线	用于选中/取消选中表格、多个单元格或单个单元格的下边框线
	内部竖框	用于选中/取消选中表格、多个单元格的垂直内边框线
	右框线	用于选中/取消选中表格、多个单元格或单个单元格的左边框线
	斜下框线	用于选中/取消选中表格、多个单元格或单个单元格的对角线

2）使用“表格和边框”工具栏

使用“表格和边框”工具栏设置表格边框格式，其具体操作步骤如下：

（1）选择要设置边框的单元格、行、列或整个表格。

（2）选择“视图”→“工具栏”命令，在弹出的子菜单中选择“表格和边框”项，打开“表格和边框”工具栏，如图7.15所示。

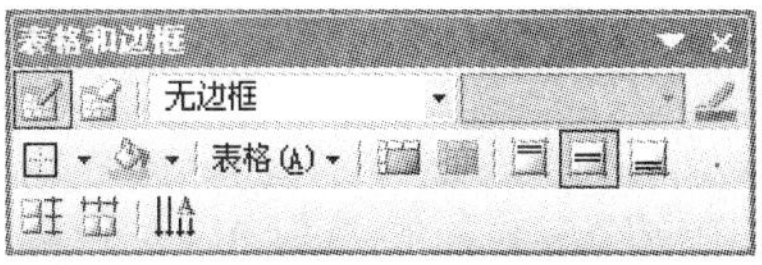

图7.15 “表格和边框”工具栏

（3）打开“边框线型”下拉列表，在其中选择需要的线型，如图7.16所示。

（4）打开“宽度”下拉列表，在其中选择线型的宽度，如图7.17所示。

图7.16 选择线型

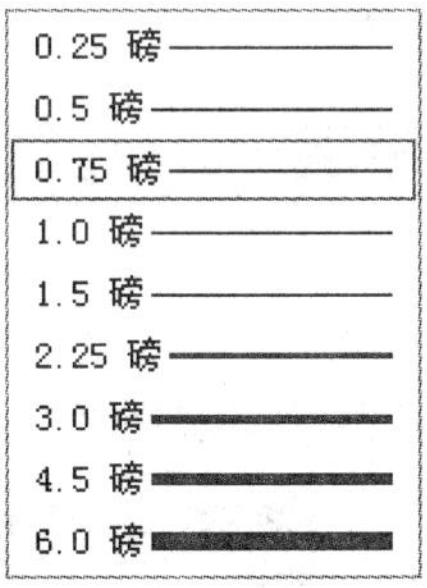

图7.17 选择线型的宽度

（5）单击“边框颜色”按钮左侧的箭头，在打开的选色板中选择边框的颜色。如图7.18所示。

（6）单击“边框线”按钮左侧的箭头，在打开的边框板中单击需要的边框按钮，如图7.19所示。

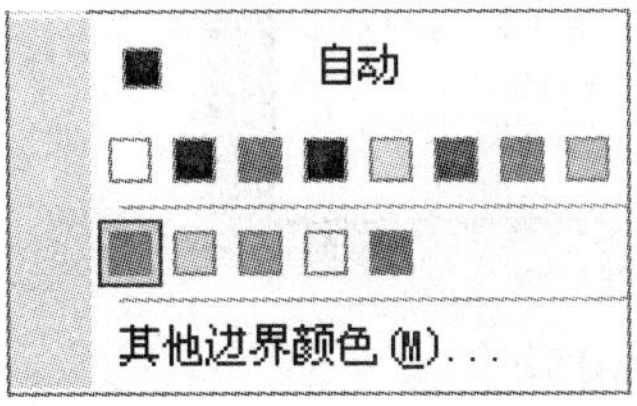

图7.18 选择边框的颜色

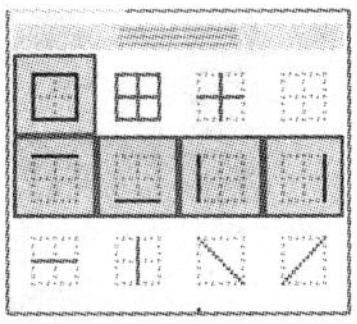

图7.19 “边框线”按钮

4. 设置文本与边框间的距离

当用户在表格中输入文本时，文本与内边框之间的距离可以进行调整，其具体操作方法如下：

（1）选中一个或多个需要设置文本与内边框间距的单元格。

（2）选择“格式”→“设置表格格式”命令，打开“设置表格格式”对话框，如图 7.14 所示。在对话框中切换到“文本框”选项卡，如图 7.20 所示。

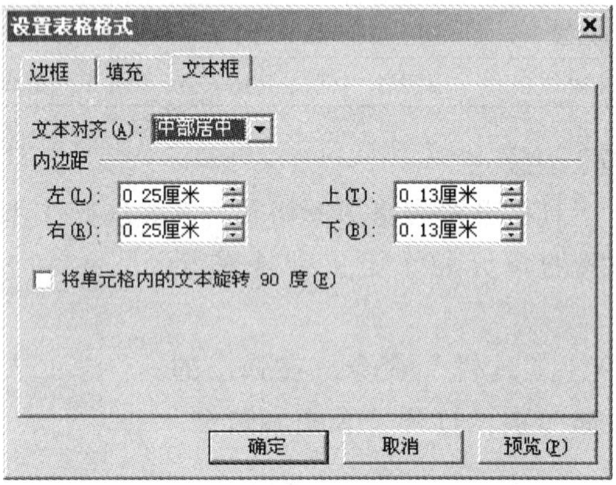

图 7.20 “设置表格格式”对话框

（3）在“内部边界”选项组中，分别设置文本与上、下、左、右内边框之间的距离。

（4）设置完成后，单击“确定”按钮。

7.4 应用举例——人数统计表

某大学近几年各办学层次在校生人数统计表如图 7.21。

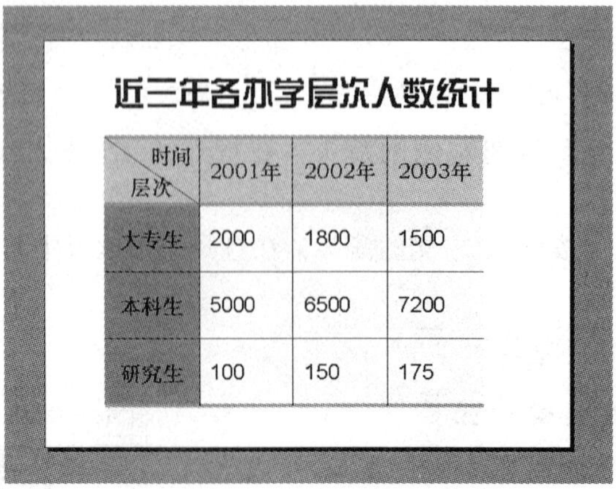

图 7.21 人数统计表

该表格中的表格属性如下所述。

（1）表格的第一行、第一列和其他部分，分别采用了3种填充颜色。

（2）表格的上、下及第一行的下边框线采用了宽度为“4.5磅”的边框线，其他边框线的宽度为“1磅”；表格无左、右边框线；表格的左上角单元格中有一条对角线。

（3）表格中的所有文本垂直居中对齐。

（4）第一行和第一列中的文本采用水平居中对齐。

（5）表格中文本采用的字体为“宋体”，字号为“28”。

其制作图7.21所示表格幻灯片的具体操作步骤如下：

（1）打开或新建一个演示文稿文档，单击常用工具栏中的“新幻灯片”按钮，打开“幻灯片版式”任务窗格，在其中选择“标题和表格”自动版式，然后单击“确定”按钮，新建的幻灯片如图7.1所示。

（2）在新幻灯片中双击表格占位符，弹出“插入表格”对话框，如图7.2所示。

（3）在“列数”框中输入表格的列数为“4”，在“行数”框中输入表格的行数为“4”。单击“确定”按钮，在幻灯片中插入一个4行4列的表格。

（4）单击“单击此处添加标题”占位符，输入幻灯片的标题文字：“近三年各办学层次人数统计”，如图7.22所示。

（5）用鼠标单击左上角的单元格，在“表格和边框”工具栏中单击“外侧框线”按钮左侧的箭头，在打开的边框板中单击“斜下框线”按钮，在左上角单元格中插入一对角线。

（6）在表格的各单元格中输入需要的文字。

（7）设置文字的字体和字号。选中表格的所有单元格，在“格式”工具栏中将字号设置为“28”，字体设置为“宋体”。

（8）设置文字的垂直对齐方式。选中表格的所有单元格，单击“表格和边框”工具栏中的“垂直居中”按钮，使各单元格中的文字垂直居中对齐。

（9）设置文字的水平对齐方式。分别选中表格的第一行和第一列，单击“格式”工具栏中的“水平居中”按钮，使各单元格中的文字水平居中对齐设置效果如图7.23所示。

图7.22 在幻灯片中插入表格

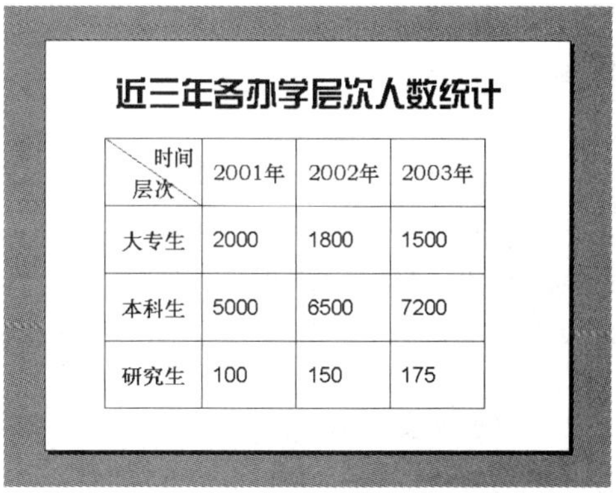

图7.23 格式化表格中的文字

（10）设置表格的填充色，其具体设置参数如下。

① 选中表格的所有单元格，单击“表格和边框”工具栏中的“填充颜色”按钮左侧的下拉箭头，在打开的下拉菜单中选择“天蓝色”项，将各单元格的填充色设为“天蓝色”。

② 用同样的方法，依次分别选中表格的第一行和第一列，将其填充色设置为“咖啡色”

和“深绿色”。

给表格添加填充色后的效果如图 7. 24 所示。

(11) 设置表格的上、下边框线。选中表格的所有单元格，在“表格和边框”工具栏的“边框宽度”下拉列表中选择“4. 5 磅”；在“边框线型”下拉列表中选择“实线”；在“边框颜色”下拉菜单中选择“红色”；单击“边框线”按钮左侧的箭头，在打开的边框板中分别单击“上框线”按钮和“下框线”按钮。

(12) 设置表格第一行的下边框线。选中表格的第一行，在“表格和边框”工具栏的“边框宽度”下拉列表中选择“4. 5 磅”；在“边框线型”下拉列表中选择“实线”；在“边框颜色”下拉菜单中选择“红色”；单击“边框线”按钮左侧的箭头，在打开的边框板中单击“下框线”按钮。设置效果如图 7. 25 所示。

图 7. 24　给表格添加填充颜色

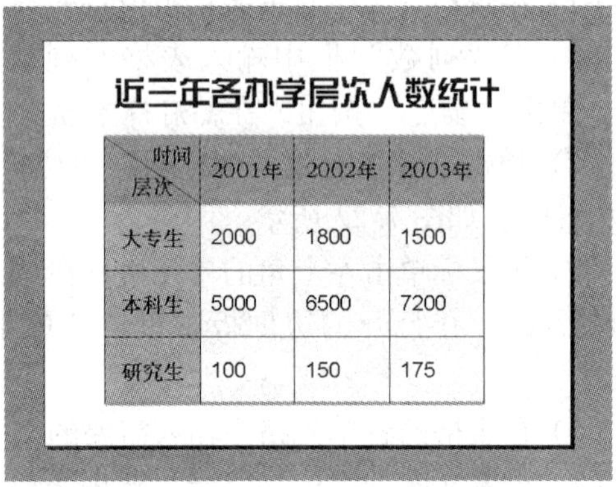

图 7. 25　设置表格的边框线

(13) 设置表格的左、右边框线。选中表格的所有单元格，在“表格和边框”工具栏的“边框宽度”下拉列表中选择“无边框”；单击“边框线”按钮左侧的箭头，在打开的边框列表中分别单击“左框线”按钮和“右框线”按钮。设置后其效果如图 7. 21 所示。

习题 7

一、问答题

1. 简述创建一个带有表格版式的新幻灯片的操作步骤。
2. 怎样使用菜单命令向已经存在的幻灯片上添加表格？
3. 怎样在表格中插入行或列？
4. 怎样设置文本与边框的距离？
5. 如何为幻灯片中的表格添加边框？
6. 叙述合并单元格的操作步骤。

二、判断题

1. 下面关于在幻灯片插入表格的说法中，正确的是________。
   A. 只能在“标题和表格”版式幻灯片中插入表格
   B. 可以在文本框中插入表格
   C. 可以在任意版式的幻灯片中插入表格

D. 以上说法都不正确

2. 在表格的单元格中设置对角线边框线，可以使用________的操作方法。

A. 在“表格和边框”工具栏中，选择手工制表的功能

B. 使用“表格格式”工具栏

C. 使用“绘图”工具栏中的直线工具按钮

D. 以上3种方法都正确

3. 进行合并单元格的操作时，要先选中________单元格，然后单击“表格和边框”工具栏上的“合并单元格”按钮。

A. 必须是一行中的多个单元格　　B. 必须是一列中的多个单元格

C. 可以是任意不连续的多个单元格　　D. 任意连续的多个单元格

4. 对表格进行填充操作时，在一个表格中可以进行________颜色的填充。

A. 最多为一种　　B. 最多为3种

C. 可以使用任意多种　　D. 不能填充颜色

5. 在设置表格的边框线时，下面说法中，正确的是________。

A. 表格的所有边框线都应相同　　B. 表格的所有外边框线都应相同

C. 表格的所有内边框线都应相同　　D. 表格的边框线均可设置成不同的属性

三、判断题

1. 利用“常用”工具栏中的“插入表格”按钮▦，只能插入4行5列的表格。　（　）

2. 在“表格和边框”工具栏中，单击“绘制表格”按钮绘制表格后，在表格外的任意位置单击鼠标，笔形鼠标将变为插入状态的形状。　（　）

3. 选中表格，单击“表格和边框”工具栏中的“平均分布各行”按钮，自动将表格的各行均匀分布，但表格的高度和宽度不变。　（　）

4. 表格的各单元格数据（文本、数字），有“水平”和“垂直”两种对齐方式。　（　）

5. 表格中的不同单元格可以采用不同的填充颜色。　（　）

6. 表格中的边框线，除可以设置成不同的宽度和不同的颜色外，还可以将表格的任意一条边框线去除。　（　）

上机实习7

1. 进入中文PowerPoint 2003，打开文件“PP2”。

2. 显示“PP2”文件中的第6张幻灯片，然后增加一张新的“标题和表格”版式幻灯片。

3. 进入组织结构图操作窗口，进行如下操作：

（1）输入标题：“自学式多元媒体教材销售情况”。

（2）双击“表格”占位符，插入一个4行5列的表格。

（3）在表格左上角的单元格中添加一条下斜对角边框线。

（4）在表格中输入数据，其数据如图7.26所示。

（5）给表格中的文字设置格式和对齐方式。将左上角单元格中的第一行设置为水平右对齐、第二行设置为水平左对齐，将其余单元格的文字设置为水平居中、垂直居中对齐。

（6）将表格标题文字的字体设置为“华文新魏”，字号为“44”。

（7）将表格各单元格文字的字体设置为“宋体”，字号为“28”。

（8）将表格的上下边框线、第一行的下边框线分别设置为“4.5磅”。

（9）将表格的左右边框线设置为“无边框线”。

（10）先给整个表格添加一种填充颜色，然后给第一列添加填充颜色，再给第一行添加填充颜色。

（11）创建的表格如图 7. 26 所示。

自学式多元媒体教材销售情况

名称 / 年度	文字教材	CAI课件	网络课件	总额
2000年	1150	420	680	25000
2001年	1300	800	750	31000
2002年	1560	1050	950	39000

图 7. 26　要创建的表格

第 8 章　使用PowerPoint的自动处理功能

中文 PowerPoint 2003 的一个重要功能是能够使演示文稿中的所有幻灯片具有统一外观。控制幻灯片外观的方法有 3 种：模板、母版和配色方案。本章主要介绍如何利用这 3 种方法设计具有个人风格的演示文稿。

8.1　使用模板创建演示文稿

使用 PowerPoint 2003 提供的模板，可以方便快捷地创建出具有统一格式和风格的演示文稿。PowerPoint 2003 提供了两种模板：设计模板和内容模板。使用设计模板，可以将设计模板所定义的幻灯片外观应用到你自己所创建的演示文稿中。内容模板是在设计模板的基础上增加了建议内容的一种模板。使用这种模板，在有提示的地方输入文字，可以快捷地创建非常专业化的演示文稿。

1. 在演示文稿中使用设计模板

1）在已有演示文稿中使用设计模板

其具体操作步骤如下：

(1) 打开需要使用设计模板的演示文稿。

(2) 选择“格式”→“幻灯片设计”命令，打开“幻灯片设计”任务窗格，选择“设计模板”，如图 8.1 所示。

(3) 在“应用设计模板”中，单击需要的模板。当前演示文稿外观将采用设计模板所定义的外观。

- 若要对所有幻灯片应用设计模板，直接单击所需模板即可。
- 若要将模板应用于单个幻灯片，选中所需的模板；再单击其右侧的下三角按钮，在打开的下拉列表中选择“应用于选定幻灯片”命令。
- 若要将模板应用于多个选中的幻灯片，选中所需的模板；再单击其右侧的下三角按钮，在打开的下拉列表中选择“应用于选定幻灯片”命令。
- 若要将新模板应用于当前使用其他模板的一组幻灯片，重复上述步骤（1）和步骤（2），然后选择新的设计模板，并单击下三角按钮，在打开的下拉列表中选择“应用于母版”命令即可。

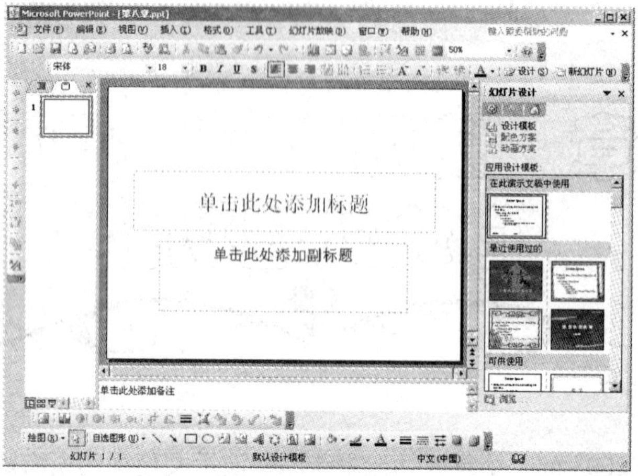

图 8.1 “设计模板”任务窗格

2）使用设计模板新建演示文稿

在新建幻灯片时，也可使用设计模板，操作方法如下：

（1）选择“文件”→“新建”命令，打开“新建演示文稿”任务窗格，如图 8.2 所示。

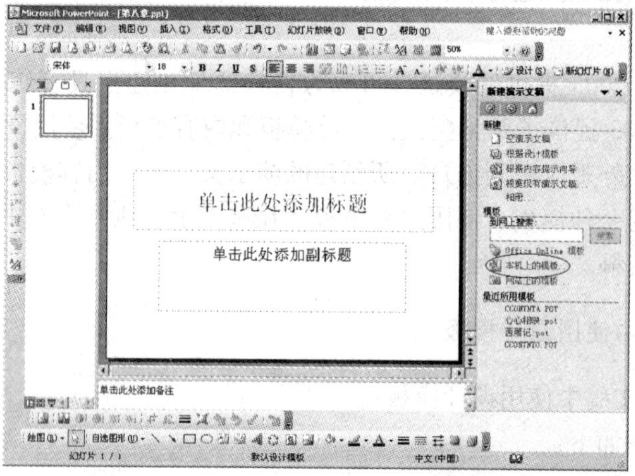

图 8.2 “新建演示文稿”任务窗格

（2）选择任务窗格中的“本机上的模板”命令，弹出的“新建演示文稿”对话框如图 8.3 所示。切换到“设计模板”选项卡，在模板列表框中选择需要的模板。例如，选择“Crayons”模板。

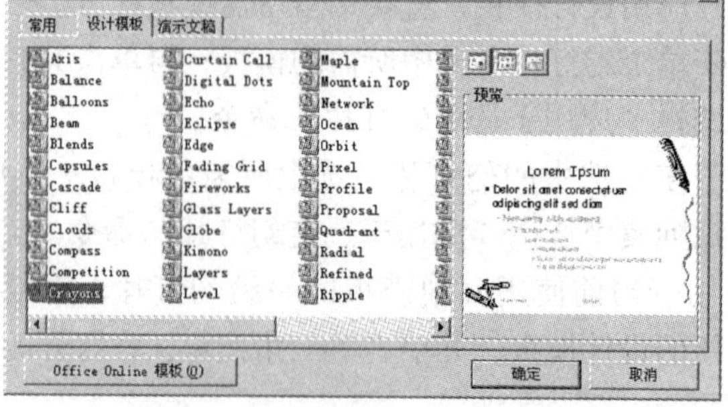

图 8.3 “新建演示文稿”对话框

(3) 单击“确定”按钮，新建的幻灯片应用该模板后，效果如图 8.4 所示。同时弹出“幻灯片版式”任务窗格。

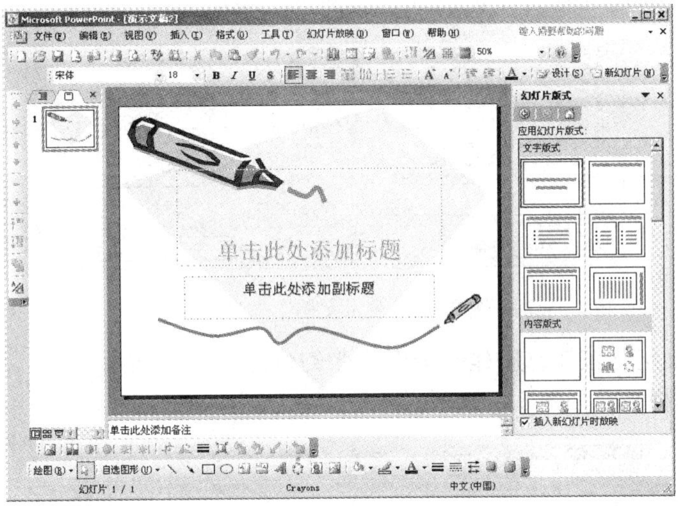

图 8.4　应用了模板的新幻灯片

(4) 在“幻灯片版式”任务窗格中，选择一种自动版式，如选择“标题和文本”版式，然后单击“确定”按钮，效果如图 8.5 所示。

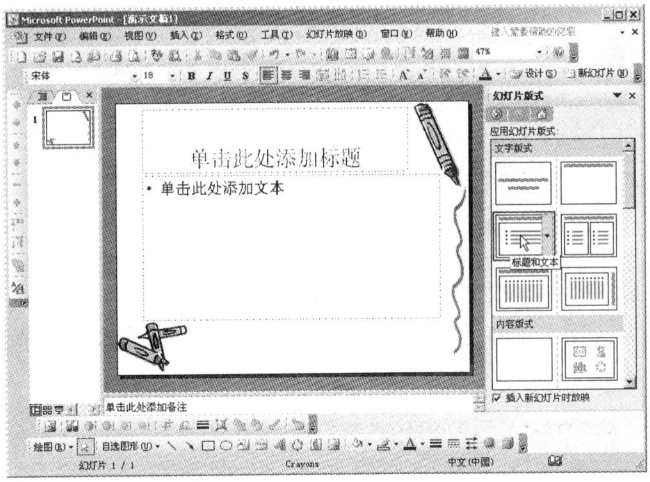

图 8.5　选择“标题和文本”自动版式后的幻灯片

(5) 按要求创建演示文稿的每张幻灯片。

2. 使用演示文稿内容模板

使用演示文稿内容模板，其具体操作步骤如下：

(1) 选择“文件”→“新建”命令，在窗口中打开“新建演示文稿”任务窗格。

(2) 选择任务窗格中的“本机上的模板”命令，弹出“新建演示文稿”对话框，切换到“演示文稿”选项卡，如图 8.6 所示。在内容模板列表框中选择需要的模板，例如，选择“产品概述”模板。

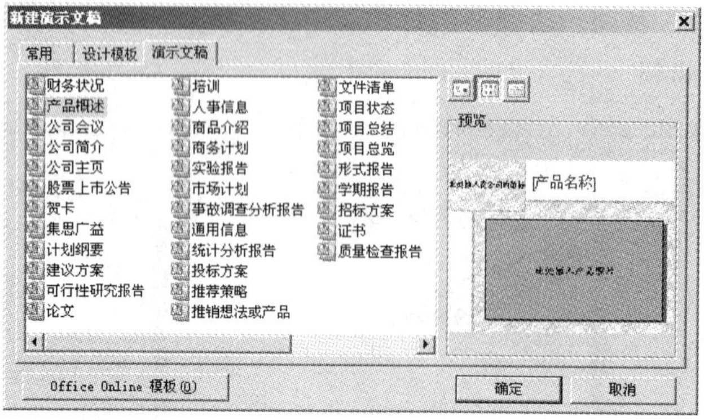

图 8.6 “演示文稿”选项卡

（3）单击“确定”按钮，新建一个由多张幻灯片组成的演示文稿，并在幻灯片中应用“产品概述”内容模板，如图 8.7 所示。

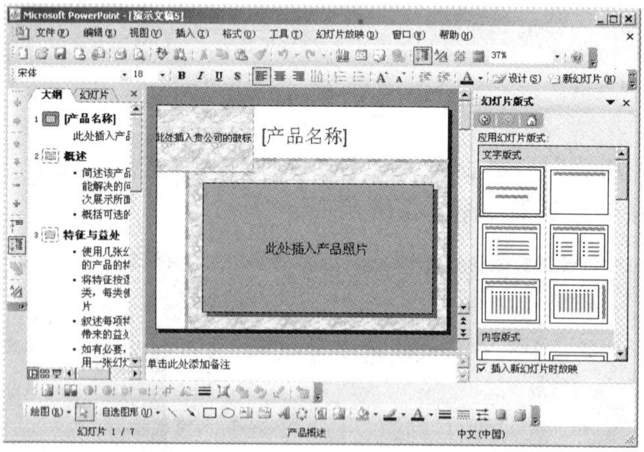

图 8.7 应用“产品概述”内容模板

（4）在幻灯片编辑区中，根据提示内容创建新幻灯片。

（5）在“大纲”选项卡中单击第二张幻灯片，同样根据提示创建第二张幻灯片的内容，如图 8.8 所示。

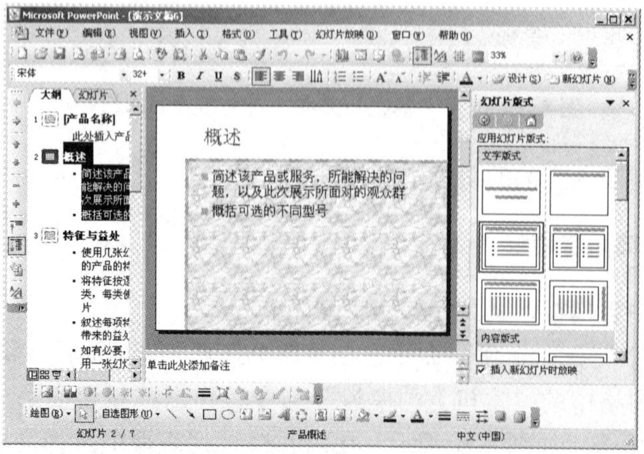

图 8.8 创建第二张幻灯片

(6) 按同样的方法，制作出演示文稿的所有幻灯片。

8.2　使用幻灯片母版创建演示文稿

利用幻灯片母版，可以使演示文稿中的幻灯片具有统一的外观。在本节中，我们将介绍如何创建自己的幻灯片母版。

1. 进入幻灯片母版的编辑状态

进入幻灯片母版编辑状态的操作步骤如下：

(1) 在窗口中单击“常用”工具栏中的“新建”按钮。

(2) 选择“视图”→“母版”→“幻灯片母版”命令，便可进入幻灯片母版的编辑状态，如图 8.9 所示。

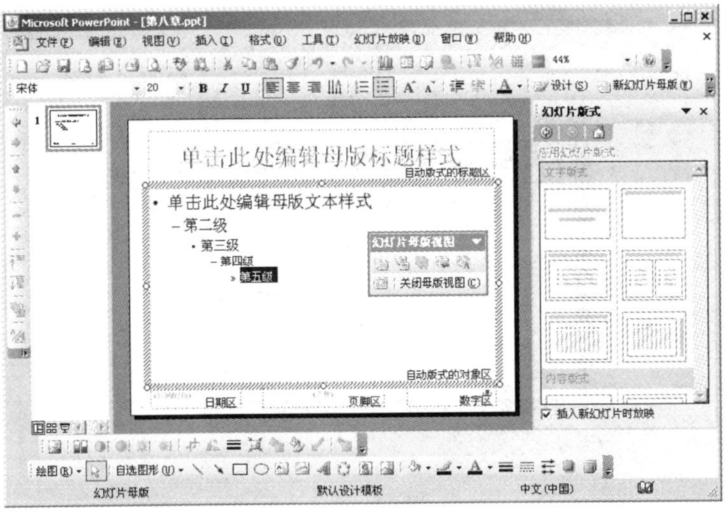

图 8.9　幻灯片母版编辑状态

2. 设置和编辑幻灯片母版

1) 设置标题区和正文区文本的格式

其具体操作步骤如下：

(1) 单击幻灯片母版中的“单击此处编辑母版标题样式”区域，在字体周围出现选中框，如图 8.10 所示。

(2) 用“格式”工具栏中的工具按钮，设置文字的字体、字号、加粗、倾斜、下画线及对齐方式等。例如，设置字体为“黑体”，字号为“48”，字体倾斜。设置后的效果如图 8.11 所示。

(3) 单击幻灯片母版正文区中的“单击此处编辑母版文本样式”占位符，选中正文区，如图 8.12 所示。

(4) 用“格式”工具栏中的工具按钮，设置文字的字体、字号、加粗、倾斜、下画线及对齐方式等。

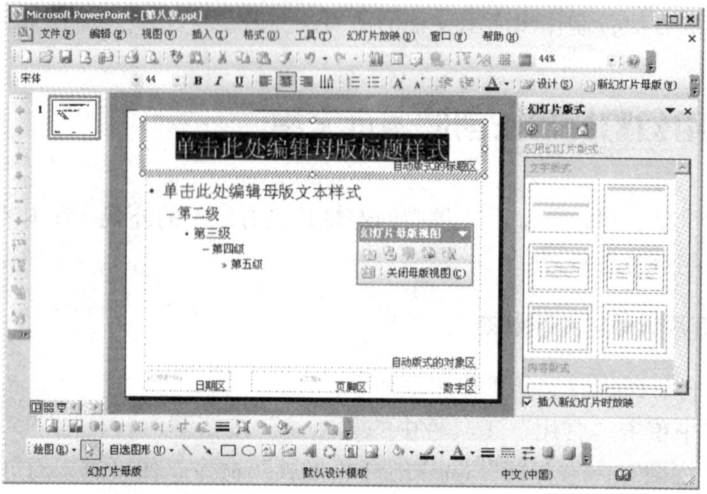

图 8.10　选中幻灯片母版的标题框

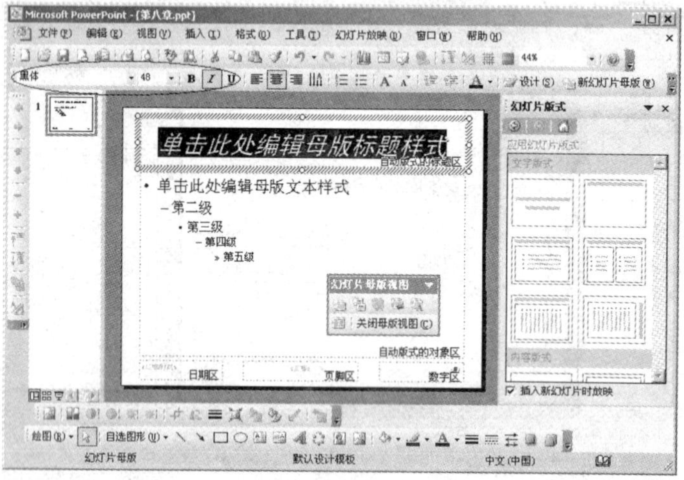

图 8.11　格式化标题区中的文字

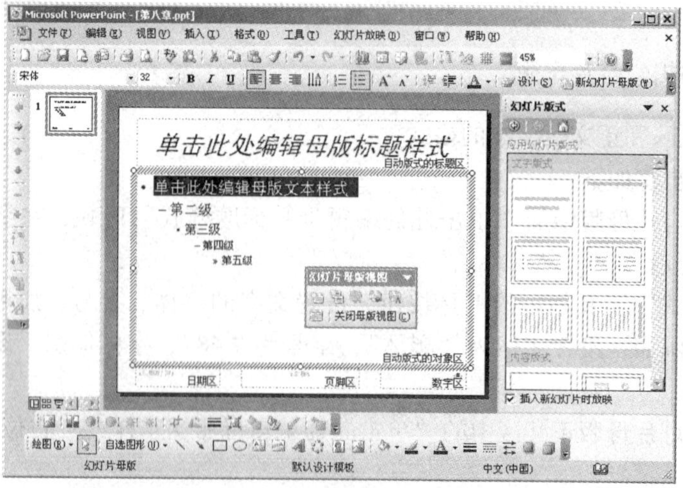

图 8.12　选中幻灯片母版的正文区

2）设置幻灯片的页眉/页脚

通过在幻灯片母版中设置页眉/页脚和日期，可使演示文稿中的各张幻灯片具有统一的格式。下面介绍其具体设置方法。

（1）打开需要编辑的演示文稿。

（2）选择“视图”→“母版”→“幻灯片母版”命令，进入幻灯片母版编辑状态。

（3）将光标置于“页脚区”中的“< 页脚 >”处，当光标变成文字输入状态时，如图 8.13 所示。单击鼠标，然后输入文字“PowerPoint 2003 应用基础”。

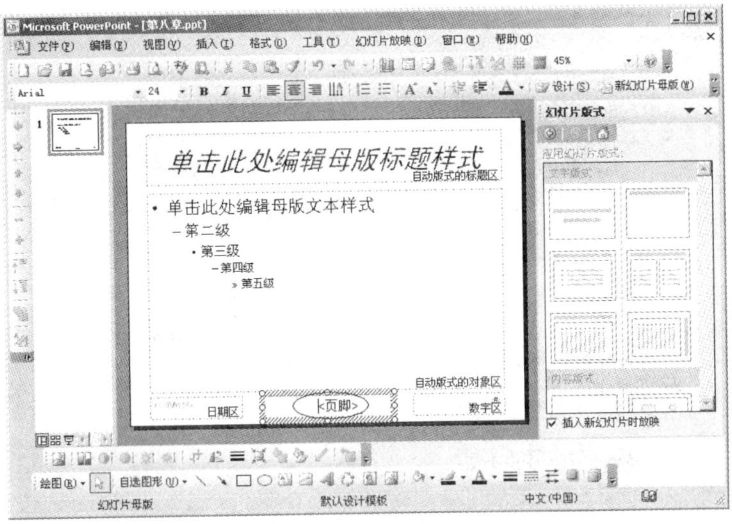

图 8.13　文字输入光标出现在页脚区

（4）将光标置于“页脚区”中，当光标变成双“十”字形状时，如图 8.14 所示。按下并拖动鼠标，可移动页脚区的位置。例如，移动到幻灯片母版的右上角。

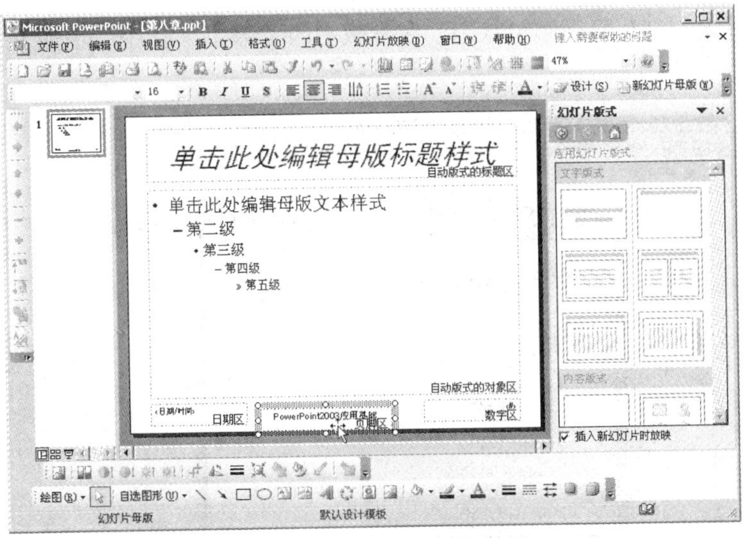

图 8.14　移动幻灯片的页脚区

3）设置幻灯片的编制日期

其具体设置步骤如下：

（1）重复设置幻灯片页眉/页脚中的步骤（1）和步骤（2）。

（2）选中“日期区”，并输入编制的日期。例如，“2008 年 8 月 8 日”。

（3）移动“日期区”到需要的位置。例如，移到幻灯片母版的左上角。

4）设置幻灯片的编号

其具体设置步骤如下：

（1）重复设置幻灯片页眉/页脚中的步骤（1）和步骤（2）。

（2）选择“视图”→“页眉和页脚”命令，弹出“页眉和页脚”对话框，如图 8.15 所示。

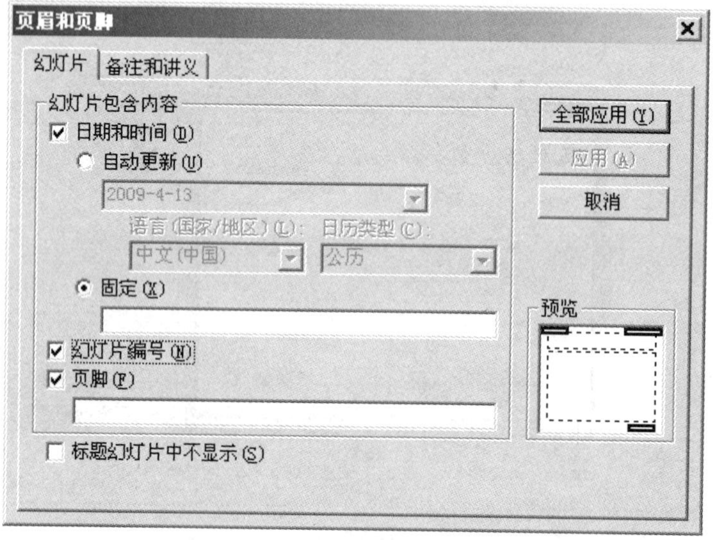

图 8.15 “页眉和页脚”对话框

（3）切换到“幻灯片”选项卡，选中“幻灯片编号”复选框，然后单击“全部应用”按钮。此时幻灯片将按阿拉伯数字的次序 1、2、3、…编号。

（4）再次进入幻灯片母版编辑状态，在母版中的“数字区”中，增加了“〈#〉”符号，如图 8.16 所示。

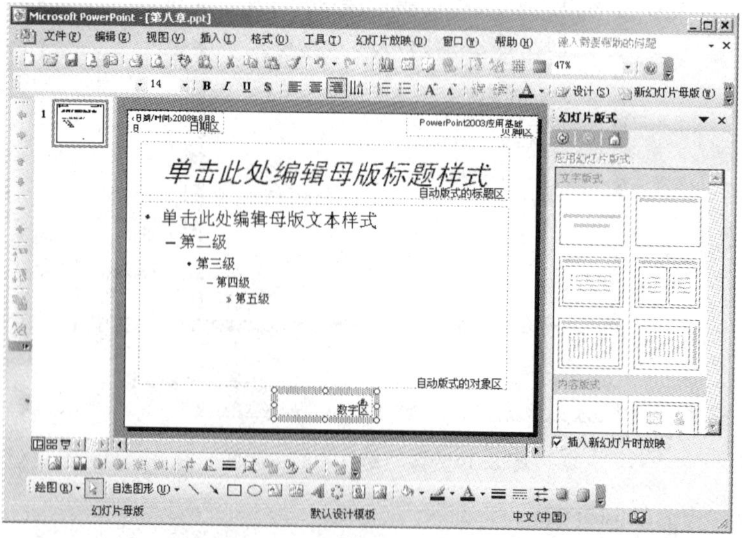

图 8.16 增加幻灯片编号

- 若在“〈#〉”符号的左侧输入“1 -”，此时幻灯片的编号为 1 -1、1 -2、…。
- 若在“〈#〉”符号的右侧输入“ -1”，此时幻灯片的编号为 1 -1、2 -1、…。

（5）与“页脚区”一样，“数字区”也可以移至幻灯片中的任意位置。例如，将数字区移到幻灯片的底部居中的位置。

（6）当页眉/页脚、日期和编号设置完成以后，采用下列方法之一关闭幻灯片母版视图。

- 选择“视图”→“普通”命令。
- 单击幻灯片母版工具栏中的“关闭母版视图”按钮。

经以上操作后，在演示文稿的所有幻灯片中已加入了编制日期为“2008 年 8 月 8 日”、页眉为“PowerPoint 2003 应用基础”及幻灯片编号。

5）给幻灯片添加其他对象

在制作演示文稿的过程中，经常需要在所有幻灯片中加入同样的对象，如学校的校标，会议的会标，工厂的厂标等。通过幻灯片母版可以方便地给演示文稿的所有幻灯片添加同样的对象。下面我们以在所有幻灯片的左下角插入相同的剪贴画为例，介绍其操作方法。

（1）打开需要编辑的演示文稿。

（2）选择“视图”→“母版”→“幻灯片母版”命令，便可进入幻灯片母版编辑状态，如图 8.9 所示。

（2）选择“插入”→“图片”→“剪贴画”命令，弹出“剪贴画”任务窗格。

（3）在“剪贴画”任务窗格中的“搜索文字”框中，输入“科学”。

（4）在“搜索范围”下拉列表中，选定“Office 收藏集”。

（5）在“结果类型”下拉列表中选择要查找的剪辑类型，如选择“剪贴画”。

（6）单击“搜索”按钮。这时，在“剪贴画”任务窗格的“结果”列表框中，显示出搜索的有关“科学”类的图片。

（7）单击要插入的图片，可将剪贴画插入到光标所在位置，如图 8.17 所示。

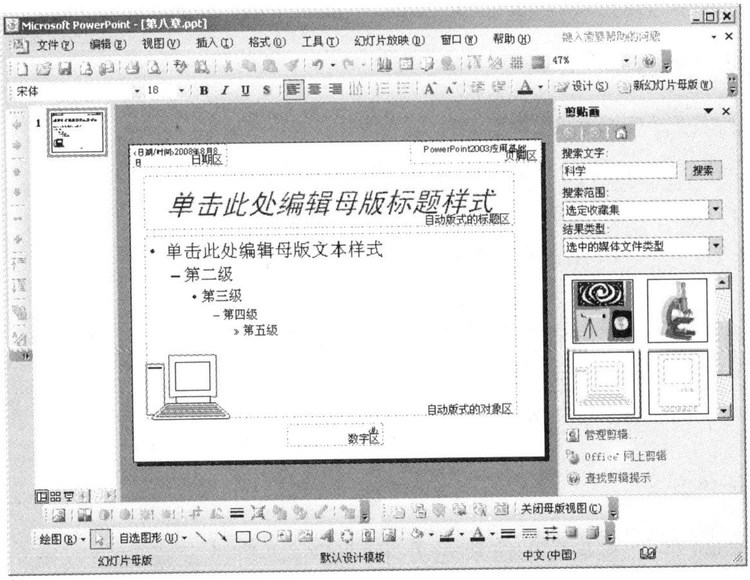

图 8.17　在幻灯片母版中插入剪贴画

（8）选择“视图”→“普通”命令，返回到幻灯片“普通视图”，如图 8.18 所示。

图 8.18 使用母版给幻灯片加入剪贴画

经过以上的操作，在演示文稿的所有幻灯片中都加入了该剪贴画。

8.3 设置 PowerPoint 的配色方案

配色方案是预设幻灯片中的背景、文本、填充、阴影等色彩的组合。每个设计模板都有一个或多个配色方案。一个配色方案中共有 8 种颜色，即背景颜色、文本和线条颜色、阴影颜色、标题文本颜色、填充颜色、强调文字和超级链接文字的颜色、强调文字和尾随超级链接颜色。下面介绍如何设置演示文稿的配色方案。

1. 选择演示文稿的配色方案

（1）打开需要设置配色方案的演示文稿文档。

（2）单击“格式”工具栏上的“设计”按钮，然后在任务窗格中选择“配色方案”命令，打开“幻灯片设计 - 配色方案”任务窗格，如图 8.19 所示。

（3）在任务窗格的“应用配色方案”列表框中，选择所需的配色方案，再执行下列操作之一：

- 若要将配色方案应用于所有幻灯片，直接单击要选择的配色方案。
- 若要将配色方案应用于所选幻灯片，单击配色方案右边的下三角按钮，在打开的下拉列表中选择“应用于所选幻灯片”命令。

2. 自定义配色方案

如果 PowerPoint 的配色方案无法满足要求，还可以自己定义配色方案，具体操作方法如下：

（1）单击“格式”工具栏上的“设计”按钮，然后在任务窗格中选择“配色方案”命令，打开“幻灯片设计 - 配色方案”任务窗格。

图 8.19　“幻灯片设计－配色方案”任务窗格

（2）单击任务窗格左下角的“编辑配色方案”链接，弹出“编辑配色方案”对话框，如图 8.20 所示。图中显示了构成配色方案的 8 种颜色选项组。

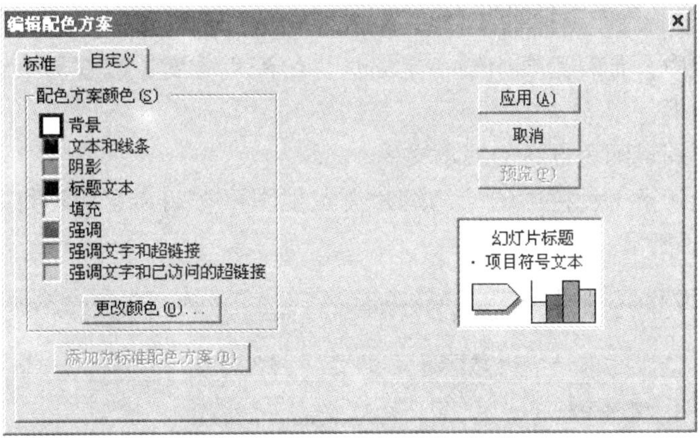

图 8.20　“编辑配色方案”对话框

（3）在“配色方案颜色”选项组中，单击需要更改的颜色框，例如选中“背景”框，然后单击“更改颜色”按钮，弹出“背景色”对话框，如图 8.21 所示。

（4）切换到“标准”选项卡，选择一种合适的颜色，例如“黄色”。单击“确定”按钮，返回到“编辑配色方案”对话框。

（5）如果继续更改配色方案中的其他颜色，在“编辑配色方案”对话框中单击需要更改的颜色框，重复步骤（3）和步骤（4）。

（6）完成配色方案中颜色的更改后，如果希望将更改后的配色方案应用于当前幻灯片，单击“应用”按钮。同时该配色方案也添加到了“幻灯片设计－配色方案”任务窗格和“编辑配色方案”对话框的“标准”选项卡中，如图 8.22 所示。

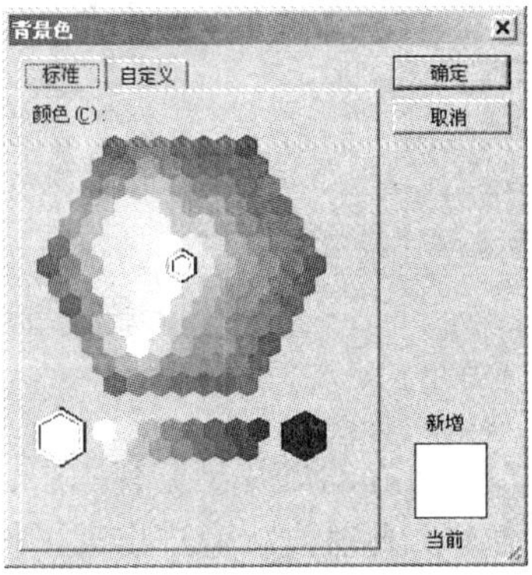

图 8.21　“背景色”对话框

图 8.22 应用“自定义配色方案”示例

3. 用“格式刷”改变幻灯片的配色方案

在一组幻灯片中，有时需要用某一个幻灯片的配色方案，改变另一个幻灯片的配色方案。其操作方法如下：

（1）打开需要编辑配色方案的演示文稿。

（2）单击视图切换工具栏中的“幻灯片浏览视图”按钮，将幻灯片切换到幻灯片浏览视图，如图 8.23 所示。

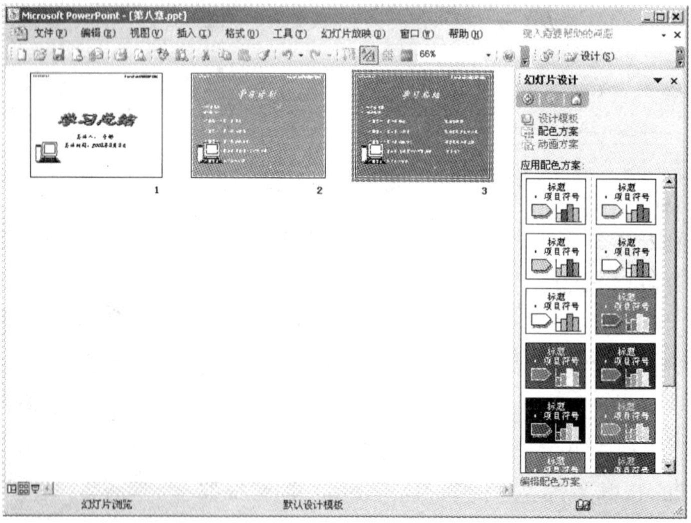

图 8.23 “幻灯片浏览视图”按钮

（3）在幻灯片浏览视图中，选中一张幻灯片，然后单击“格式”工具栏中的“格式刷”按钮，此时光标旁边出现了格式刷的形状。

（4）将光标移到需要修改配色方案的幻灯片上，单击鼠标。该幻灯片将以新的配色方案所代替，如图 8.24 所示。

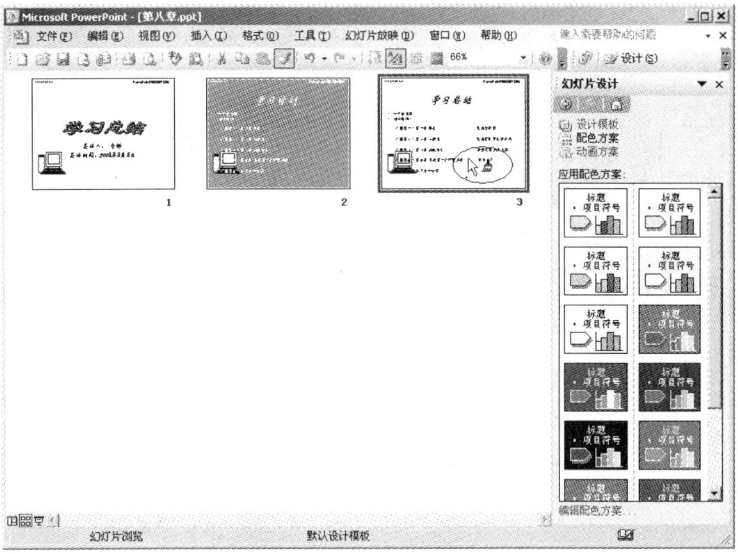

图 8.24　用“格式刷”改变幻灯片的配色

(5) 如果需要修改多张幻灯片的配色方案。选中一张幻灯片后，双击“格式”工具栏中的“格式刷”按钮，然后分别单击所需改变配色方案的幻灯片。设置完成后，按键盘上的“Esc”键。

8.4　应用举例——为“学习总结”添加模板和设置背景颜色

8.4.1　为“学习总结”添加模板和设置背景颜色

在第 3 章中，虽然已完成“学习总结”演示文稿中各张幻灯片内容的输入，但整体的外观为白底黑字，不够美观。本节为“学习总结”添加模板和设置背景颜色，具体操作方法如下：

(1) 打开“学习总结”演示文稿文档。

(2) 选择“格式”→“幻灯片设计”命令，打开“幻灯片设计”任务窗格。

(3) 在“应用设计模板”列表框中，单击需要的模板“Crayons”，结果如图 8.25 所示。

(4) 选择“格式”→“背景”命令，打开“背景”对话框，在其中打开“背景填充”下拉列表，如图 8.26 所示。

(5) 在“颜色”下拉列表中选择一种颜色作为背景色。如果想从更多的颜色中选择，选择“其他颜色”命令，在弹出的“颜色”对话框中选择合适的颜色。

(6) 如果希望背景能够更丰富一些，可以选择“填充效果”命令，弹出如图 8.27 所示的“填充效果”对话框。

(7) 在“填充效果”对话框中，可以选择用渐变色、纹理、图案或者图片作为幻灯片的背景。在本例中，选择渐变色作为背景。切换到“渐变”选项卡，在“颜色”选项组，选中“双色”单选按钮。

图 8.25　应用设计模板后的演示文稿

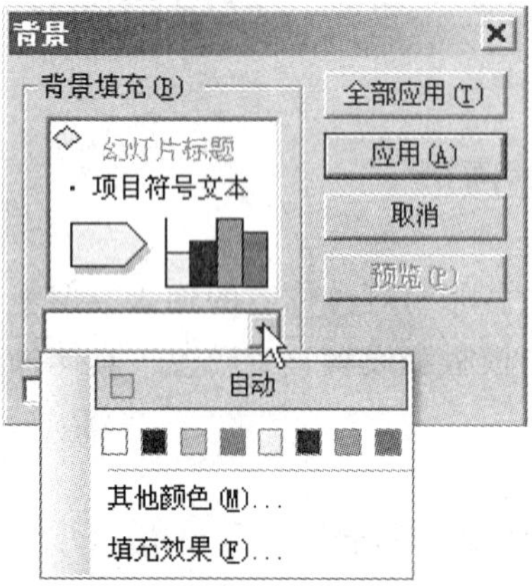

图 8.26　“背景”对话框

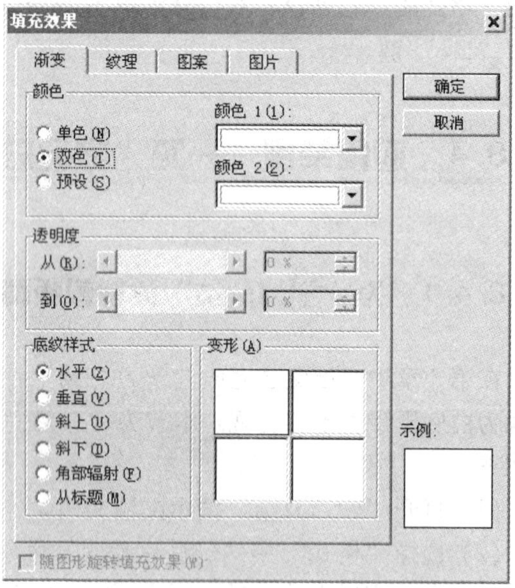

图 8.27　“填充效果”对话框

（8）打开“颜色 2”的下拉列表，在其中选择“其他颜色”命令，在弹出的“颜色”对话框中单击“自定义”标签，并将设置更改成如图 8.28 所示。

（9）单击“确定”按钮返回到“填充效果”对话框。在“底纹样式”选项组中，选中“角部辐射”单选按钮，并在“变形”选项组中单击第 1 行第 2 列的图案，如图 8.29 所示。

（10）单击“确定”按钮，返回到“背景”对话框。在“背景”对话框中，单击“全部应用”按钮，添加了背景后幻灯片的效果如图 8.30 所示。

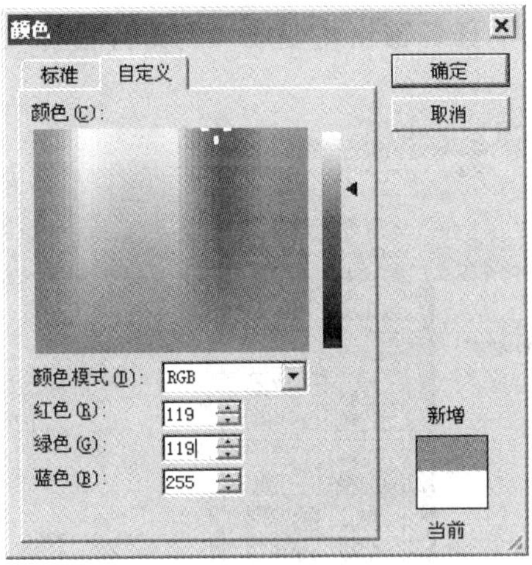

图 8.28　颜色 2 的设置

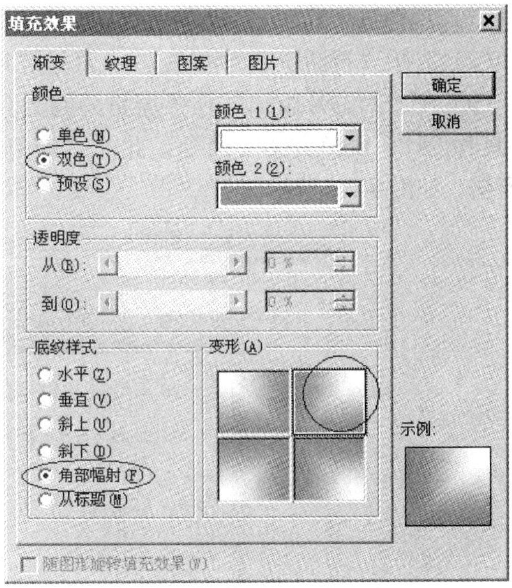

图 8.29　设置过渡色填充效果

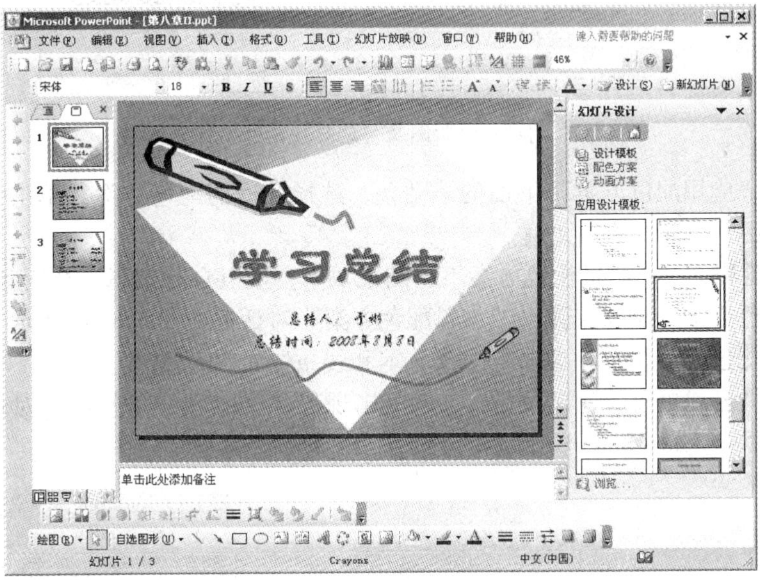

图 8.30　添加了背景后的幻灯片效果

8.4.2　为“教学演示”设计母版

随着信息技术的发展和计算机应用的日益普及，多媒体教学已经被广泛应用在教学过程中。作为信息展示领域的领导者，PowerPoint 自然是制作多媒体教学方案的一个非常重要的工具。在制作教学演示幻灯片时，需注意色彩要相对明快，标题文字醒目、活泼，字体不要太小等。

为了让教学演示的幻灯片都有相同的格式，必须先为它设计一个母版。其具体操作方法如下：

（1）启动 PowerPoint，新建一个空白演示文稿。

（2）选择“视图”→“母版”→“幻灯片母版”命令，进入幻灯片母版编辑视图。

（3）在“幻灯片版式”任务窗格的右上角单击下三角按钮，在弹出的下拉菜单中选择“幻灯片设计－配色方案”命令，此时“幻灯片版式”任务窗格将变成“幻灯片设计”任务窗格，如图 8.31 所示。

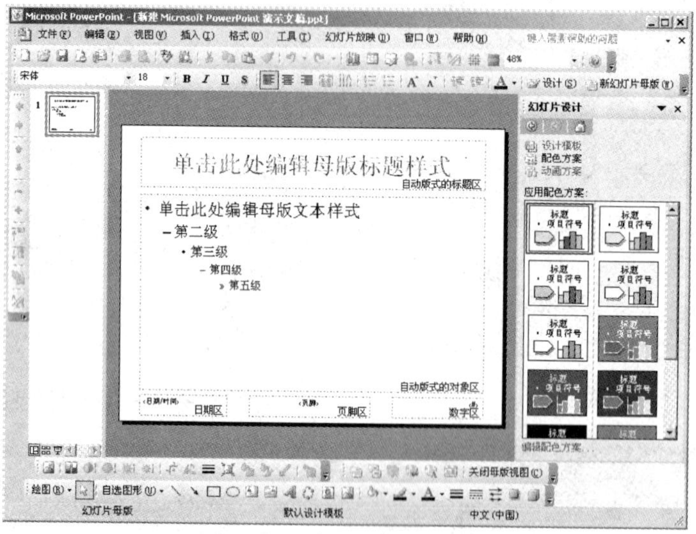

图 8.31 幻灯片母版图及“幻灯片设计”任务窗格

（4）拖动“应用配色方案”下面的滚动条，选择合适的配色方案并单击，即可将选定的配色方案应用于当前的演示文稿。

（5）如果觉得系统自带的配色方案不能满足要求，可以自行编辑。在任务窗格的上部，单击“编辑配色方案”按钮，弹出“编辑配色方案”对话框，如图 8.32 所示。

（6）在“配色方案颜色”选项组中“文本和线条”前的颜色框上单击，使其处于被选中状态，然后单击“更改颜色”按钮，在随其出现的“文本和线条颜色”对话框中切换到“自定义”选项卡，如图 8.33 所示。

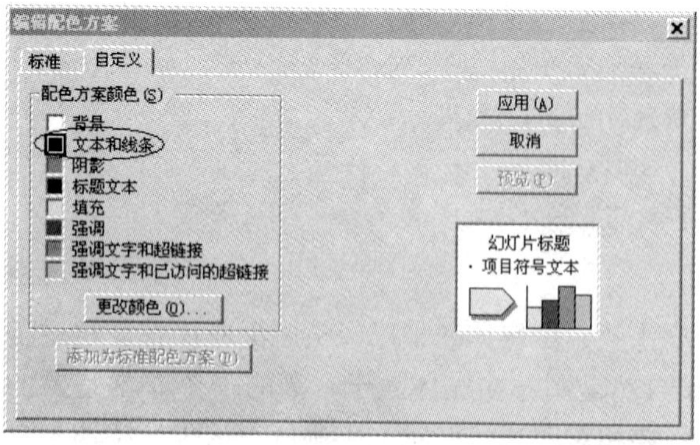

图 8.32 “编辑配色方案”对话框

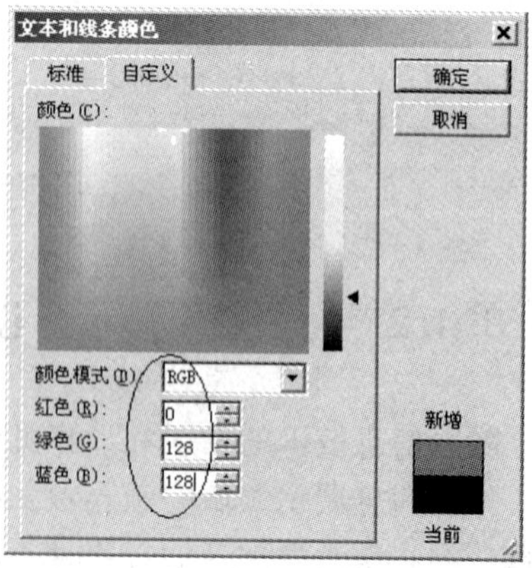

图 8.33 “文本和线条颜色”对话框

（7）单击“确定”按钮，返回到“编辑配色方案”对话框。在“填充”前的颜色框上单击，使其处于被选中状态，然后单击“更改颜色”按钮，弹出“填充颜色”对话框。在该对话框中设置填充的颜色，其设置效果如图 8.34 所示。

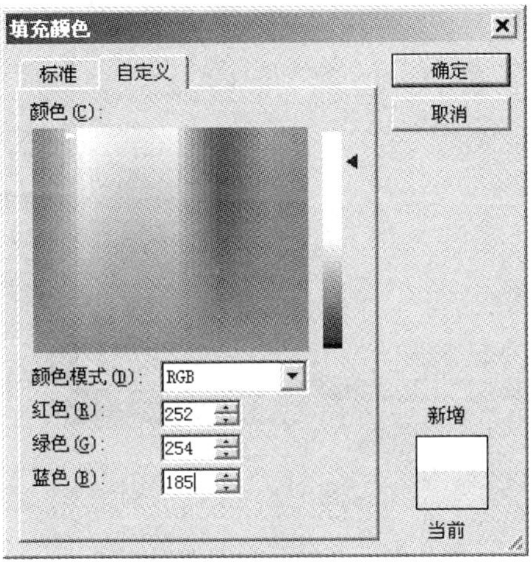

图 8.34　填充颜色的设置

(8) 单击“确定”按钮，返回到上级对话框。在“编辑配色方案”对话框中单击“应用”按钮，从而完成配色方案的设置。其应用了自定义配色方案后的效果如图 8.35 所示。此时，可看到屏幕上的字体颜色、“绘图”工具栏上的“填充颜色”、“线条颜色”和“字体颜色”等，都有了一定的变化。

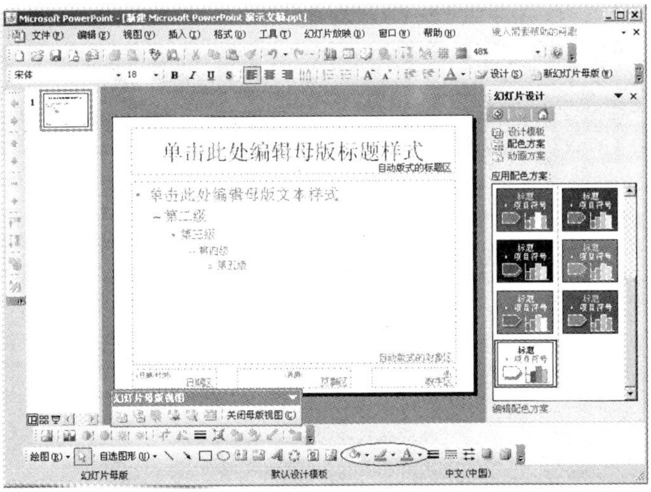

图 8.35　应用了自定义配色方案后的界面效果

(9) 单击“绘图”工具栏中的“自选图形”按钮，在弹出的下拉菜单中选择“基本形状”命令，并在其级联子菜单中选择“矩形”命令。当鼠标变成“十”字形状时，在幻灯片中画一个矩形，可以看到矩形的边框颜色和填充颜色自动采用了新设置配色方案中的颜色，如图 8.36 所示。

(10) 单击“绘图”工具栏中的“阴影样式”按钮，在弹出下拉菜单中选择“阴影设置”命令，此时在屏幕上将弹出如图 8.37 所示的“阴影设置”工具栏。

(11) 选中屏幕上添加的矩形框，然后单击“设置/取消阴影”按钮，为矩形框添加

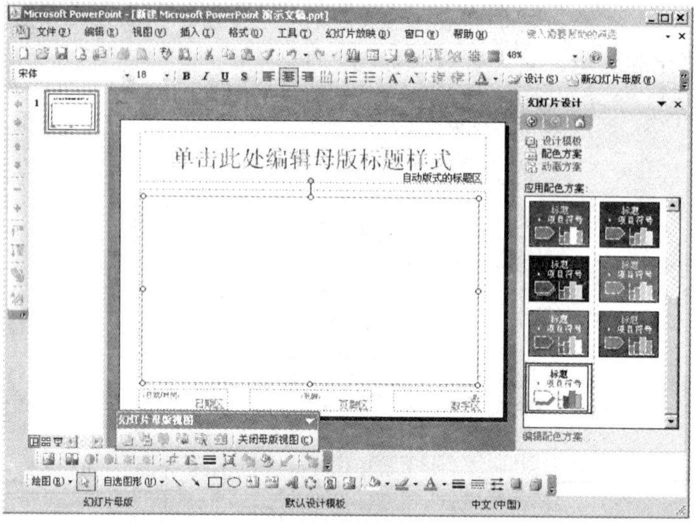

图 8.36　在屏幕上添加矩形框

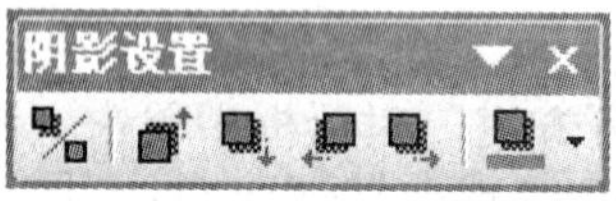

图 8.37　“阴影设置”工具栏

阴影效果，再连续单击 4 次“略向下移”按钮和“略向右移”按钮，调整阴影效果。

（12）单击“绘图”工具栏中的“绘图”按钮，在弹出的下拉菜单中选择“叠放次序”命令，并在其级联子菜单中选择“置于底层”命令，将矩形框移到幻灯片上所有元素的下面，调整完的幻灯片效果如图 8.38 所示。

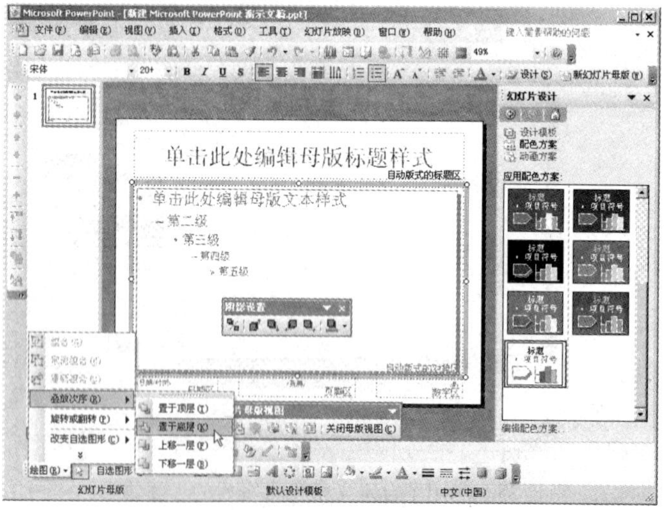

图 8.38　调整完矩形框格式的界面

（13）选择“单击此处编辑母版文本样式”所在文本框，然后选择“格式”→“项目符号和编号”命令，弹出的“项目符号和编号”对话框。单击该对话框中的“图片”按钮，弹出“图片项目符号”对话框，在对话框中单击第 3 行第 2 列的图片。然后单击“确定”按钮，更改了项目符号的幻灯片界面如图 8.39 所示。

（14）拖动文本框四周的控制点，调整本文框到合适的尺寸，并利用“格式”工具栏上的“字体”及“字号”下拉列表，将字体设置为“华文新魏”，字号为“36”。

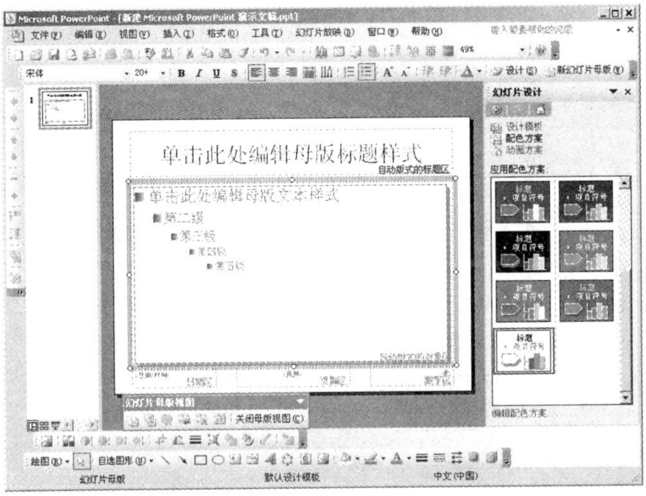

图 8.39　更改了项目符号的界面

(15) 分别选中“日期区”、“页脚区” 和 “数字区” 所在的文本框，按 “Delete” 键将其删除。

(16) 选择“单击此处编辑母版标题样式”所在的本文框。利用“格式”工具栏上的“字体”及“字号”下拉列表，将字体设置为“华文行楷”，字号为“48”；拖动文本框四周的控制点，调整本文框到合适的尺寸，此时幻灯片母版将变成如图 8.40 所示。

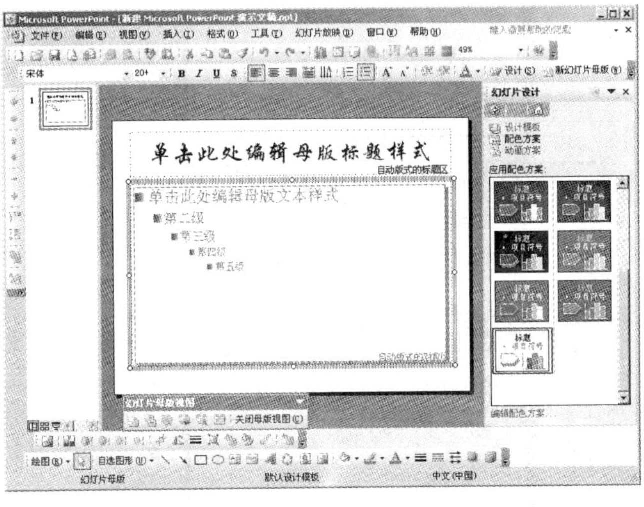

图 8.40　更改完设置的幻灯片母版

(17) 单击“幻灯片母版视图”工具栏上的“插入新标题母版”按钮，此时在母版中会插入一张标题母版幻灯片，此标题母版自动与原来存在的母版幻灯片创建关联，并且继承了部分格式，如图 8.41 所示。

(18) 选中“单击此处编辑母版副标题样式”所在的本文框，将字体设置为“华文行楷”，字号为“36”；拖动四周的控制点，调整本文框的大小，并将此文本移到“单击此处编辑母版标题样式”所在本文框的上方，如图 8.42 所示。

(19) 选择“插入”→“图片”→“剪贴画”命令，打开“剪贴画”任务窗格，如图 8.43 所示。

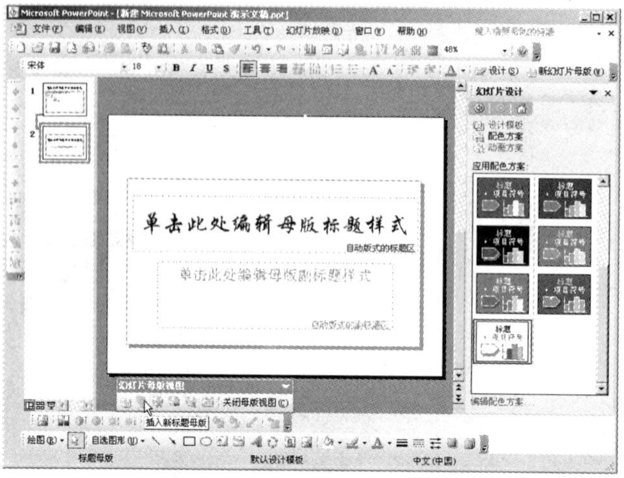

图 8.41　插入新标题母版幻灯片后的界面

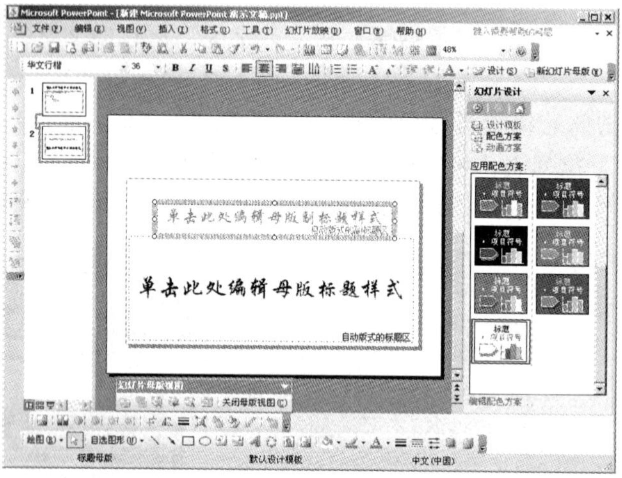

图 8.42　设置标题母版的格式

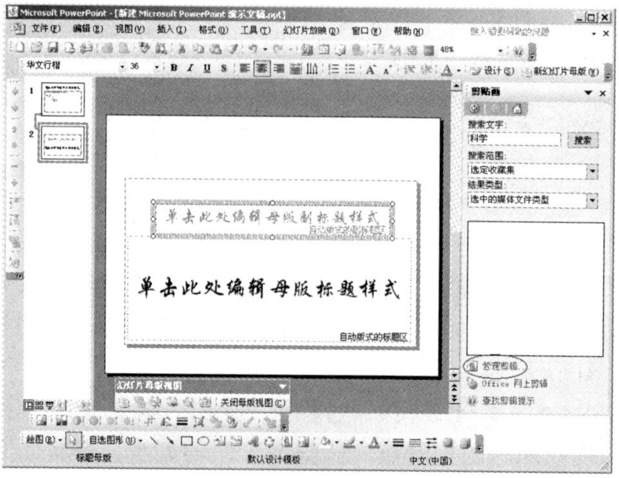

图 8.43　“剪贴画”任务窗格

（20）在“剪贴画”任务窗格中选择“管理剪辑”命令，弹出“我的收藏集 - Microsoft

剪辑管理器”窗口，如图 8.44 所示。

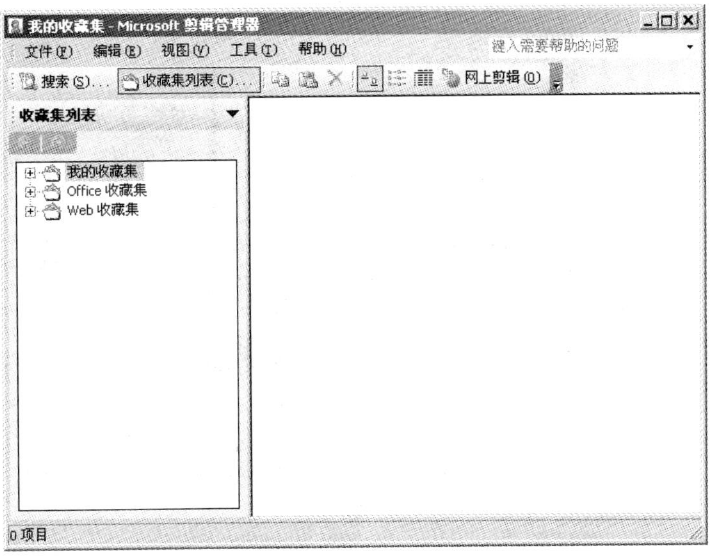

图 8.44 “我的收藏集 Microsoft 剪辑管理器”窗口

(21) 单击“Office 收藏集”左侧的“+”，展开“Office 收藏集”文件夹，再单击“科技”左侧的“+”，选择它下面的“计算”，此时在右边窗格中就会出现此文件夹中的所有图片，单击要插入图片右边的向下箭头，弹出下拉列表，如图 8.45 所示。

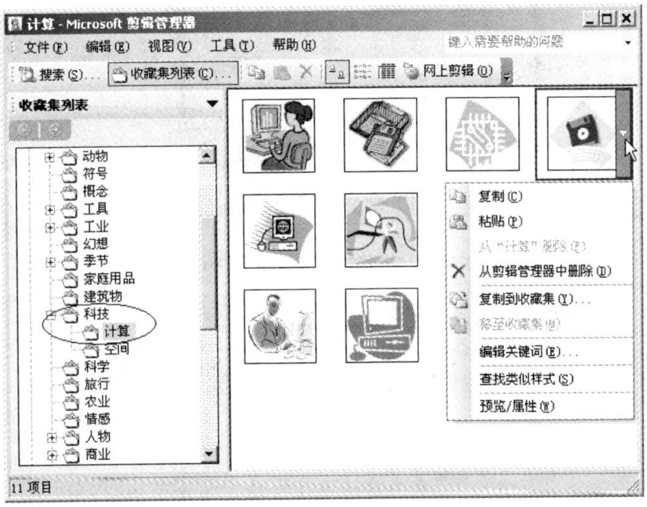

图 8.45 插入剪贴画的下拉列表

(22) 在其中选择“复制”命令，然后切换回 PowerPoint 窗口（注意：不要关闭“Microsoft 剪辑管理器”窗口，后面还会再用到)，选择“编辑”→“粘贴”命令，即可在幻灯片中插入所选的剪贴画，如图 8.46 所示。

(23) 单击新插入的剪贴画，拖动四周的控制点，调整其大小，并将它移至屏幕的右下角，如图 8.47 所示。

(24) 到此，幻灯片母版就编辑完成了。单击“幻灯片母版视图”工具栏上的“关闭母版视图”按钮，返回到幻灯片的普通视图，如图 8.48 所示。

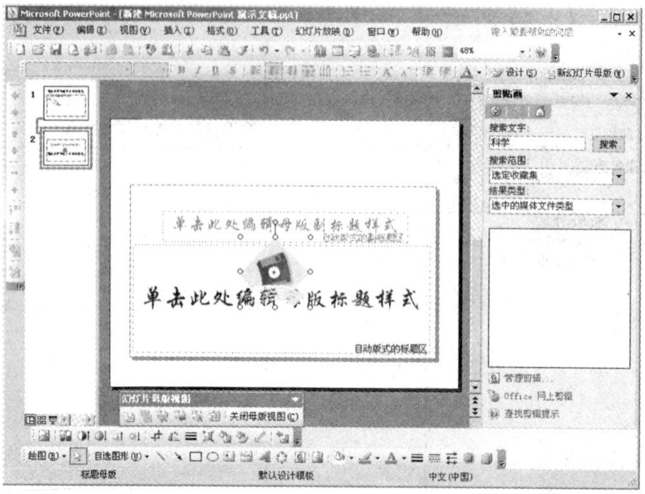

图 8.46　插入所选的剪贴画

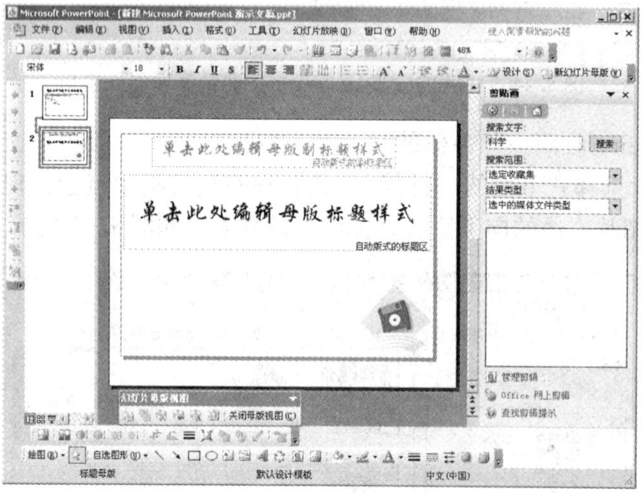

图 8.47　调整剪贴画的大小和位置

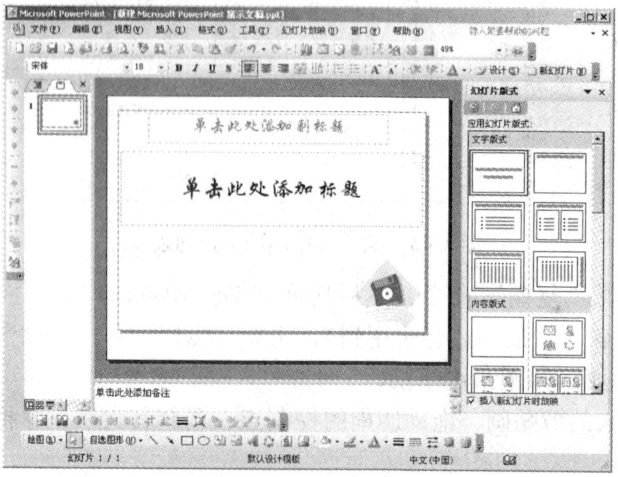

图 8.48　幻灯片普通视图下的效果

习题 8

一、问答题

1. 如何在已建演示文稿中使用设计模板，来改变演示文稿中各张幻灯片的外观？

2. 在新建演示文稿时，如何使用设计模板？

3. 演示文稿设计模板和演示文稿内容模板有何相同点和不同点？如何使用演示文稿内容模板创建演示文稿。

4. 在创建演示文稿的过程中，幻灯片母版有何作用？

5. 如何使用幻灯片母版格式化幻灯片中的标题文本和正文文本？

6. 如何使用幻灯片母版给演示文稿中的幻灯片增加页眉页脚？改变页眉页脚在幻灯片中的位置，以及改变页眉页脚文本的字体、字号和颜色？

7. 如何给演示文稿中的幻灯片增加编制日期与编号？

8. 给演示文稿中的全部幻灯片增加统一的图形应如何进行操作。

9. 如何选择演示文稿的配色方案？

10. 如何更改演示文稿的配色方案？

二、选择题

1. 在演示文稿中使用设计模板时，一个演示文稿中的幻灯片________。

A. 只能使用同一种设计模板　　B. 最多可使用不超过两种设计模板

C. 每张幻灯片可以使用一种设计模板　　D. 以上 3 种说法都不正确

2. 使用幻灯片母版设计好统一格式后，如果再给某张幻灯片设置设计模板，则使用设计模板幻灯片中的字体格式会________。

A. 继续保持母版的格式　　B. 使用设计模板的格式

C. 使用内容模板的格式　　D. 以上说法都不正确

3. 如果要给演示文稿的幻灯片增加页码，正确的操作方法为________。

A. 在“页眉和页脚”对话框选中，选中“幻灯片编号”复选框

B. 进入幻灯片母版编辑状态，在“数字区”输入数字

C. 先执行选项 A，然后执行选项 B

D. 选项 B 是正确的操作方法

4. 在幻灯片母版编辑状态，下面操作方法中正确的是________。

A.“日期区”的内容可以在幻灯片中任意移动位置

B.“页角区”的内容不能移动位置

C. 可以使用水平或垂直“文本框”按钮，在母版中添加文本内容

D. 以上 3 种说法都正确

5. 下面关于编辑幻灯片设计模板的说法中，正确的是________。

A. 可以更改某张幻灯片的设计模板

B. 不能更改某张幻灯片的设计模板

C. 使用“格式刷”能够去除幻灯片中使用的设计模板

D. 在幻灯片中使用设计模板后，将无法去除使用的设计模板

三、判断题

1. 自己设计的幻灯片母版，对演示文稿中已使用设计模板的幻灯片无效。(　　)

2. 对已做好的演示文稿不能使用内容模板。(　　)

3. 在幻灯片中加入时间时，只能添加固定的时间，而不能添加自动更新的时间。(　　)

4. 配色方案是预设幻灯片中的背景、文本、填充、阴影等色彩的组合，根据需要可以更改配色方案中的颜色。(　　)

5. 选中一张没有使用设计模板的幻灯片后，单击“格式刷”按钮，再单击已使用设计模板的幻灯片，可以去除幻灯片中的设计模板。(　　)

6. 通过编辑幻灯片母版，可以直接添加幻灯片的编号。(　　)

上机实习 8

1. 启动 PowerPoint 2003，打开文件名为“PP2”的演示文稿，并进入幻灯片普通视图中。

2. 进入幻灯片母版编辑状态，完成如下操作。

(1) 将幻灯片母版标题区中的文本设置成字体为“黑体”，字号为“48”，显示效果为“倾斜”，文本颜色为“橘红色”。

(2) 设置幻灯片母版正文区中的文本格式：字体为“宋体”，字号为“32”，颜色为“蓝色”。

(3) 给幻灯片添加页眉：“自学式多元媒体教材设计”，并移至母版的右上角。

(4) 给幻灯片添加编制日期“2008 年 8 月 8 日”，并移至幻灯片母版的左上角。

(5) 给幻灯片添加编号 01－1、01－2、01－3、…。

(6) 在幻灯片母版中插入一张你自己喜欢的剪贴画或自己设计的图形，移至幻灯片母版的左下角。

3. 退出幻灯片母版编辑状态，返回到幻灯片普通视图中。

4. 为演示文稿中的第一张幻灯片，选择一种新的配色方案。

5. 将演示文稿用原文件名保存到原文件夹中，退出 PowerPoint 2003。

第 9 章　演示 PowerPoint 文档

做完演示文稿的全部幻灯片以后，下一步是如何进行幻灯片的放映和展示。本章将给大家介绍如何设置幻灯片的放映。

9.1　幻灯片的放映

9.1.1　基本放映控制

1. 进入幻灯片放映视图

进入幻灯片放映视图有如下几种方法：

- 单击视图切换工具栏中的“幻灯片放映”按钮 。
- 选择“幻灯片放映”→“观看放映”命令。
- 按键盘上的“F5”键。

2. 播放幻灯片

当进入幻灯放映视图以后，可以采用如下几种方法播放幻灯片。

(1) 每单击鼠标左键一次，向前播放一张幻灯片。

(2) 按一次键盘上的↑键，向前播放一张幻灯片；按一次↓键，向后播放一张幻灯片。

(3) 按键盘上的其他键播放幻灯片。例如，按→键或空格键，可以向前播放幻灯片；按←键或退格键，可以向后播放幻灯片。

要了解更多有关幻灯片放映的信息，当进入幻灯片放映视图后，按键盘上的“F1”键，弹出一个“幻灯片放映帮助”信息框，如图 9.1 所示。

3. 控制幻灯片的放映

1) 使用快捷菜单

在幻灯片的放映过程中采用如下方法可以弹出一个快捷菜单，用快捷菜单中的命令可实现对幻灯片的控制。在播放演示文稿时，新的精巧而典雅的“幻灯片放映”工具栏，可让用户方便地进行幻灯片放映导航。此外，常用的幻灯片放映任务也被简化。在播放演示文稿期间，“幻灯片放映”工具栏令用户可方便地使用墨迹注释工具、笔和荧光笔选项及“幻灯片放映”菜单，但是工具栏并不会引起观众的注意。

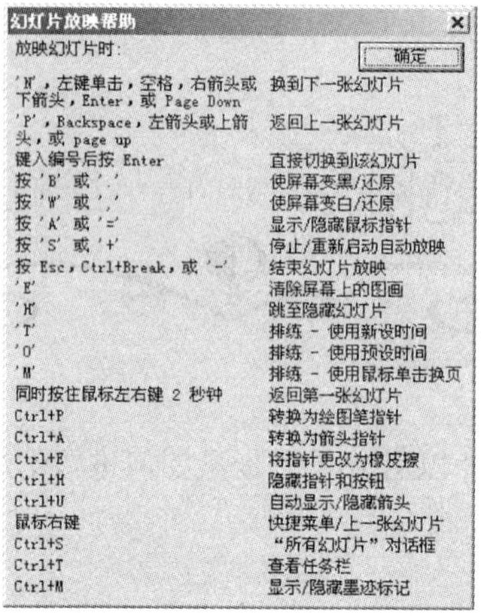

图 9.1 “幻灯片放映帮助”信息框

- 晃动一下鼠标，在屏幕左下角出现一排按钮。单击第 3 个按钮，将弹出一个快捷菜单，如图 9.2 所示。
- 在窗口内单击鼠标右键，弹出一个快捷菜单，如图 9.3 所示。

图 9.2 打开控制幻灯片放映的快捷菜单

图 9.3 用单击右键的方法打开快捷菜单

2）放映特定的幻灯片

打开图 9.3 所示的控制幻灯片放映的快捷菜单以后，选择“下一张”命令，将向前播放一张幻灯片；选择“上一张”命令，将向后播放一张幻灯片。选择“定位至幻灯片”命令，将弹出其子菜单，子菜单中包含“幻灯片漫游”。根据需要选择其中的选项，例如选择“幻灯片漫游”项，弹出如图 9.4 所示的“幻灯片漫游”菜单。在其中显示出当前演示文稿中的全部幻灯片，选中任意一张幻灯片，单击，则开始放映所选中的幻灯片。

4. 用绘图笔描绘手画线

在给观众展示演示文稿的过程中，有时需要对幻灯片中的内容给以强调说明。你可以对需要强调的对象（如文字、图形或剪贴画）添加手画线。其操作方法如下：

（1）在幻灯片的放映过程中，单击鼠标右键，弹出控制幻灯片放映的快捷菜单。

（2）选择快捷菜单中的“指针选项”命令，弹出子菜单如图 9.5 所示。在子菜单中选择“圆珠笔”命令，光标变成了点的形状。

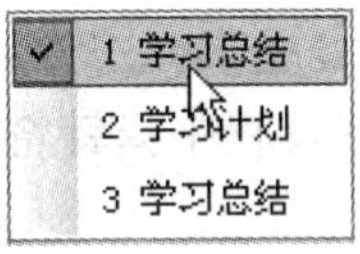

图 9.4 “幻灯片漫游”菜单

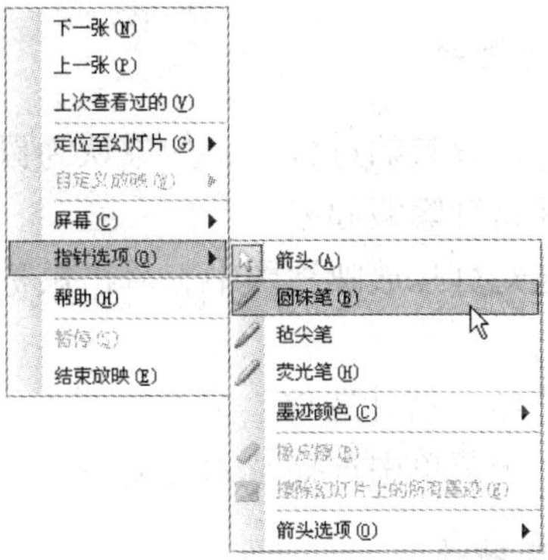

图 9.5 “指针选项”子菜单

(3) 把笔形状的光标移到幻灯片中需要添加手画线的地方，按下左键并拖动鼠标。如图 9.6 所示是使用绘图笔在“星期一：第1章概述”下方画出的一条直线。

图 9.6　用绘图笔绘制手画线

(4) 同时按下鼠标左键和键盘上的“Shift”键，然后拖动鼠标可画出水平或垂直的直线。

(5) 结束描绘手画线以后，在视图中单击鼠标右键，弹出如图 9.3 所示的快捷菜单。选中“指针选项”命令，在弹出的子菜单中选择“箭头”项，恢复光标的形状。

如果希望改变手画线的颜色，按如下方法操作。

(1) 在幻灯片放映视图中单击鼠标右键，弹出控制幻灯片放映快捷菜单。

(2) 在快捷菜单中选择“指针选项”命令，在弹出的子菜单中选择“墨迹颜色”命令，然后在弹出的颜色列表中选择一种需要的颜色。

用绘图笔画出的手画线，只出现在当前幻灯片的放映过程中，当再次放映该幻灯片时，绘图笔所画的手画线将自动取消。如果希望立即取消当前幻灯片中所画的手画线，可按如下方法和步骤操作。

(1) 在幻灯片的放映视图中，单击鼠标右键，弹出控制幻灯片放映的快捷菜单。

(2) 在快捷菜单中选择“屏幕”项，在弹出的子菜单中选择“擦除笔迹”命令，用绘图笔所画的手画线将从屏幕上消失。

5. 隐藏指针

在幻灯片放映的过程中，如果认为鼠标指针影响幻灯片的播放效果时，可以采用下面的方法将鼠标指针隐藏起来。

（1）在幻灯片放映视图中，单击鼠标右键，弹出控制幻灯片放映的快捷菜单，如图 9.3 所示。

（2）选择“指针选项”命令，弹出子菜单如图 9.5 所示。

（3）在子菜单中选择“永远隐藏”命令，在幻灯片放映过程中指针将不会出现。

6. 结束放映

结束放映的具体步骤如下：

（1）在幻灯片放映过程中，可以随时退出幻灯片的放映。单击鼠标右键，弹出控制幻灯片放映的快捷菜单，如图 9.3 所示。

（2）选择快捷菜单中的“结束放映”命令，可退出幻灯片的放映。

7. 放映控制设置

有些情况下，在幻灯片放映过程中单击鼠标右键时，并没有看见弹出控制放映的快捷菜单。此时，应按如下的方法操作。

（1）在幻灯片视图中，选择“工具”→“选项”命令，弹出如图 9.7 所示的“选项”对话框。

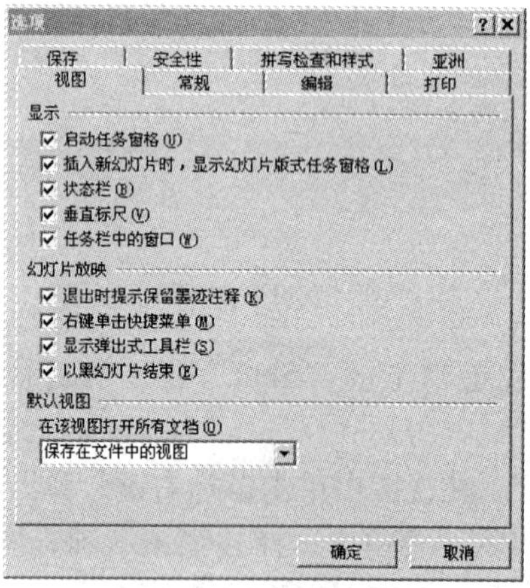

图 9.7 “选项”对话框

（2）切换到“视图”选项卡，在“幻灯片放映”选项组中有 3 个复选框。

选中“右键单击快捷菜单”复选框，可以在幻灯片放映的过程中实现单击右键，弹出控制幻灯片放映的快捷菜单。否则，当取消选中此复选框时，在幻灯片放映过程中单击鼠标右键，倒退到前一张已放映过的幻灯片中。

（3）选中“显示弹出式工具栏”复选框，在放映过程中晃动鼠标，在视图左下角出现一组按钮⇦ ／ ▭ ⇨，单击第 3 个按钮，可以打开快捷菜单。相反，若取消选中该复选框，弹出式按钮在放映过程中将不再出现。

（4）选中“以黑幻灯片结束”复选框，放映结束以后，将出现一张黑色的幻灯片。否则，若取消选中该复选框，放映结束后，将返回到幻灯片的其他视图中。

(5) 根据需要设置好各个复选框后，单击“确定”按钮。

9.1.2　隐藏幻灯片

有些情况下，希望演示文稿中的某些幻灯片不被放映，这时应将这些幻灯片隐藏起来。其操作方法如下：

(1) 单击视图切换工具栏中的“幻灯片浏览视图”按钮，进入幻灯片浏览视图，如图 9.8 所示。

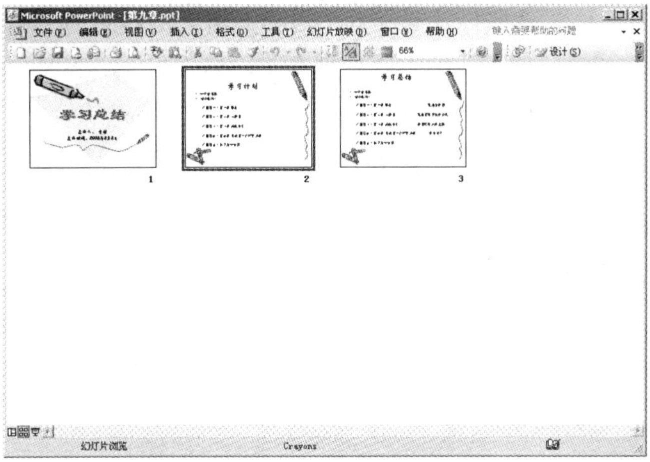

图 9.8　在浏览视图中选择幻灯片

(2) 单击需要隐藏的幻灯片，例如单击第 2 张幻灯片。若有多张幻灯片需要隐藏时，按键盘上的“Shift”键，依次单击所需隐藏的每张幻灯片。

(3) 单击格式工具栏中的“隐藏幻灯片”按钮，可以看到第 2 张幻灯片的标号 2 上显示了一个隐藏符号，如图 9.9 所示。此项操作也可以通过选择“幻灯片放映”→“隐藏幻灯片”命令来完成。

“隐藏幻灯片”命令具有开关性质，只要再次执行此命令，就可显示隐藏的幻灯片。

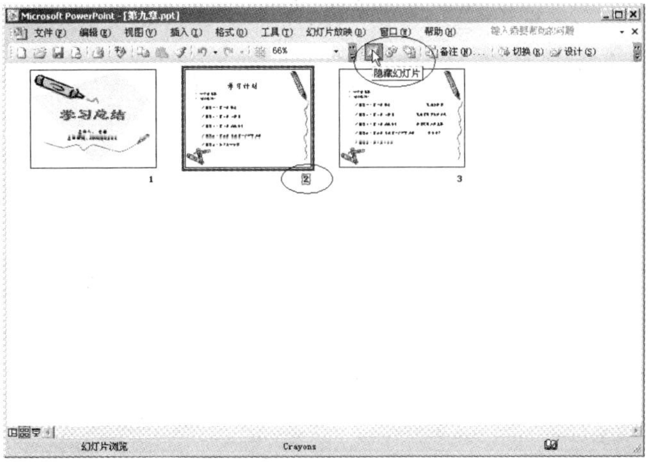

图 9.9　设置隐藏幻灯片

9.1.3 重排幻灯片的次序

重排幻灯片的次序时，根据重排的范围不同，应采用不同的方法。

1. 小范围内调整幻灯片的排列次序

其具体操作步骤如下：

（1）单击视图切换工具栏中的“幻灯片浏览视图”按钮，进入幻灯片浏览视图。

（2）把光标移到需要改变次序的幻灯片上，如第一张幻灯片，按下并拖动鼠标。此时，有一个代表幻灯片的虚线框随鼠标一起移动，当移至所需的位置时，出现一条竖直的放置线，如图 9.10 所示。例如，当竖直放置线出现在第二张幻灯片的右侧时，松开鼠标，则第一张幻灯片移到了第二张的位置。第二张幻灯片变成了第一张，其结果如图 9.11 所示。

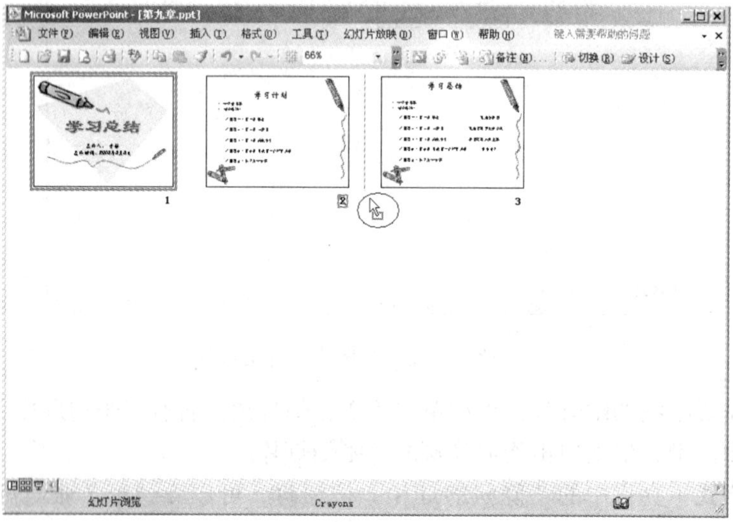

图 9.10 在浏览视图中移动幻灯片

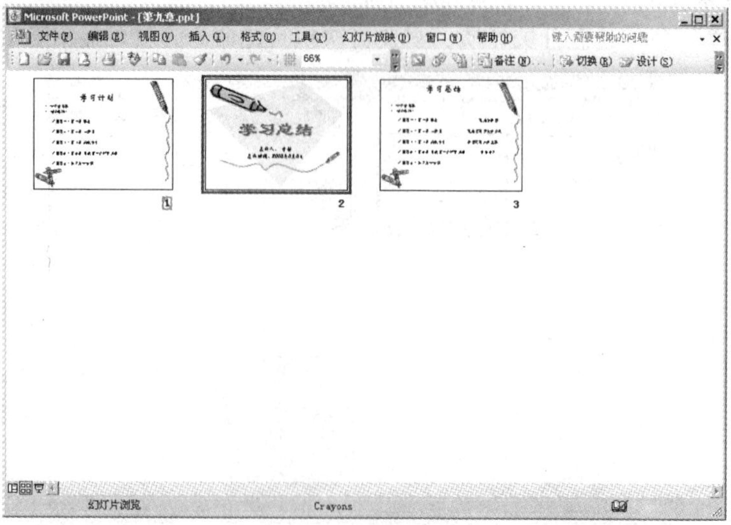

图 9.11 移动第一张幻灯片到第二张的位置

2. 大范围内调整幻灯片的次序

放映幻灯片时，有时需要大范围的调整其播放次序，例如在讲义型演示文稿中，有时可能需要先从第 2 章讲起，然后再讲第 1 章。这种情况下，我们可以采用自定义放映来改变幻灯片放映的次序。其操作的方法和步骤如下：

（1）选择“幻灯片放映”→“自定义放映”命令，弹出“自定义放映”对话框，如图 9.12 所示。

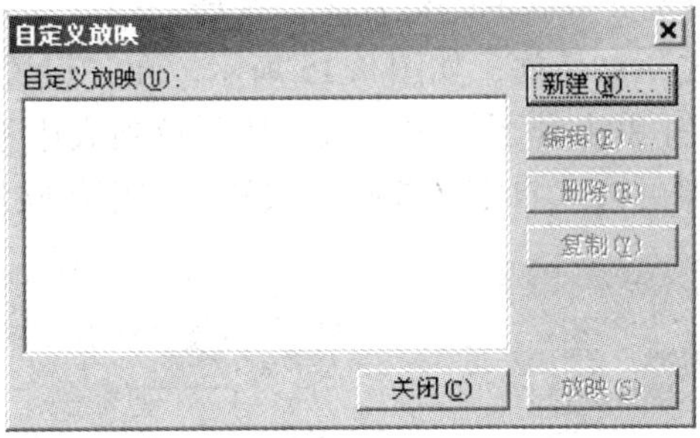

图 9.12　“自定义放映”对话框

（2）当第一次设置“自定义放映”时，单击对话框中的“新建”按钮，弹出“定义自定义放映”对话框，如图 9.13 所示。

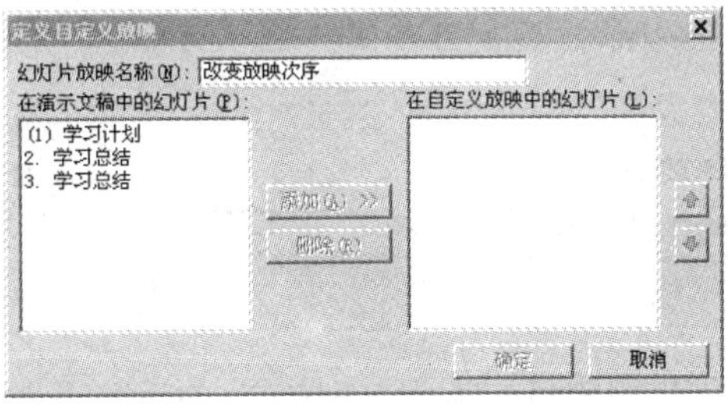

图 9.13　“定义自定义放映”对话框

（3）系统默认的自定义放映名为“自定义放映 1”，你可以输入一个新的名称或者采用系统的默认名。这里，输入的名称为“改变放映次序”。

（4）在对话框左侧的“在演示文稿中的幻灯片”框中，按次序显示出演示文稿中的全部幻灯片。首先将第二张幻灯片选中，单击“添加”按钮。第二张的幻灯片将出现在对话框右侧的“在自定义放映中的幻灯片”列表框中。同样地，再将第一张幻灯片添加到“在自定义放映中的幻灯片”列表框中。其操作效果如图 9.14 所示。

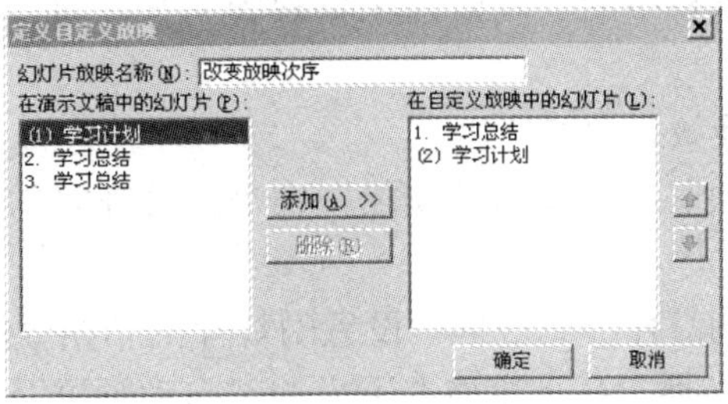

图 9.14　设置幻灯片的“自定义放映”

（5）其他操作。在图 9. 14 所示的对话框右侧的“在自定义放映中的幻灯片”列表框中，任意选中一张幻灯片后，单击对话框中的“向上”或“向下”箭头，可以改变自定义放映中的次序。选中对话框右侧的“在自定义放映中的幻灯片”列表框中的一张（或多张）幻灯片，单击“删除”按钮，可以将其从自定义放映中删除。

（6）单击“确定”按钮，返回图 9. 12 所示的“自定义放映”对话框。

（7）在“自定义放映”对话框中，若单击“放映”按钮，开始按自定义放映所设置的次序放映演示文稿；若单击“关闭”按钮，完成自定义放映的设置。

（8）需要放映已设置自定义放映的幻灯片时，选择“幻灯片放映”→“设置放映方式”命令，弹出“设置放映方式”对话框，如图 9. 15 所示。在“设置放映方式”对话框中选择“自定义放映”单选按钮，并单击其下三角按钮，从下拉列表中选择自定义放映的文件名，然后单击“确定”按钮，即可按“自定义放映”设置的次序放映演示文稿。

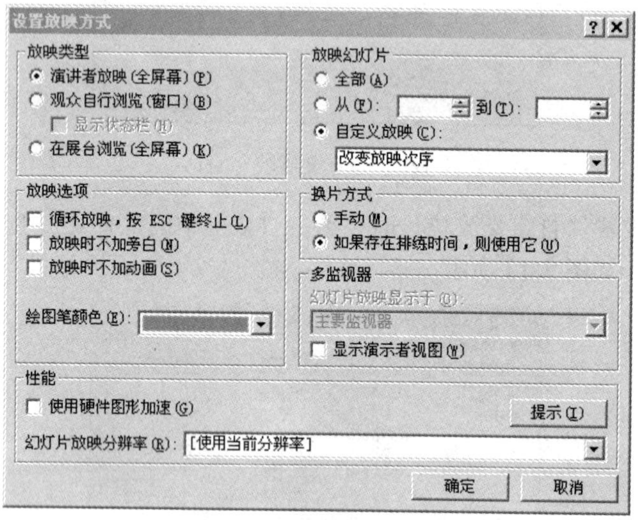

图 9. 15 “设置放映方式”对话框

9. 1. 4 设置幻灯片的切换效果

所谓幻灯片的切换效果，是指在幻灯片放映过程中结束上一张幻灯片，开始下一张幻灯片放映时所显示的一种视觉效果。在 PowerPoint 2003 中，幻灯片的切换效果可以设置多种不同的切换方式，如“垂直百叶窗”和“盒状展开”等。

设置幻灯片切换效果的操作方法如下：

（1）单击视图切换工具栏中的“幻灯片浏览视图”按钮，进入幻灯片浏览视图，如图 9. 16 所示。

（2）单击需要设置切换效果的幻灯片。

（3）选择“幻灯片放映”→“幻灯片切换”命令，打开“幻灯片切换”任务窗格，如图 9. 17 所示。

（4）在“应用于所选幻灯片”列表框中设置幻灯片的切换效果（例如，选择“盒状展开”）。如果选中“幻灯片切换”任务窗格左下方的“自动预览”复选框，每次选择某个效果时，就会自动预览切换效果。

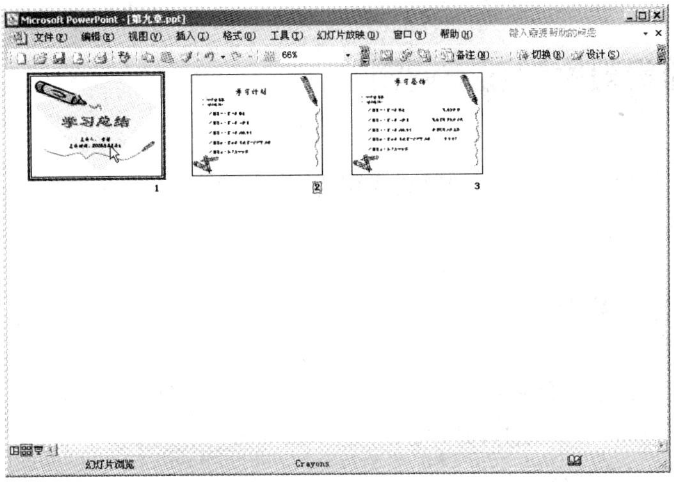

图 9.16　幻灯片浏览视图

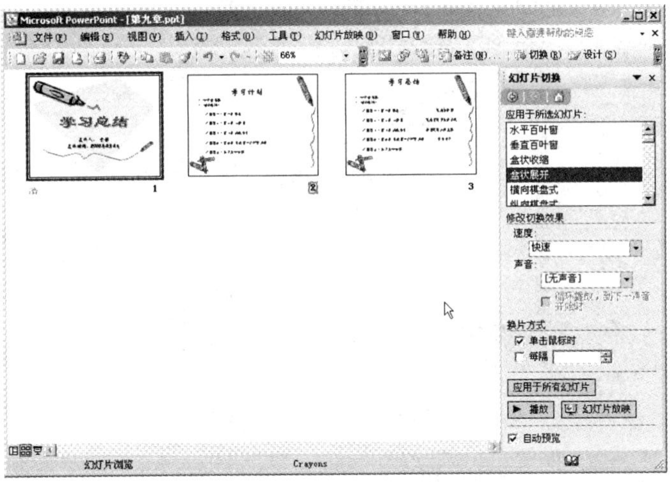

图 9.17　“幻灯片切换”任务窗格

此外，单击“播放”按钮，也可以预览切换效果；单击“停止”按钮，可以停止预览。

(5) 在“速度”下拉列表中可以设置幻灯片的切换速度。幻灯片的切换速度有“慢速”、“中速”和“快速”3 个选项，例如，选择“中速”。

(6) 单击“声音”框右侧下三角按钮，在弹出的下拉列表中选择幻灯片切换时的声音。这里，选择“鼓声”。

(7) 在“换片方式”选项组中有两个复选框，如果选中“单击鼠标时”复选框，放映时需通过单击鼠标换页；如果选中“每隔”复选框并在右侧的时间框中设置时间（例如，设置为 1 秒），则在放映时当前一张幻灯片停留几秒后，自动开始切换第二张幻灯片。这里，选中“单击鼠标时”复选框。

(8) 如果想使设置的内容应用于演示文稿的全部幻灯片，单击“应用于所有幻灯片”按钮。如果想使各张幻灯片有不同的切换效果，选择下一张幻灯片，重新设置其切换效果。

(9) 幻灯片的切换效果设置完成后，单击视图切换工具栏中的“幻灯片放映”按钮，观看设置的切换效果。

9.2 设置幻灯片的动画效果

为了使幻灯片的放映更加生动和更具吸引力，可以给幻灯片中的标题、正文和图片等各种对象增加动画效果。

9.2.1 设置预设动画

设置预设动画效果的具体操作步骤如下：

(1) 进入普通视图，选中幻灯片中的对象（如标题、正文或图形等）。这里，选中幻灯片中的标题，如图 9.18 所示。

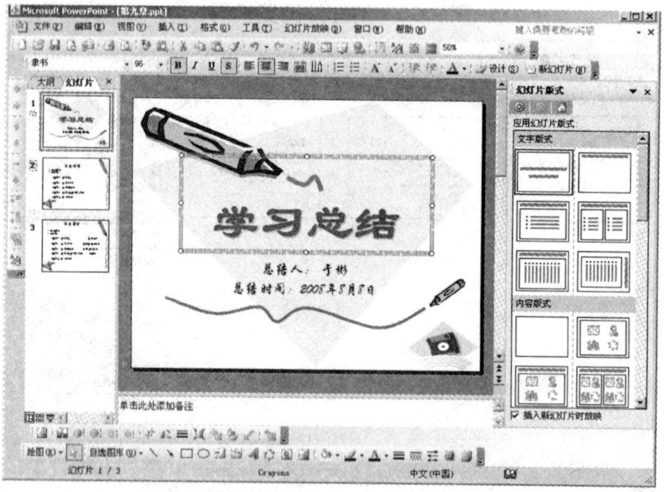

图 9.18 选中幻灯片中的标题

(2) 选择“幻灯片放映”→“动画方案”命令，打开“幻灯片设计－动画方案”任务窗格，如图 9.19 所示。选择需要的动画效果，如选择“回旋”效果。

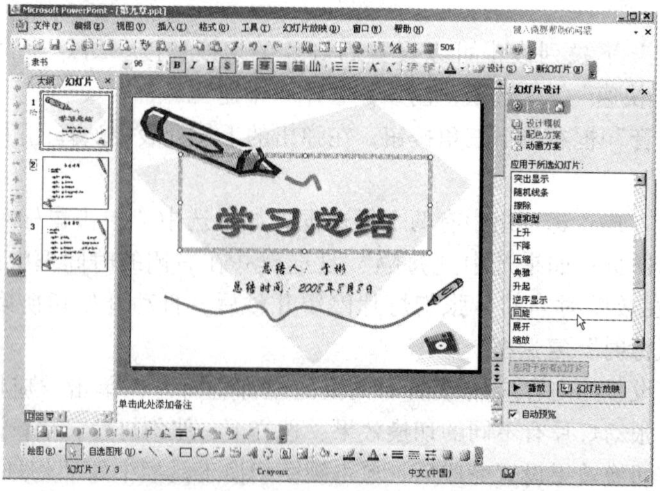

图 9.19 用“幻灯片放映”菜单设置动画效果

(3) 单击视图切换工具栏中的“幻灯片放映”按钮，可以观看所设置的动画效果。

(4) 仿照上述步骤，选中幻灯片中的不同对象，为其设置动画效果。

9.2.2　设置自定义动画

除了使用预定义的动画方案外，还可以为幻灯片中的对象自定义动画方案，从而使幻灯片设计更具个性化。

为幻灯片应用自定义动画效果的基本操作方法如下：

(1) 在演示文稿文档中显示需要设置动画效果的幻灯片。

(2) 选择“幻灯片放映”→“自定义动画”命令，打开“自定义动画”任务窗格，如图 9.20 所示。

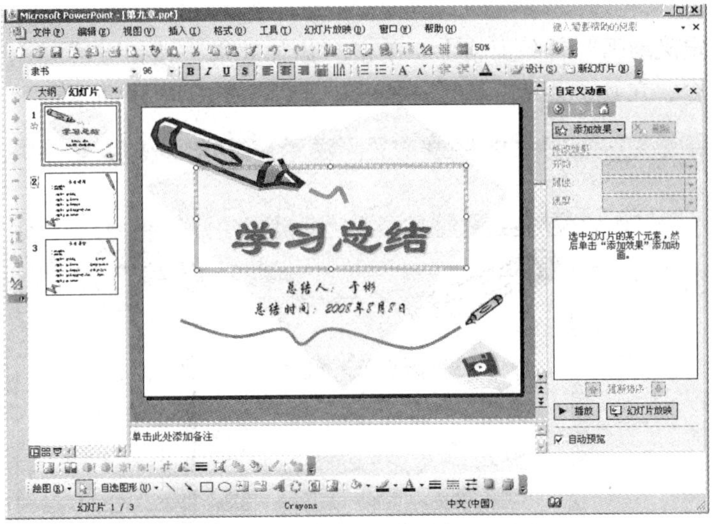

图 9.20　“自定义动画”任务窗格

(3) 在“自定义动画”任务窗格上，单击“添加效果”按钮，打开动画效果下拉菜单，在其中选择所需的动画效果。

(4) 进行动画设置后，添加了动画效果的对象左上角都有一个编号，它代表动画登场的顺序。

(5) 如果想要删除某个对象的动画效果，单击该对象前的编号（选中后的编号高亮显示），然后单击“自定义动画”任务窗格中的“删除”按钮。

(6) 在“修改效果”选项组中打开“开始”下拉列表，在其中可选择该对象在幻灯片中的播放效果顺序。

(7) 在“修改效果”选项组中打开“属性”下拉列表，在其中可选择动画的属性。

(8) 在“修改效果”选项组中打开“速度”下拉列表，在其中可选择动画运动时的速度。

(9) 如果要更改幻灯片中各动画的执行顺序，先在“自定义动画”任务窗格中选中要改变顺序的对象。如果要向前改变对象的动画顺序，单击“重新排序”左边的按钮；否则，如果要向后改变对象的动画顺序，单击其右边的移此按钮。

（10）在“自定义动画”任务窗格中单击“播放”按钮，在 PowerPoint 窗口工作区的幻灯片将播放选中的动画效果。在动画进行期间，“播放”按钮变成了“停止”按钮，如果要停止播放，单击“停止”按钮即可。当动画效果播放完毕，“停止”按钮又变回“播放”按钮。

（11）单击“幻灯片放映”按钮，开始从当前幻灯片开始放映演示文稿。

上面讲述了设置动画的大致过程，具体的方法将在下面详细说明。

1. 添加动画进入效果

进入效果指的是对象以何种方式出现在屏幕上。例如，百叶窗式、弹跳式或飞人屏幕等。其具体添加动作效果的操作步骤如下：

（1）显示需要设置动画效果的幻灯片。

（2）在幻灯片视图中，选择“幻灯片放映”→“自定义动画”命令，打开“自定义动画”任务窗格。

（3）在“自定义动画”任务窗格上，单击“添加效果”按钮，打开下拉菜单。选择“进入”命令，在其子菜单上选择一种效果即可，如图 9. 21 所示。

图 9. 21 “添加效果”下拉菜单中的“进入”命令

（4）如果选择其他效果，可选择其子菜单上的“其他效果”命令，打开“添加进入效果”对话框，如图 9. 22 所示。

在其中选择一种效果，然后单击“确定”按钮，就将该效果应用于幻灯片中选择的对象。这时，“自定义动画”任务窗格中显示出该效果的设置，而且在幻灯片窗格中的幻灯片对象上显示动画效果标记，如图 9. 23 所示。

注意

显示在自定义动画列表中的效果按应用的顺序从上到下排列在幻灯片上播放动画的项目会标注上非打印编号标记，该标记对应于列表中的效果，且在幻灯片放映视图中不显示。

（5）如果更改动画效果的开始方式，可以打开“开始”下拉列表，然后在其中选择一种即可。其中，各选项的说明如下。

图 9.22　“添加进入效果”对话框

图 9.23　设置动画效果

- “单击时”：选择此选项，则当幻灯片放映到动画效果序列中该动画效果时，单击鼠标左键就开始以动画形式显示幻灯片中的对象；否则，将一直停在此位置以等待用户单击来触发。
- “之前”：选择此选项，则该动画效果和幻灯片的动画效果序列中的前一个动画效果同时发生，这时其序号将和前一个用单击来触发的动画效果的序号相同，如图 9.24 所示。
- “之后”：选择此选项，则该动画效果将在幻灯片的动画效果序列中的前一个动画效果播放完时发生，这时其序号和前一个用单击来触发的动画效果的序号相同。

注意

如果使用“自定义动画”任务窗格中的“播放”按钮来预览幻灯片的动画，则不需要通过单击触发动画序列。

(6) 在“方向”下拉列表中选择动画效果的方向。根据动画效果的不同，该下拉列表

图 9.24 幻灯片序号

也随之发生变化。

（7）在“速度”下拉列表中选择播放动画效果的速度。

设置完后可以单击“播放”按钮 ▶播放 和“幻灯片放映”按钮 幻灯片放映 来预览动画效果。

2. 添加动画的强调效果

强调效果指的是向幻灯片中的文本或对象添加特殊效果，这种效果是为了向观众突出显示选中的文本或对象。例如，放大/缩小、更改字号、更改字形等。如果要设置对象的强调效果，其具体操作步骤如下：

（1）选定要设置强调效果的对象。

（2）选择“幻灯片放映”→“自定义动画”命令，打开“自定义动画”任务窗格。

（3）单击“添加效果”按钮，打开下拉菜单，选择“强调”命令，在其子菜单上选择一种效果，如图 9.25 所示。

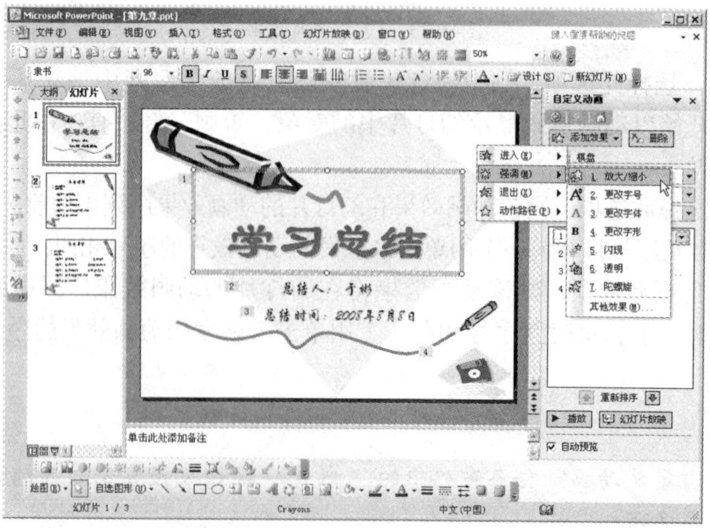

图 9.25 “添加效果”中的“强调”命令

(4) 单击所需的效果，使其应用到幻灯片中。如果需要其他效果，选择“其他效果”命令，打开“添加强调效果”对话框，如图 9.26 所示。在其中单击所需要的效果，单击“确定”按钮。如果要预览选中的动画效果，选中“预览效果”复选框。

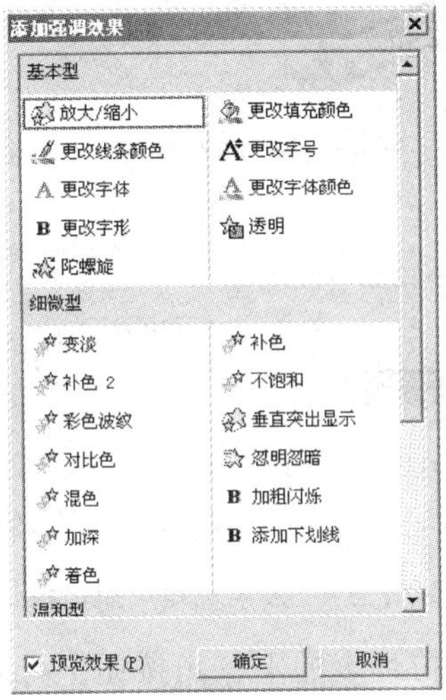

图 9.26 “添加强调效果”对话框

(5) 有些效果需要用户来设置属性，而且需要设置的属性随动画效果的不同而不同。例如，选择“放大/缩小”效果，“属性”框自动变成“尺寸”框，单击“尺寸”框右边的下三角按钮，打开一个“尺寸”下拉列表，可以选择文本或对象放大/缩小效果后的尺寸，如图 9.27 所示。

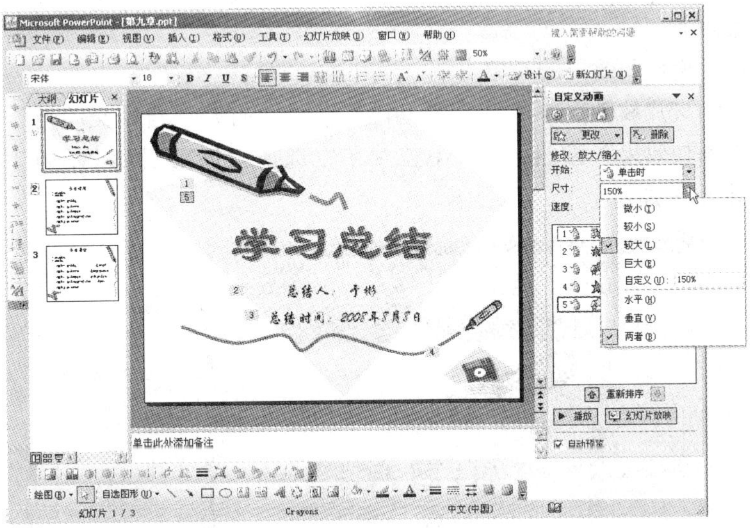

图 9.27 “属性”框自动变成“尺寸”框

(6) 单击“速度”右边的下三角按钮，打开“速度”下拉列表，选择动画运行的速度。

(7) 在“自定义动画”列表框中选择要设置动画效果的对象，单击右边的下三角按钮，在打开的下拉菜单中选择“效果选项”命令，弹出“效果选项”对话框，如图 9.28 所示。

(8) 切换到“效果”选项卡，在“增强”选项组中单击“声音”下三角按钮，打开一个下拉列表，可从中选择伴随对象动画效果的声音。

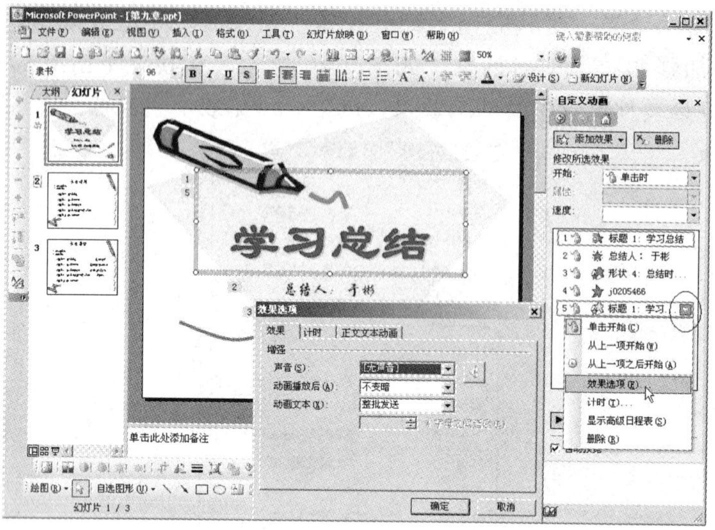

图 9.28 “效果选项”对话框

（9）单击“动画播放后”下拉列表的下三角按钮，打开一个下拉列表，在其中列出了各种播放动画以后的效果，可以选择需要的选项。

（10）单击“确定”按钮，即可应用选定的动画效果。

3. 添加动画的退出效果

退出效果指的是向幻灯片中的文本或对象添加效果，使其在某一时刻离开幻灯片。其具体与进入效果的过程正好相反，它可以使幻灯片动画更加完整。如果要设置对象退出效果，其具体操作步骤如下：

（1）选定要设置强调效果的对象。

（2）选择“幻灯片放映”→“自定义动画”命令，打开“自定义动画”任务窗格。

（3）单击“添加效果”按钮，打开下拉菜单，选择“退出”命令，在其子菜单上选择一种效果，如图 9.29 所示。

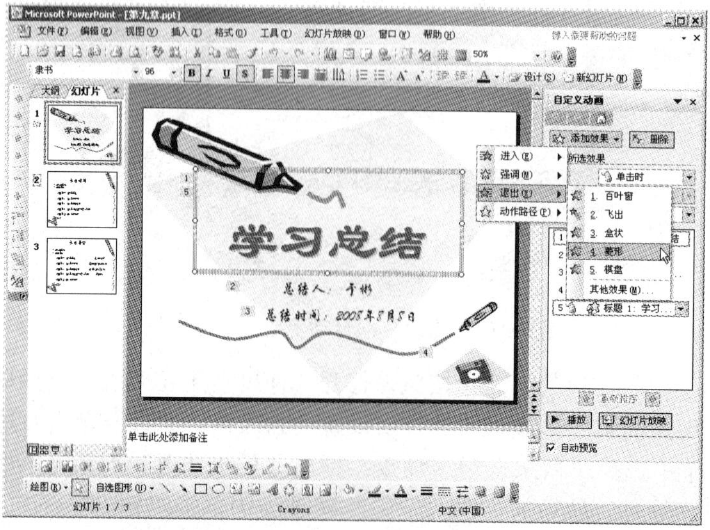

图 9.29 “添加效果”中的“退出”命令

（4）单击所需的效果，使其应用到幻灯片中。如果需要其他效果，选择“其他效果”命令，打开“添加退出效果”对话框，如图 9.30 所示，在其中单击所需要的效果，单击“确定”按钮。如果要预览选中的动画效果，选中“预览效果”复选框。

（5）有些效果需要用户来设置属性，而且需要设置的属性随动画效果的不同而不同。例如，选择“劈裂”效果后，“属性”框自动变成“方向”框，单击“方向”框右边的下三角按钮，打开一个下拉列表，可以在其中选择退出效果的运行方向。

（6）单击“速度”右边的下三角按钮，打开“速度”下拉列表，可以在其中选择动画运行的速度。

（7）在“自定义动画”列表框中选择要设置动画效果的对象，单击右边的下三角按钮，在打开下拉菜单中选择“效果选项”命令，打开“效果选项”对话框，对话框的名称与对象的动画效果名称相同。

（8）切换到“效果”选项卡，在“增强”选项组中，单击“声音”下三角按钮，打开一个下拉列表，可从中选择伴随对象动画效果的声音。

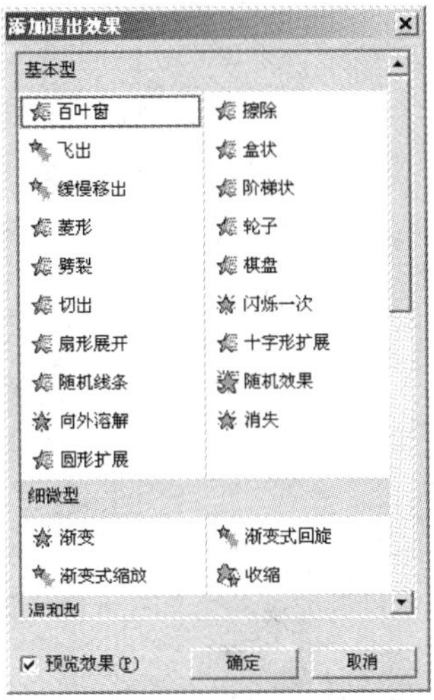

图 9.30　“添加退出效果”对话框

（9）单击“动画播放后”下拉列表的下三角按钮，打开一个下拉列表，在其中列出了各种播放动画以后的效果，可以选择需要的选项。

（10）单击“确定”按钮，即可应用选定的动画效果。

4. 添加与修改动作路径

1）添加动作路径

在 PowerPoint 2003 中新增了“动作路径”动画效果，它可以使选定的对象按照某一条定制的路径功能运行而产生动画。“动作路径”加上“效果选项”功能，就能够产生丰富的动画效果。设置对象的动作路径，其具体操作步骤如下：

（1）选定要设置强调效果的对象。

（2）选择“幻灯片放映”→“自定义动画”命令，打开“自定义动画”任务窗格。

（3）单击“添加效果”按钮，打开下拉菜单，选择“动作路径”命令，在其子菜单上选择一种效果，如图 9.31 所示。

（4）单击所需的路径，使其应用到幻灯片中。如果需要更多的动作路径，选择“其他动作路径”命令，打开“添加动作路径”对话框，如图 9.32 所示。在其中单击所需要的效果，单击“确定”按钮。如果要预览选中的动画效果，选中“预览效果”复选框。

（5）如果要创建自己的动作路径，则选择“绘制自定义路径”命令，打开其子菜单，选择要绘制路径的类型。绘制方法与前面讲过的绘制图形方法相同。值得注意的是，如果希望结束任意多边形或曲线路径并使其保持开放状态，可在热呢后时候双击；如果希望结束直线或自由曲线路径，释放鼠标按钮；如果希望封闭某个形状，在起点处单击。

2）修改动作路径

设置好的动作路径可以修改，以便于更符合整个幻灯片的风格。如果要修改设置好的动作路径，可执行下面一项或几项操作。

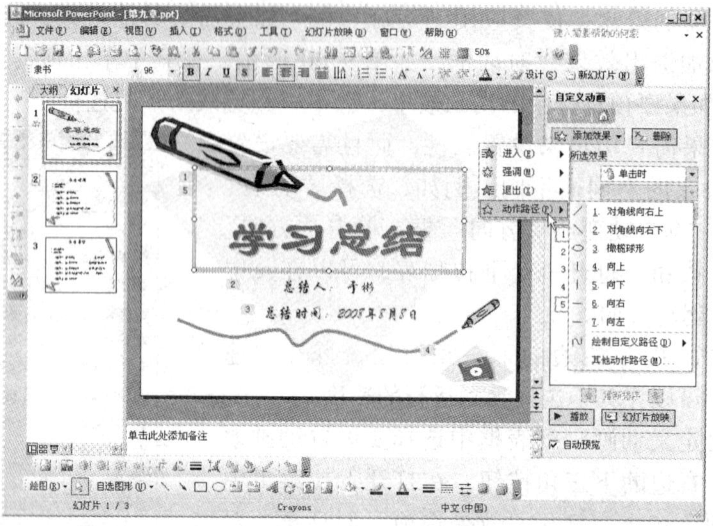

图 9.31 “添加效果”中的“动作路径”命令

图 9.32 “添加动作路径”对话框

（1）如果要移动路径的起点和终点。单击要修改的路径，在路径的两端出现控制点，用鼠标将起点或终点拖动到新的位置。当编辑曲线时，用鼠标右键单击动作路径，在弹出的快捷菜单中选择“退出节点编辑”命令。

（2）调整动作路径的大小。单击要修改的路径，在路径的两端出现控制点，将鼠标指针定位在一个控制点上，若要增加或减少一个或多个方向上的尺寸，在其方向上拖动鼠标即可。如果希望将路径的中心保持在原位置，在拖动时按住“Ctrl”键。如果要保持原比例，在拖动时按住“Shift”键。

（3）如果要移动动作路径，将鼠标指针放置在动作路径上直到指针变为带有箭头的“十”字形状，再将动作路径拖动到新的位置。

（4）要封闭开放的动作路径，用鼠标右键单击终点或起点，在弹出的快捷菜单中选择“关闭路径”命令。

（5）如果要反转动作路径，则在幻灯片上使用鼠标右键单击动作路径，在弹出的快捷菜单中选择“反转路径方向”命令。

5. 编辑动画效果

设置了动画效果后，还可以根据需要对其进行修改。

1）更改动画效果

除了按照前面添加动画效果的方法更改动画效果外，还可以在动画效果对话框中进行更改。其操作步骤如下：

（1）在普通视图中，打开要重新排序的动画演示文稿。

（2）选择“幻灯片放映”→“自定义动画”命令，打开“自定义动画”任务窗格。可以发现，动画效果在“自定义动画”列表框中按设置的顺序从上到下显示。在普通视图中，在幻灯片上显示播放动画的非打印编号标记，该标记对应于列表中的效果。

(3) 在“自定义动画”任务窗格中的列表框中，选择要移动的项目，并将其拖到列表框中需要的位置。此外，也可以通过单击按钮和按钮来调整动画的序列。

2）删除动画效果

在“自定义动画”任务窗格中选择要删除的动画效果，单击“删除”按钮，就可删除选定的动画效果。

9.3　其他设置

9.3.1　在演示文稿中添加声音和音乐

1. 在幻灯片中插入剪辑管理器中的声音

其具体操作步骤如下：

(1) 显示需要插入声音的幻灯片。

(2) 选择“插入”→“影片和声音”命令，弹出的子菜单如图 9.33 所示。

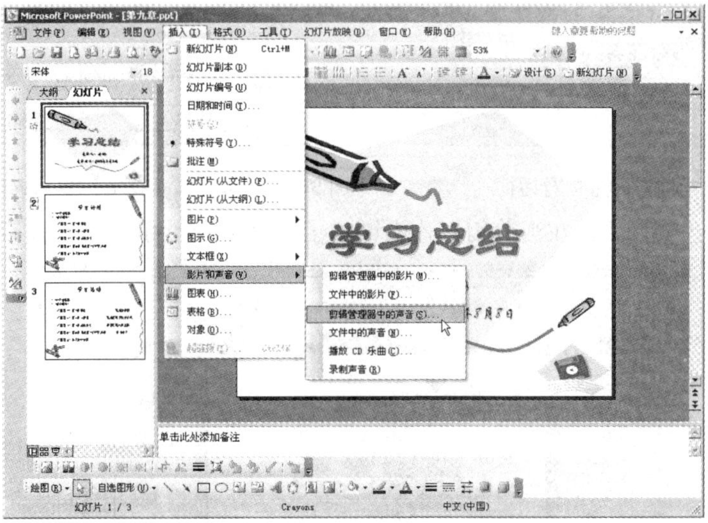

图 9.33　“影片和声音”子菜单

(3) 选择“剪辑管理器中的声音”命令，打开“剪贴画”任务窗格，如图 9.34 所示。

(4) 拖动滚动条以查找所需的声音，单击“声音”右边的下三角按钮，选择下拉列表中的“预览/属性”命令，在弹出的对话框中可播放声音试听，如图 9.35 所示。

(5) 单击“关闭”按钮，可关闭“预览/属性”对话框。选择好声音后，就将其添加到幻灯片中。此时，屏幕出现如图 9.36 所示的对话框。如果需要在幻灯片放映时自动播放声音，单击“是”按钮；否则，单击“否”按钮，即在幻灯片放映时，需要单击声音图标后才播放声音。

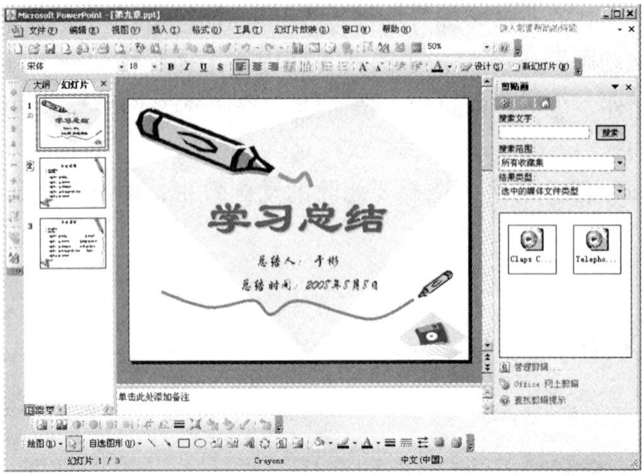

图 9.34 “剪贴画”任务窗格

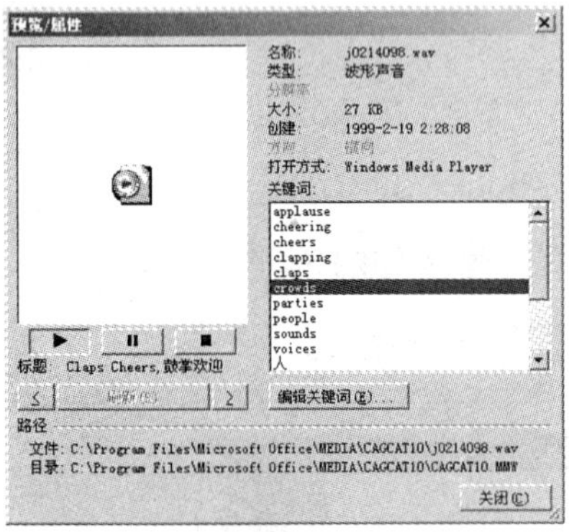

图 9.35 “预览/属性”对话框　　图 9.36 “Microsoft Office PowerPoint”对话框

（6）插入声音剪辑后，在当前幻灯片中增加了一个声音图标，如图 9.37 所示。

图 9.37 幻灯片中的声音图标

若要播放这段音乐或声音，可以将它设置为幻灯片显示时自动开始播放、单击鼠标时开始播放、带有时间延迟的自动播放或作为动画片段的一部分播放。如果要隐藏该图标，可以将它拖出幻灯片并将声音设置为自动播放。

该图标可以放大、缩小，还可以根据需要移到幻灯片中的任何位置。调整的方法与其他对象的调整方法相同。

2. 在幻灯片中插入声音文件

其具体操作步骤如下：

（1）重复插入剪辑管理器中声音的操作步骤（1）和步骤（2）。

（2）在子菜单中，选择“文件中的声音”命令，弹出如图 9.38 所示的对话框。在对话框中选择声音文件的文件夹和文件名后，单击“确定”按钮，弹出对话框如图 9.36 所示。如果单击“是”按钮，在幻灯片放映时会自动播放插入的声音。否则，在你单击鼠标时播放插入的声音。

图 9.38 “插入声音”对话框

3. 在幻灯片中插入 CD 音乐

其具体操作步骤如下：

（1）重复插入剪辑库中声音的操作步骤（1）和步骤（2）。

（2）在子菜单中，选择“播放 CD 音乐”，弹出如图 9.39 所示的对话框。在对话框中，选择乐曲的开始磁道（乐曲的序号）和开始位置（以时间计算），以及乐曲的结束磁道和结束位置。在图 9.39 中，我们选择从第二首音乐的第 26 秒开始，至第五首乐曲的第 30 秒结束。设置完成以后，单击“确定”按钮。

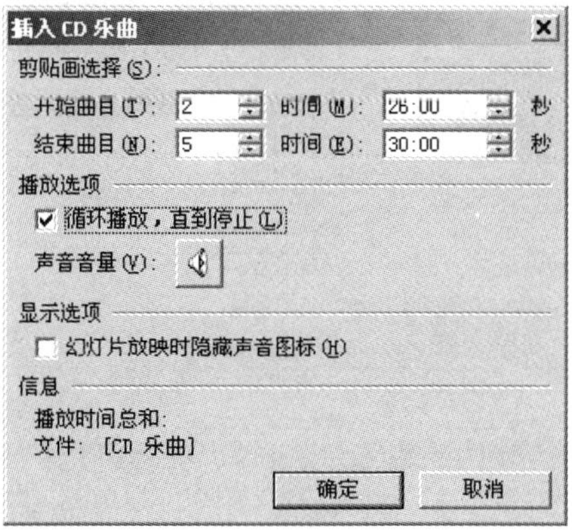

图 9.39 “插入 CD 乐曲”对话框

9.3.2 在幻灯片中添加影片

1. 在幻灯片中插入剪辑库中的影片

插入影片和插入声音相同，其具体操作步骤如下：

（1）显示需要添加影片的幻灯片。

（2）选择“插入”→“影片和声音”命令，弹出其子菜单。

（3）选择“剪辑管理器中的影片”命令，打开“剪贴画”任务窗格，如图 9.40 所示。

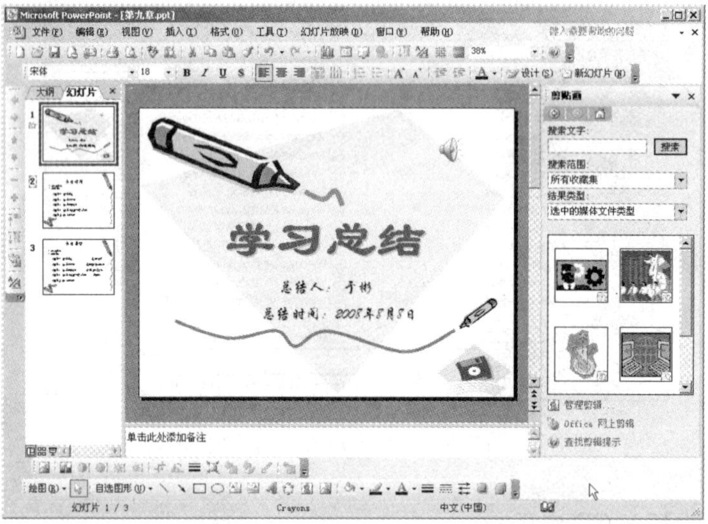

图 9.40 “剪贴画”任务窗格

（4）拖动滚动条以查找所需的影片，单击“声音”右边的下三角按钮，选择下拉列表中的“预览/属性”命令，可打开对话框预览影片，如图 9.41 所示。

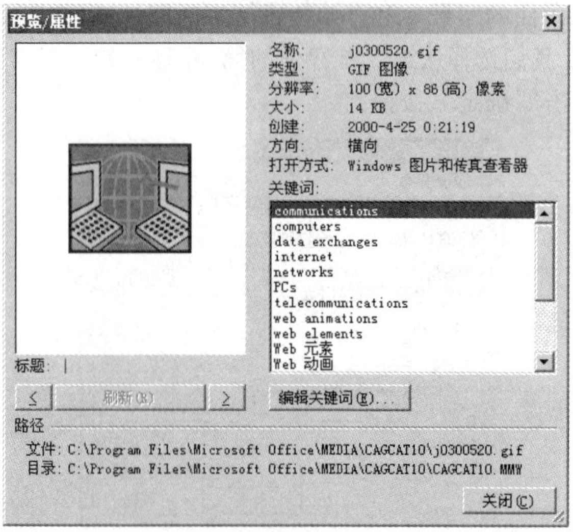

图 9.41 “预览/属性”对话框

（5）单击“关闭”按钮，可关闭“预览/属性”对话框。选择好影片后，就将其添加到幻灯片中。此时，屏幕出现提示对话框。如果需要在幻灯片放映时自动播放，单击“是”按钮；否则，单击“否”按钮。这时，幻灯片上将会出现所插入影片剪辑的片头图像。在幻灯片放映时，单击影片图标即可播放。

2. 在幻灯片中插入文件中的影片

其具体操作步骤如下：

（1）重复插入剪辑库中影片的操作步骤（1）和步骤（2）。

（2）在子菜单中，选择“文件中的影片”命令，弹出如图 9.42 所示的对话框。

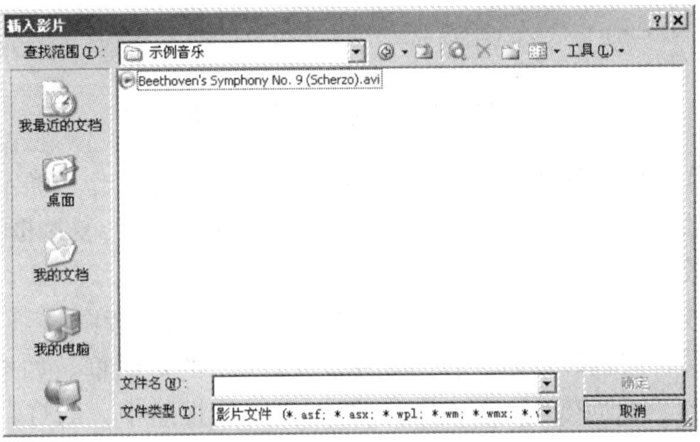

图 9.42　“插入影片”对话框

（3）在对话框中输入影片所在的文件夹和文件名，然后单击“确定”按钮，弹出提示对话框。如果单击“是”按钮，在幻灯片放映时会自动播放插入的影片；否则，在单击鼠标时播放插入的影片。

（4）将剪辑管理器中的影片或文件中的影片插入到幻灯片后，可以在幻灯片中调整影片的位置和大小，调整方法与其他对象的调整方法相同。

（5）在 PowerPoint 2003 中，可以在全屏演示文稿时查看和播放影片。用鼠标右键单击影片，在快捷菜单上选择“编辑影片对象”命令，然后选中“缩放至全屏”复选框。在播放影片时，将以全屏的模式播放。当安装了 Microsoft Windows Media Player 版本 8 或更高版本时，PowerPoint 2003 中对媒体播放的改进可支持其他媒体格式，包括 ASX、WMX、M3U、WVX、WAX 和 WMA。如果未显示所需的媒体编解码器，PowerPoint 2003 将通过使用 Windows Media Player 技术尝试下载它。

9.3.3　录制旁白

1. 给演示文稿录制旁白

如果希望在幻灯片放映时讲解每张幻灯片的内容，可以通过给演示文稿录制旁白的方法，把声音插入幻灯片中。其具体操作步骤如下：

（1）检查计算机中的声卡和麦克风的安装是否正确。

（2）打开录制旁白的演示文稿。

（3）选择“幻灯片放映”→“录制旁白”命令，弹出“录制旁白”对话框，如图 9.43 所示。

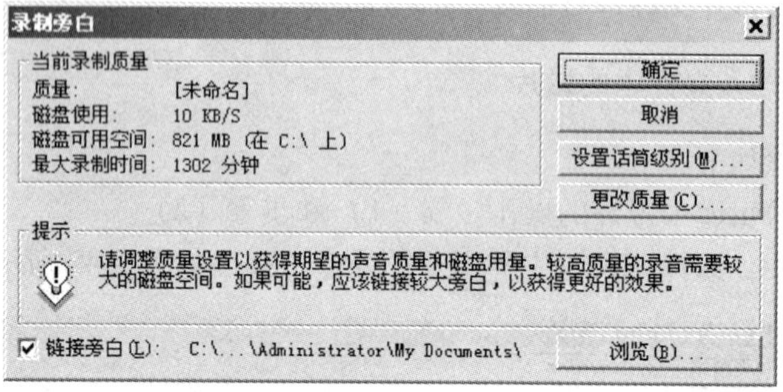

图 9.43 “录制旁白”对话框

（4）如果希望作为嵌入对象在幻灯片中插入旁白，直接单击“确定”按钮即可；如果希望作为链接对象插入旁白，选择对话框左下角的“链接旁白”复选框，然后单击“确定”按钮，开始幻灯片放映。

（5）在幻灯片放映的过程中，用麦克风给每张幻灯片录制旁白。

（6）放映完最后一张幻灯片后，弹出如图 9.44 所示的对话框。如果希望保存时间和旁白，单击“是”按钮，返回到幻灯片浏览视图。在浏览视图中，幻灯片下方的数字表示该幻灯片的排练时间。如果只希望保存旁白而不保存排练时间，单击“否”按钮。

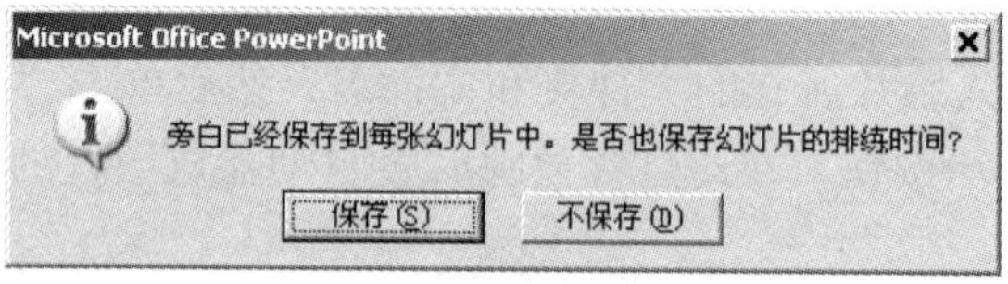

图 9.44 提示信息对话框

（7）录制旁白以后，在每张幻灯片的右下角会出现一个声音图标。在放映幻灯片时，所录制的旁白会自动播放。

2. 删除或隐藏幻灯片的旁白

其具体操作步骤如下：

（1）当需要删除幻灯片的旁白时，在幻灯片视图中选中幻灯片右下角的声音图标，然后按键盘上的“Delete”键。

（2）如果希望在幻灯片放映过程中即不播放旁白，又不想删除所录制的旁白，可按如下方法和步骤操作。选择“幻灯片放映”→“设置放映方式”命令，弹出“设置放映方式”对话框，如图 9.45 所示。在对话框中选中“放映时不加旁白”复选框。

3. 给单张幻灯片录制声音

如果需要给演示文稿中的单张幻灯片录制声音，可按如下方法和步骤操作。

（1）显示需要录制声音的幻灯片。

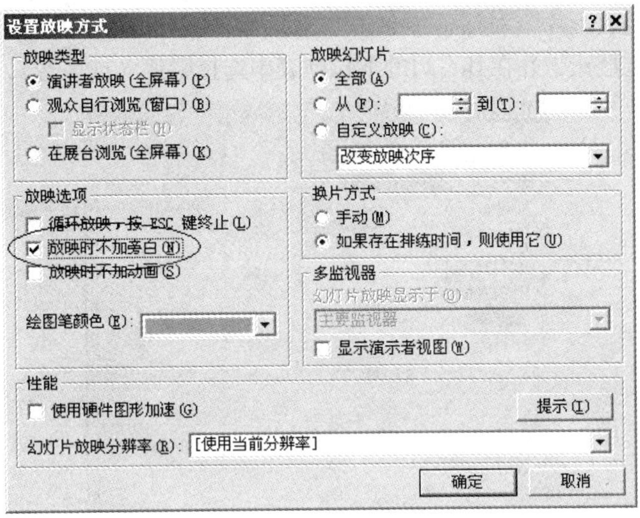

图 9.45　“设置放映方式”对话框

（2）选择“插入”→“影片和声音”命令，在子菜单中选择“录制声音”命令，弹出“录音”对话框，如图 9.46 所示。

图 9.46　“录音”对话框

（3）检查声卡和麦克风安装正确后，单击“录音”按钮，开始录音。完成后，单击“停止”按钮。

（4）单击“播放”按钮，开始播放所录制的内容。检查声音无误后，输入声音的名称。然后，单击“确定”按钮，返回幻灯片视图。此时，在幻灯片中出现了一个声音图标。

9.3.4　设置幻灯片中影片和声音的播放方式

插入影片或声音后，还可以根据需要对其播放方式进行设置。

1. 设置影片和声音的开始播放方式

其具体操作步骤如下：

（1）在幻灯片上，单击影片或声音图标以选定对象。

（2）单击鼠标右键，在打开的快捷菜单中选择“自定义动画”命令，打开“自定义动画”任务窗格。

（3）单击“自定义动画”列表框中项目右边的下三角按钮，打开下拉列表，然后执行下列操作之一：

- 若要自动播放影片或声音，选择“从上一项开始”命令。
- 若要在用鼠标单击影片（或声音）图标后播放影片（或声音），选择“计时”命令。

在打开的“播放影片”对话框中单击“触发器”按钮，然后选中“单击下列对象时启动效果”单选按钮，并在其右边的下拉列表中选择影片（或声音），如图 9.47 所示。

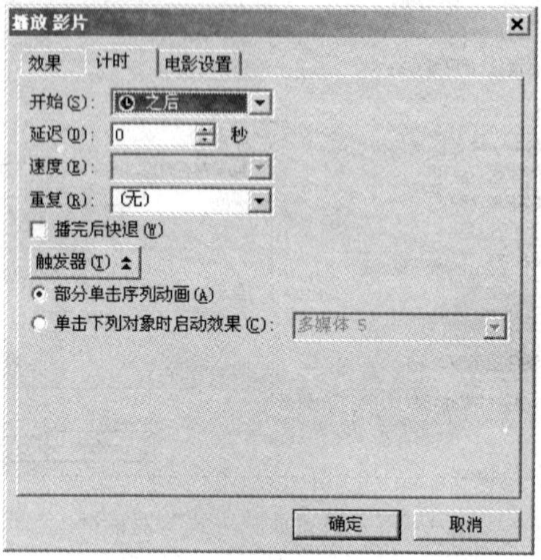

图 9.47 “播放影片”对话框

2. 设置循环播放影片和声音

设置循环播放影片和声音时，该文件将持续播放直到换到下一张幻灯片。其具体操作步骤如下：

（1）在幻灯片上，用鼠标右键单击声音图标或影片。

（2）在弹出的快捷菜单中，选择“编辑影片对象”命令，弹出“影片选项”对话框。

（3）选中“循环播放，直到停止”复选框即可，如图 9.48 所示。

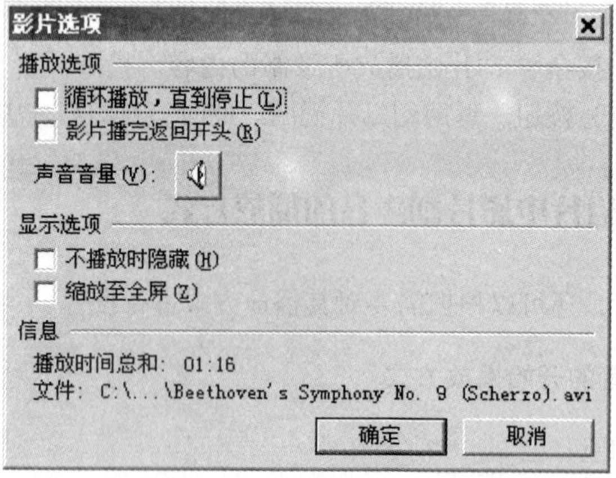

图 9.48 “影片选项”对话框

9.3.5 创建超级链接

PowerPoint 制作的演示文稿，默认情况下，是按幻灯片的次序逐一播放。但是，也可以使用 PowerPoint 提供的超级链接功能，改变幻灯片放映的次序，实现交互式的播放。

1. 用“动作设置”子菜单创建超级链接

其具体操作步骤如下：

（1）在幻灯片视图中，选中要创建超级链接的图形、文字或其他对象。

（2）选择“幻灯片放映”→“动作设置”命令，弹出“动作设置”对话框，如图 9.49 所示。

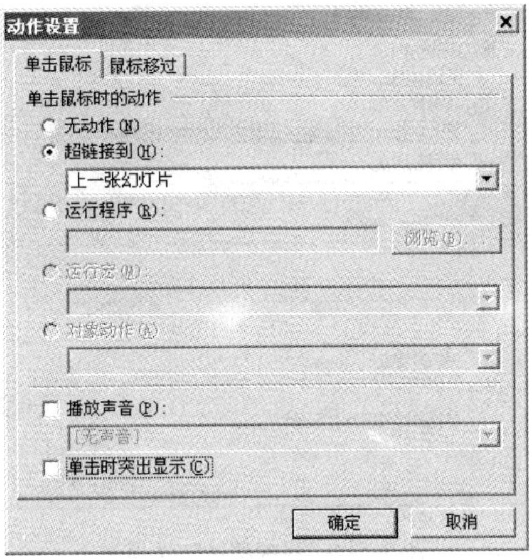

图 9.49　“动作设置”对话框

（3）切换到“单击鼠标”选项卡，选中“超链接到”单选按钮。

（4）打开“超链接到”下拉列表，其中包括链接目标幻灯片，如图 9.50 所示。

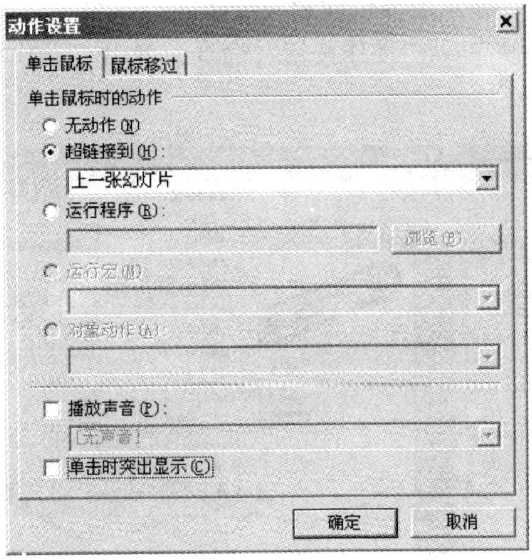

图 9.50　链接目标幻灯片列表

（5）在超链接目标下拉列表中，选择一个目标。

（6）若希望在幻灯片放映时，单击超链接对象时能够发出声音，用鼠标选择“播放声音”复选框，打开“播放声音”下拉列表，在其中选择一种合适的声音。

（7）设置完成以后，单击“确定”按钮。

如果在图 9.49 所示的“动作设置”对话框中，切换到“鼠标移过”选项卡，如图 9.51 所示。与“单击鼠标”选项卡的设置相同，选中“超链接到”复选框，单击“超链接到”框的下三角按钮，在弹出的链接目标列表中选择一个目标。选中“播放声音”复选框，选择一种声音，然后单击“确定”按钮。

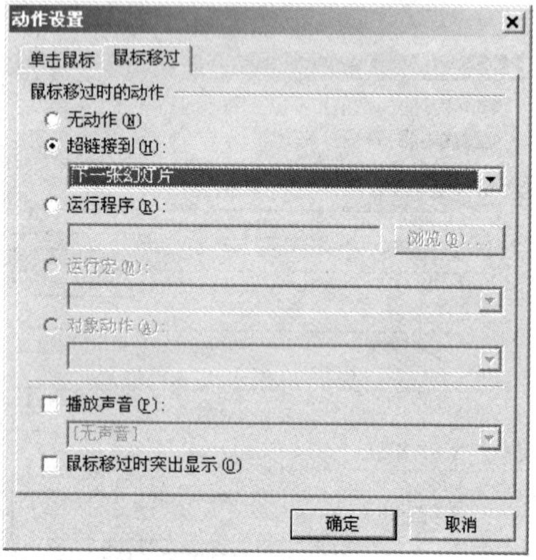

图 9.51 “鼠标移过”选项卡

2. 用“动作按钮”子菜单创建超级链接

其具体操作步骤如下：

（1）在幻灯片视图中，显示需要创建超级链接的幻灯片。

（2）选择“幻灯片放映”→“动作按钮”命令，弹出“动作按钮”子菜单，如图 9.52 所示。

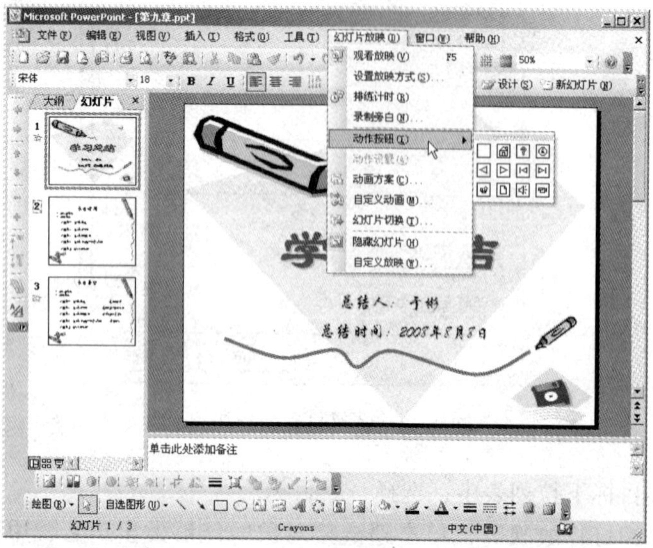

图 9.52 “动作按钮”子菜单

（3）在“动作按钮”子菜单中共有12个动作按钮，每个动作按钮都有其特殊的含义。当把光标停留在按钮上，几秒钟以后将显示出该按钮的定义。用鼠标单击，选择一个合适的动作按钮。此时，鼠标指针变成了“十”字形状。

（4）将“十”字形状的光标移到幻灯片中放置动作按钮的位置，按下鼠标左键并拖动，当按钮的大小符合要求时，松开鼠标。此时，弹出“动作设置”对话框，如图9.49所示。

（5）与使用“动作设置”菜单创建超级链接的方法相同，在对话框中创建超级链接。

下面我们通过实例介绍如何使用动作按钮创建超级链接。在幻灯片放映过程中，要求在第二张幻灯片中用鼠标单击动作按钮时，跳转到第五张幻灯片中。其具体操作步骤如下：

（1）在幻灯片视图中，显示演示文稿的第二张幻灯片。

（2）选择“幻灯片放映”→“动作按钮”命令，弹出“动作按钮”子菜单，单击“自定义”图标。此时，鼠标指针将变成“十”字形状。

（3）在当前幻灯片的左下角按下鼠标左键并拖动，当图标的尺寸大小合适时，松开鼠标，弹出“动作设置”对话框。

（4）在“单击鼠标”选项卡中，选中“超链接到”单选按钮，单击“超链接到”框的下三角按钮，弹出链接目标列表。在下拉列表中选择“幻灯片”，弹出“超链接到幻灯片”对话框，在“幻灯片标题”框中选择序号为5的幻灯片，如图9.53所示。

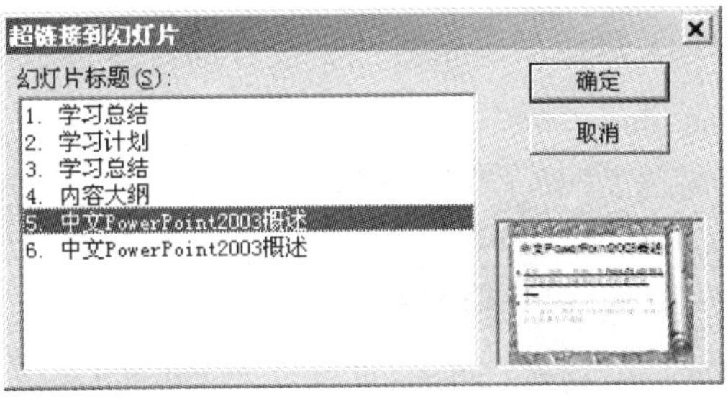

图9.53　“超链接到幻灯片”对话框

（5）设置完后，单击“确定”按钮。最终，创建的超级链接幻灯片如图9.54所示。它的右下角有一个自定义按钮。

图9.54　创建超级链接的幻灯片

(6) 单击视图切换工具栏中的"幻灯片放映"按钮，在幻灯片放映视图中用鼠标指向创建超级链接的"自定义"按钮，当鼠标指针变成手的形状时，单击该按钮，即可跳转到第五张幻灯片中。

9.4 应用举例——制作教学课件演示文稿

下面结合制作教学课件演示文稿实例，介绍如何使用 PowerPoint 2003 创建具有交互功能的演示文稿。

9.4.1 创建演示文稿的幻灯片母版

1. 创建演示文稿的幻灯片母版

其具体操作步骤如下：

(1) 进入 PowerPoint 2003，选择"标题和正文"幻灯片版式，新建一张幻灯片。

(2) 选择"视图"→"母版"→"幻灯片母版"命令，进入"幻灯片母版"编辑状态。根据第 8 章介绍过的有关母版的编辑方法，设计幻灯片母版中的内容如下，其效果如图 9.55所示。

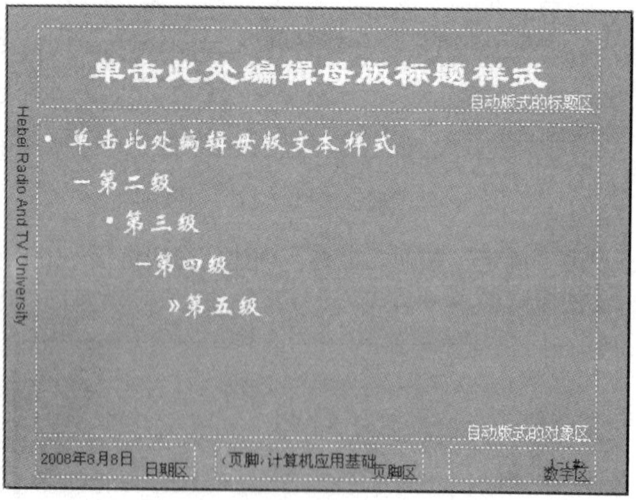

图 9.55 演示文稿的幻灯片母版

- 标题文字的字体为"隶书"，字号为"44"，字形为"加粗"，颜色为"白色"。
- 正文文字的字体为"华文新魏"，字号为"32"，颜色为"白色"。
- 在"日期区"输入日期，并在"页眉和页脚"对话框中将日期和时间设置为自动更新。
- 在"页脚区"输入文字"计算机应用基础"，设置字体为"宋体"，字号为"18"，颜色为"黑色"。
- 在"数字区"的"#"标记的左侧输入"1 –"。

- 使用"绘图"工具栏中的"竖排文本框"按钮，在母版幻灯片的左侧输入文字"Hebei Radio And TV University"，字体设置为"Arial"，颜色为"黑色"。
- 在母版幻灯片的右上角插入课程图标。

2. 创建演示文稿首页幻灯片母版

其具体操作步骤如下：

(1) 创建演示文稿的幻灯片母版后，在"幻灯片母版视图"工具栏中单击"插入新标题母版"按钮，新的幻灯片母版继承了已创建母版的属性。

(2) 在新幻灯片母版中，将标题文字的字体设置为"华文彩云"，字号为"48"，字形为"加粗"，颜色为"白色"。将副标题中文字的字体设置为"隶书"，字号为"36"，颜色为"白色"。更改后，效果如图 9.56 所示。

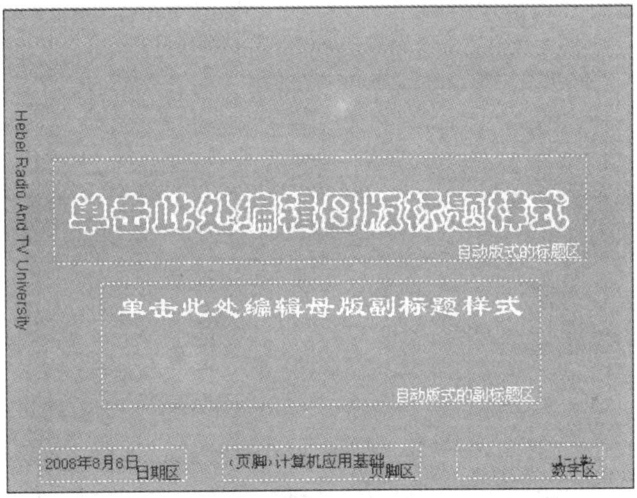

图 9.56 演示文稿文稿首页幻灯片母版

9.4.2 创建演示文稿中的幻灯片

1. 创建演示文稿的第一张幻灯片

在 PowerPoint 中，创建一张"标题"版式新幻灯片，在标题占位符中输入标题的内容，在副标题占位符中输入副标题的内容。由于已经创建了幻灯片母版，因此文字将采用母版中的格式，如图 9.57 所示。

2. 创建演示文稿中的其他幻灯片

在 PowerPoint 中，单击"新幻灯片"按钮，新建一张版式为"标题和文本"的新幻灯片。在幻灯片中输入标题和正文的内容。由于已经创建了幻灯片母版，因此文字内容将采用母版中的格式，如图 9.58 所示。

根据课程内容的要求，用同样的方法创建演示文稿中的所有幻灯片，其效果如图 9.59 所示。

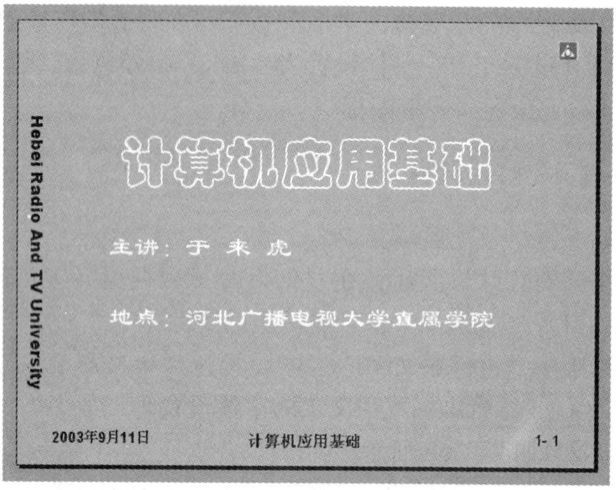

图 9.57 创建“标题”版新幻灯片

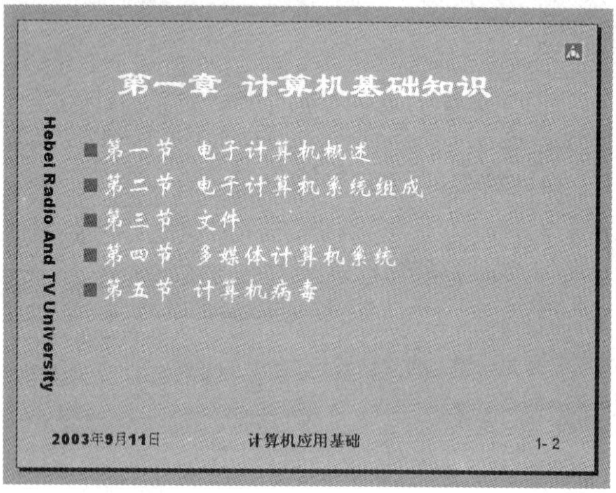

图 9.58 创建“标题和正文”版幻灯片

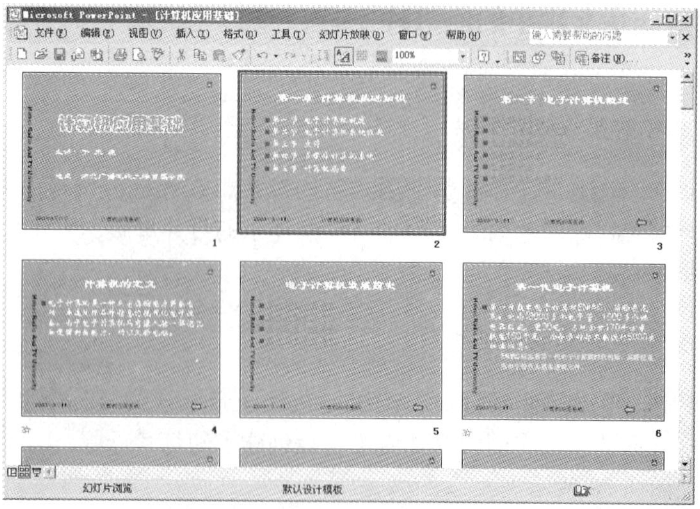

图 9.59 演示文稿中的幻灯片

9.4.3　创建超级链接

在演示文稿中打开第二张幻灯片（见图 9.58），将幻灯片中正文部分的内容与相应的幻灯片创建超级链接。其操作方法如下：

（1）在第二张幻灯片中选中要创建超级链接的文本，如“第二节 电子计算机系统组成”，选择“插入”→“超链接”命令，弹出“插入超链接”对话框。

（2）在对话框中单击“本文档中的位置”按钮，然后在“请选择文档中的位置”列表框中选择序号为 30 的幻灯片，如图 9.60 所示。

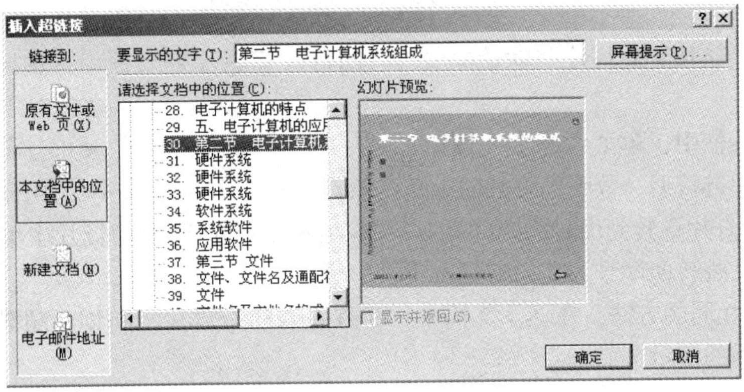

图 9.60　“插入超链接”对话框

（3）在该对话框中，单击“确定”按钮。

（4）用同样的方法，在第二张幻灯片中分别选中正文中各节的标题，并与相应的幻灯片链接。

（5）打开序号为 30 的幻灯片，选择“幻灯片放映”→“动作按钮”命令，在弹出的子菜单中单击“后退”按钮，此时移动鼠标到幻灯片编辑区中变成了“＋”形状，在幻灯片的右下角拖动鼠标，然后松开。在幻灯片中画出一个“后退”按钮的同时，打开“动作设置”对话框，如图 9.61 所示。

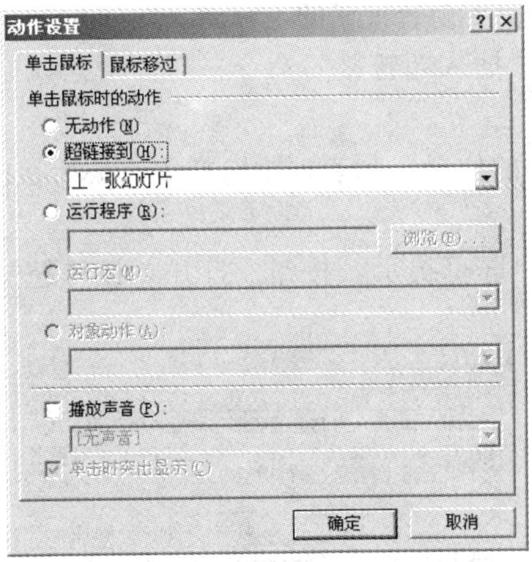

图 9.61　“动作设置”对话框

（6）在对话框中切换到“单击鼠标”选项卡，选中“超链接到”单选按钮，在“超链接到”下拉列表中选择“幻灯片”命令。打开“超链接到幻灯片”对话框，如图 9.62 所示。

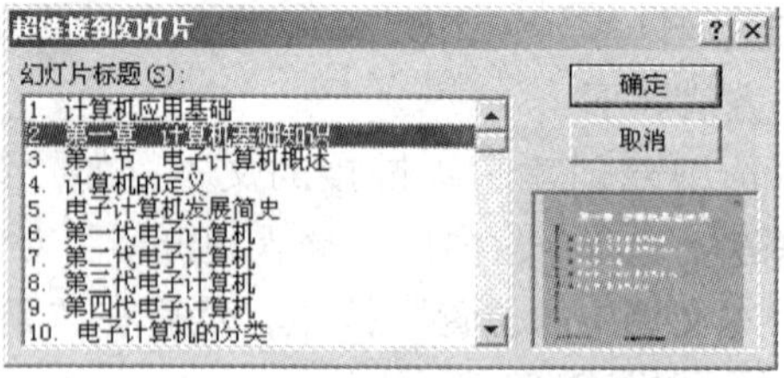

图 9.62 “超链接到幻灯片”对话框

（7）在“超链接到幻灯片”对话框中的“幻灯片标题”列表框中，选择序号为 2 的幻灯片。

（8）在对话框中，单击“确定”按钮。

（9）创建超链接后，放映幻灯片时，单击第二张幻灯片中的文字“第二节 电子计算机系统组成”，幻灯片跳转到序号为 30 的幻灯片。当在序号为 30 的幻灯片中单击“后退”按钮时，幻灯片又跳转回序号为 2 的幻灯片中。

（10）按照相同的方法，在演示文稿中相互有关联的幻灯片之间创建超级链接，便可制作具有交互功能的演示文稿。

9.4.4 通过超链接解释其概念

如果在一段叙述中包括重要的关键词，可以为关键词创建一个超链接，当鼠标指向该关键词时，在幻灯片中显示有关该关键词的解释说明。另一种方法是，为关键词创建一个超链接，当用鼠标单击该关键词时，跳转到一张用于解释说明该关键词的幻灯片中。

1. 在幻灯片中显示关键词的说明

其具体操作方法如下：

（1）在幻灯片中，选中需要解释说明的关键词。

（2）选择“插入”→“插入超链接”命令，打开“插入超链接”对话框，如图 9.60 所示。

（3）在“请选择文档中的位置”列表框中选择关键词所在的幻灯片，即创建与关键词所在幻灯片本身的超链接。

（4）在对话框中单击“屏幕提示”按钮，打开“设置超链接屏幕提示”对话框，如图 9.63所示。

图 9.63 “设置超链接屏幕提示”对话框

（5）在“屏幕提示文字”文本框中输入关键词的解释内容，然后单击“确定”按钮。

（6）在放映演示文稿时，创建超级链接的关键词被添加了下画线，且文字颜色发生改变。当把鼠标指向设置超链接的关键词时，出现一个提示框，显示该关键词的解释说明内容，如图 9.64 所示。

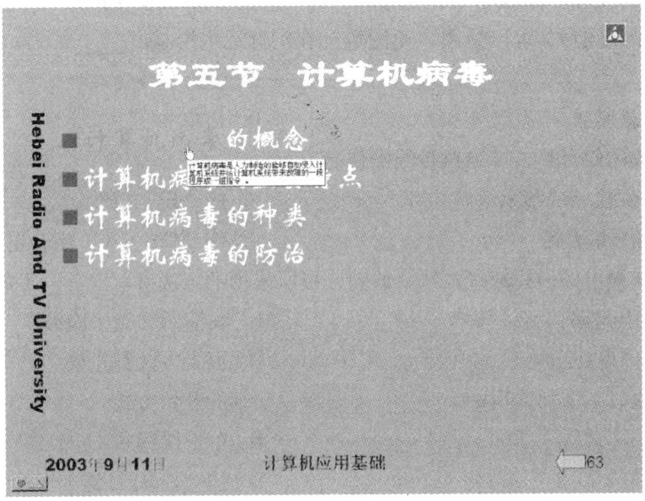

图 9.64　在幻灯片中显示关键词的说明

2. 为关键词创建与另一张幻灯片的链接

其具体操作步骤如下：

（1）在演示文稿中制作一张幻灯片，在该幻灯片中输入关键词的解释内容。

（2）在幻灯片中选中需要加以说明的关键词，创建与另一张包括关键词解释内容的幻灯片的超级链接。

习题 9

一、问答题

1. 播放 PowerPoint 2003 演示文稿有哪几种方法？
2. 怎样控制幻灯片的放映？
3. 在幻灯片放映过程中，如何使用绘图笔绘制手画线？
4. 在幻灯片放映过程中，如何结束放映？
5. 如何隐藏不希望放映的幻灯片？
6. 如何调整演示文稿中幻灯片的播放次序？
7. 如何设置幻灯片中各对象的预设动画效果？
8. 如何给幻灯片中的对象设置自定义动画效果？
9. 如何设置演示文稿中幻灯片的切换效果？
10. 如何在幻灯片放映过程中添加旁白，解说幻灯片的内容？
11. 如何在幻灯片放映中加入声音或视频片段等多媒体对象，以增强放映的感染力？

12. 如何在幻灯片中创建超级链接，创建交互式的演示文稿？

二、选择题

1. 进入幻灯片放映视图后，经过适当的操作，可以放映________。
   A. 下一张幻灯片　　B. 上一张幻灯片
   C. 演示文稿中的任意一张幻灯片　　D. 演示文稿中的最后一张幻灯片
2. 进入幻灯片放映视图后，可以使用“绘图笔”在幻灯片中绘制出________。
   A. 水平直线　　B. 垂直直线
   C. 手工绘制任意形状　　D. 简单文字
3. 要退出正在播放的幻灯片，可以执行的操作有________。
   A. 在快捷菜单中选择“结束放映”　　B. 按“Esc”键
   C. 按“Alt + F4”组合键　　D. 按“Ctrl + W”组合键
4. 如果希望演示文稿中的一些幻灯片暂不放映，可以采用的方法有________不放映的幻灯片。
   A. 在演示文稿中删除　　B. 在演示文稿中隐藏
   C. 在演示文稿中剪切　　D. 以上方法都正确
5. 在放映演示文稿时，下列选项中，________是对象动画的开始方式。
   A. 之前　　B. 单击鼠标
   C. 之后　　D. 按“Enter”键
6. 如果要编辑自己绘制的动画路径，下列选项中，________属于可编辑的内容。
   A. 改变动画路径的起点位置　　B. 调整动画路径的大小
   C. 移动动画路径的位置　　D. 反转动画路径的起始点位置
7. 下列选项中，________属于可以在幻灯片中插入的声音。
   A. 剪辑管理器中的声音　　B. 文件中声音
   C. 自己录制的声音文件　　D. CD 音乐
8. 在幻灯片中创建超级链接，可以改变幻灯片放映的次序，设置超链接的方法有________。
   A. 使用“动作设置”子菜单　　B. 使用“动作按钮”子菜单
   C. 使用幻灯片浏览视图　　D. 以上 3 种方法都正确

三、判断题

1. 幻灯片放映视图与 PowerPoint 其他视图一样，它的窗口大小可以调整。(　　)
2. 放映幻灯片时，只能按制作幻灯片的顺序进行。(　　)
3. 放映幻灯片时，可以在幻灯片中绘制手画线，并可以更改手画线的颜色。(　　)
4. 调整幻灯片的排列次序时，应在“备注页”视图中操作。(　　)
5. 在一个演示文稿中，可以设置多个不同放映次序的自定义放映。(　　)
6. 在一个演示文稿中，所有幻灯片的切换方式只能采用同一种效果。(　　)
7. 幻灯片中对象的动画速度是不能进行调整的。(　　)
8. 如果将对象的动画开始方式设置为“之前”，该对象的动画和幻灯片动画序列中的前一个对象的动画同时发生。(　　)
9. 可以为幻灯片中每一个对象的动画添加声音。(　　)
10. 为幻灯片中的对象设置动画路径后，还可以为该对象设置伴随的其他动画效果，从而使动画效果更加丰富。(　　)
11. 在幻灯片中不能为插入的剪贴画创建超级链接。(　　)
12. 超级链接的目标幻灯片不仅可以是当前演示文稿中的幻灯片，而且可以是其他演示文稿中的幻灯片。(　　)

上机实习 9

1. 进入 PowerPoint 2003，打开文件名为“PP2”的演示文稿。

2. 在演示文稿的第一张幻灯片中，加入 Microsoft 剪辑库中的一段音乐，使它在幻灯片放映过程中自动播放。

3. 给所有幻灯片中的对象设置动画效果。

4. 设置幻灯片的切换效果。

5. 设置幻灯片的放映方式为自动播放，要求在前一对象出现 3 秒后，自动播放其后的对象。然后，观看其放映效果。

6. 将幻灯片的放映方式设置为单击鼠标后播放下一个对象，观看其放映效果。

7. 在第一张幻灯片中创建超级链接，要求在放映过程中单击创建超级链接的对象后，跳转到第四张幻灯片中，设置完成后观看其放映效果。

8. 删除第一张幻灯片中的超级链接。在第四张幻灯片中创建超级链接，要求在放映过程中单击创建超级链接的对象后，由第四张幻灯片跳转至第二张幻灯片中。设置完成后，观看其放映效果。

第 10 章　中文版 PowerPoint 2003 的网络功能

随着计算机技术的发展以及信息高速公路的提出，Internet 在全球范围内得到了飞速发展。网络已经进入了我们生活、工作、学习及娱乐的各个方面。为了适应网络技术的迅速发展和网络的普及，PowerPoint 2003 中文版提供了强大的网络访问特性和 Web 创建功能，不仅可以使用超级连接创建交互式演示文稿，而且可以创建网上发布的网页演示文稿，还允许用户在网络上进行演示——网络讨论功能，从而为远程教育、大型企业或跨国公司提供了经济、快捷、有效的同步讨论方式。

10.1　有关网络的几个基本概念

使用 Internet，无论你从任何地方，只要使你产生了兴趣的，就可以直接跳转到该网页。你只需要鼠标点击几下，就可以访问 Internet 上的各种资源。

下面开始介绍一些与应用 Internet 有关的基本概念。

- WWW 服务器：Internet 信息服务采用客户机/服务器模式，这是 Internet 大多服务所采用的工作模式。在进行 Web 网页浏览时，作为客户机的本地计算机首先与远程的一台 WWW 服务器创建连接，并向该服务器发出申请，要求发送过来一个网页文件。WWW 服务器负责存放和管理大量的网页文件信息，并且负责随时查看是否有从客户端发送来的请求信息。当客户机和服务器创建连接后，客户机每发出一个请求，服务器就做出一个应答，然后断开连接。
- Web 节点：可以将 WWW 视为 Internet 上的一个大型图书馆，Web 节点就像图书馆中的一本书，而 Web 页则是书中的一页。多个 Web 页合在一起，便组成了一个 Web 节点。浏览者一般是从一个特定的 Web 节点开始 Internet 之旅的。
- 主页（Homepage）：主页是某一个 Web 节点的起始点，它就像一本书的封面或目录。每一个 Web 页都包括 Web 节点的主页。
- 超级链接：在每一个页面中都包含能够链接到万维网上其他页面的链接信息。这些信息包含在带下画线或边框并内嵌了 Web 地址（即 URL）的文字或图形中，用户可以点击这个链接，跳转到其所指向的页面上。通过这种方法可以浏览因特网上相互链接的页面。
- HTTP（HyperText Transmission Protocol）：超文本传输协议是极佳的万维网传输协议，是用于定义客户机的合法请求与服务器应答的协议。
- URL（Uniform Resource Locator）：统一资源定位器是 Web 的地址编码。Web 上所能访

问的资源都有一个唯一的 URL。URL 是一个简单的格式化字符串，它包括所采用的传输协议、服务器名称和文件的完整路径。例如，http://www. heopen. edu. cn/index. html。该 URL 包括协议（HTTP）、WWW 服务器的 DNS 名（www. heopen. edu. cn）和文件名（index. html）等三部分内容，各部分之间用标点“.”分隔。

10. 2　PowerPoint 2003 的 Web 工具栏功能

用户使用 PowerPoint 2003 中文版提供的 Web 功能，可以链接（或访问）本地 Web 或 Internet 上的文档，也可以将文件保存在 Web 服务器上。

10. 2. 1　Web 工具栏

PowerPoint 2003 提供了一个功能强大的“Web”工具栏，通过该工具栏，用户可以方便、快捷地使用 Web 的各种功能。选择“视图”→“工具栏”命令，再选择工具栏子菜单中的“Web”命令，即可显示“Web”工具栏，如图 10. 1 所示。

图 10. 1　“Web”工具栏

“Web”工具栏中各按钮的功能说明如表 10. 1 所示。

表 10. 1　“Web”工具栏中各按钮名称及功能

按　钮	名　称	功　能
	返回	用于打开列表中前一个文件或项目，该列表中包含用户最近所跳转的 10 个文件或项目
	前进	打开列表中的下一个文件或项目
	停止	停止正在跳转的过程，该按钮只在打开并跳转到 Internet、Intranet 或万维网上的文件时有效
	刷新	通过重新装载来更新当前所选的 Web 页
	主页	在 Web 浏览器上显示第一个网页
	搜索 Web	打开一个 Web 搜索页
收藏夹(S) ▾	收藏夹	将 Web 页上的一些文件或演示文稿的链接保存在收藏夹中，供需要时快速访问
前往(G) ▾	前往	该按钮包含一个下拉菜单，单击该按钮弹出一个下拉菜单。使用下拉菜单中的命令，可以设置主页和搜索页
	只显 Web 工具	这是一个开关按钮，单击该按钮，可以隐藏其他工具栏；再次单击，可以将隐藏的工具栏显示出来

10. 2. 2　打开 Internet 上的文档

在 PowerPoint 中，用户可以使用 Web 工具栏打开本地计算机中的 HTML 文档、Power-

Point 演示文稿、Word 文档，或直接连接到 Internet 中的 Web 页。

1. 链接 Internet 上网页

其操作方法如下：

（1）在 PowerPoint 中显示“Web”工具栏。

（2）在“Web”工具栏的地址栏中直接输入 Web 页的 URL（见图 10.2），可以直接连接到所需的网页。

图 10.2　输入 Internet 上 Web 页的 URL

2. 链接本地计算机中的文件

其操作方法如下：

（1）选择“Web”工具栏上的“前往”→“打开超链接”命令，弹出“打开 Internet 地址”对话框，如图 10.3 所示。

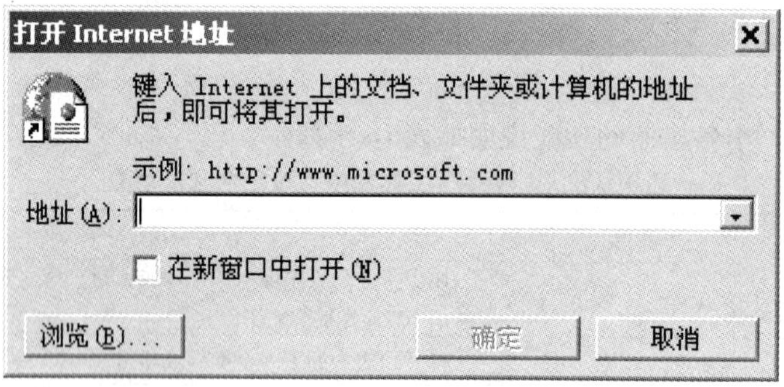

图 10.3　“打开 Internet 地址”对话框

（2）在该对话框中单击“浏览”按钮，打开“浏览”对话框，如图 10.4 所示。

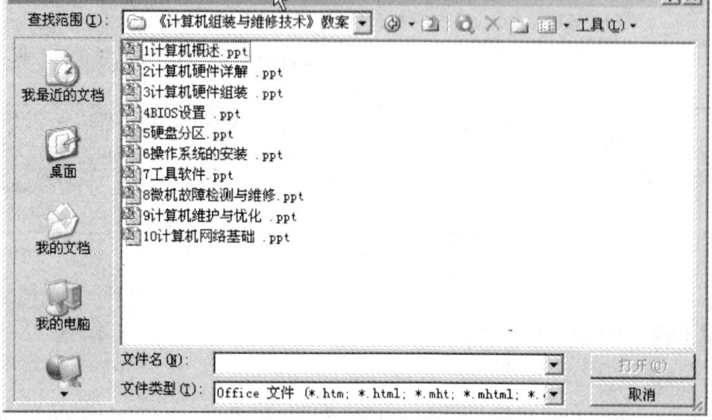

图 10.4　“浏览”对话框

（3）在该对话框中选择文件所在的文件夹和文件名，单击“确定”按钮。返回到“打开 Internet 地址”对话框中，单击“确定”按钮，即可打开所选择的文件。

（4）若选择的文件为 Web 文档（.html），该文件在浏览器中打开；若选择的文件为演示文稿文档（.ppt），该文件在 PowerPoint 中打开；若选择的文件为 Word 文档（.doc），该文件在 Word 中打开。

（5）若选择的文件为由演示文稿保存的 Web 文档，该文件在浏览器中打开，如图 10.5 所示。

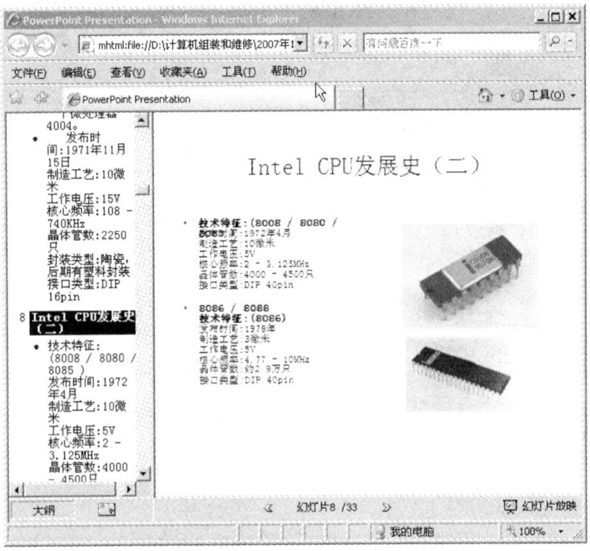

图 10.5　演示文稿保存的 Web 文档在浏览器中显示

在浏览器中显示的演示文稿件有如下几个特点：

- 如果演示文稿有多张幻灯片，则在浏览器的左侧出现大纲。大纲的内容为各张幻灯片的标题。单击左侧的标题，可以打开相应的幻灯片。
- 在浏览器状态栏的上方有一个幻灯片操作工具栏，该工具栏从左至右的按钮依次为“大纲”按钮、大纲“展开/折叠大纲”按钮、“上一张幻灯片”按钮、“下一张幻灯片”按钮和“幻灯片放映”按钮幻灯片放映。
  - 单击“大纲”按钮，显示幻灯片的大纲；再次单击该按钮，隐藏幻灯片的大纲。
  - 单击“展开/折叠大纲”按钮，折叠幻灯片的大纲；再次单击该按钮，展开幻灯片的大纲。图 10.5 所示为折叠后的幻灯片大纲。
  - 单击“上一张幻灯片”按钮，切换到上一张幻灯片。
  - 单击“下一张幻灯片”按钮，切换到下一张幻灯片。
  - 单击“幻灯片放映”按钮，全屏幕放映幻灯片。

10.3　将演示文稿保存为 Web 页

用户可以将制作好的演示文稿保存为 Web 页文件。其具体操作方法如下：

（1）打开制作好的演示文稿。

（2）选择“文件”→“另存为 Web 页”命令，打开“另存为”对话框，如图 10.6 所示。

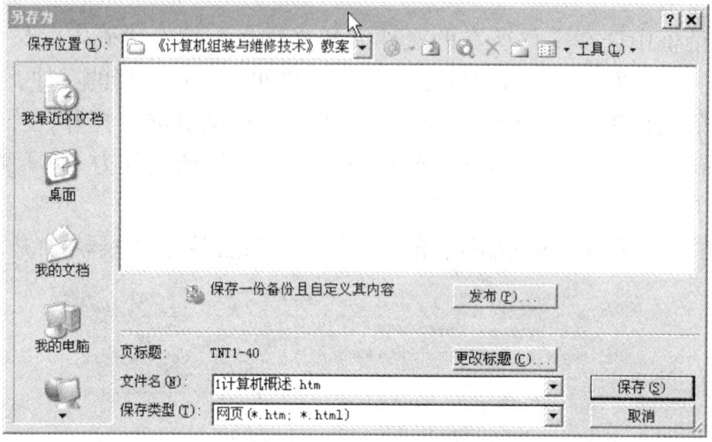

图 10.6 “另存为”对话框

(3) 在“保存位置”下拉列表中选择保存文件的文件夹，在“文件名”文本框中输入文件的名称。

(4) 单击“更改标题”按钮，打开“输入文字”对话框，如图 10.7 所示。在“页标题”文本框中输入保存页面的文件名，默认文件名为 PowerPoint 的原文件名。

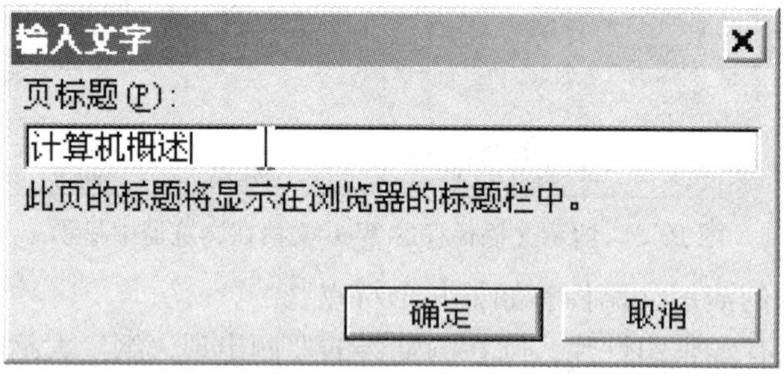

图 10.7 “输入文字”对话框

(5) 在“另存为”对话框中单击“保存”按钮，将 PowerPoint 文档以页面的形式保存在本地计算机的硬盘上。

(6) 如果用户希望对保存的页面文件做更进一步参数设置，在“另存为”对话框中单击“发布”按钮，打开“发布为网页”对话框，如图 10.8 所示。

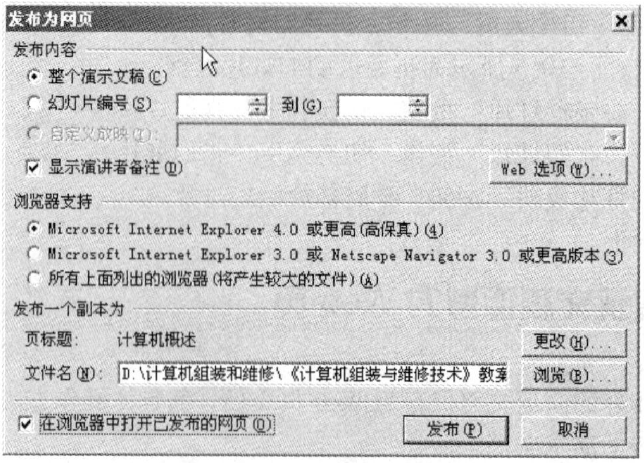

图 10.8 “发布为网页”对话框

(7) 在“发布内容”选项组，设置演示文稿中发布的幻灯片内容，如整个演示文稿或幻灯片的编号。

(8) 在“浏览器支持”选项组，选择发布网页所支持的浏览器版本和浏览器类型。

(9) 单击“更改”按钮，打开“输入文字”对话框，在“页标题”文本框中输入保存页面的文件名。

(10) 在“文件名”文本框中输入保存文件的路径和文件名；或单击“浏览”按钮，在打开的“发布为”对话框中选择保存文件的路径和文件名。

(11) 单击“Web 选项”按钮，打开“Web 选项”对话框，如图 10.9 所示。通过该对话框，可以对发布的 Web 文件进行更详细设置。

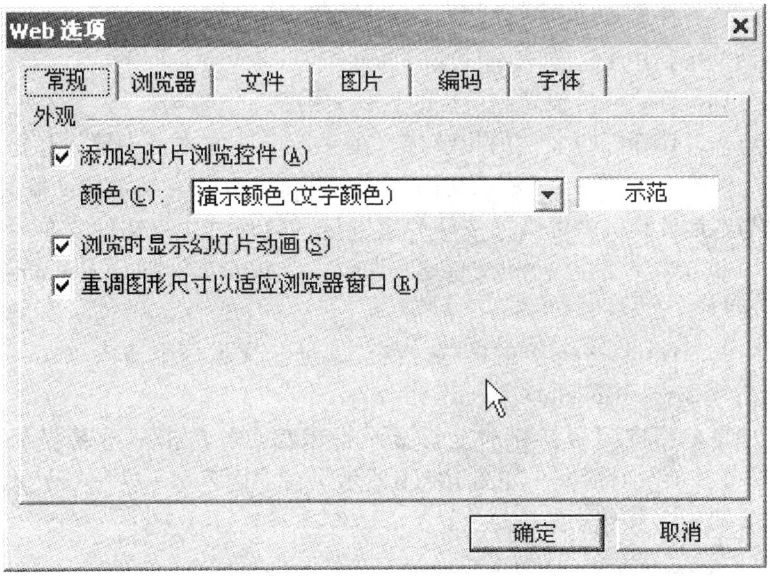

图 10.9　“Web 选项”对话框

(12) 在“发布为网页”对话框中，单击“发布”按钮。

10.4　创建各类型超级链接

超链接是 Web 页面中最为重要的组成部分，通过超链接，用户可以在不同的页面进行跳转。除在当前演示文稿各幻灯片之间创建超链接外，可以与其他演示文稿幻灯片间链接、与 Internet 上的其他 Web 页间链接、与电子邮件地址间链接、与可执行文件间链接等。

10.4.1　创建与其他文档或 Web 页间的链接

创建与其他演示文稿幻灯片间的链接，其操作方法如下：

(1) 在当前演示文稿的幻灯片中，选中创建超链接的文本或图形。

(2) 选择“插入”→“超链接”命令，打开“插入超链接”对话框，如图 10.10 所示。

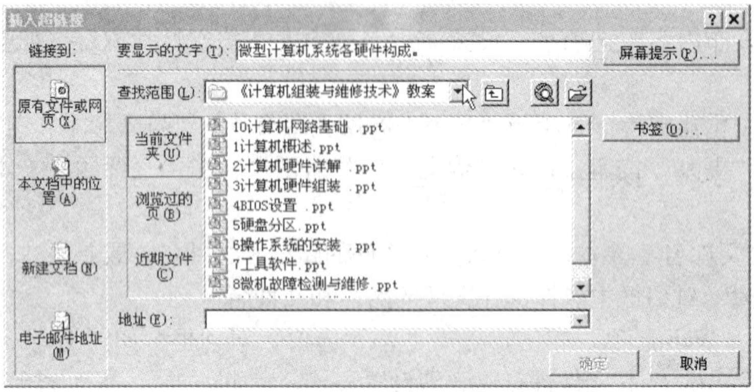

图 10.10 “插入超链接”对话框

(3) 在对话框中，单击“原有文件或网页”按钮。

(4) 执行下列操作之一，设置超链接的目标文档。

- 若创建与本地计算机中文件的超链接，在“地址”文本框中输入超链接目标文档的路径和文件名。如“D：\ 演示文稿 \ 课件 1. ppt”、“D：\ 演示文稿 \ 课件 2. htm”。
- 若创建与本地计算机中可执行文件的超链接，启动可执行文件，在“地址”文本框中输入可执行文件的路径和文件名。如“C：/Program Files/Macromedia/Flash MX/Flash. exe”。
- 若创建与 Internet 上 Web 页的链接，在“地址”文本框中输入 Web 页的 URL 地址。如“http：//www. hebnetu. edu. cn”。

(5) 若要使鼠标指向超级链接时能够显示提示信息，单击“屏幕提示”按钮，打开“设置超链接屏幕提示”对话框，如图 10. 11 所示。在“屏幕提示文字”文本框中输入提示的文字，单击“确定”按钮。

图 10.11 “设置超链接屏幕提示”对话框

(6) 在“插入超链接”对话框中，单击“确定”按钮。

10. 4. 2 创建与电子邮件地址的链接

创建与电子邮件地址的链接，其操作方法如下：

(1) 在当前演示文稿的幻灯片中，选中创建超链接的文本或图形。

(2) 选择“插入”→“超链接”命令，打开“插入超链接”对话框。

(3) 在对话框中单击“电子邮件地址”按钮，此时对话框如图 10. 12 所示。

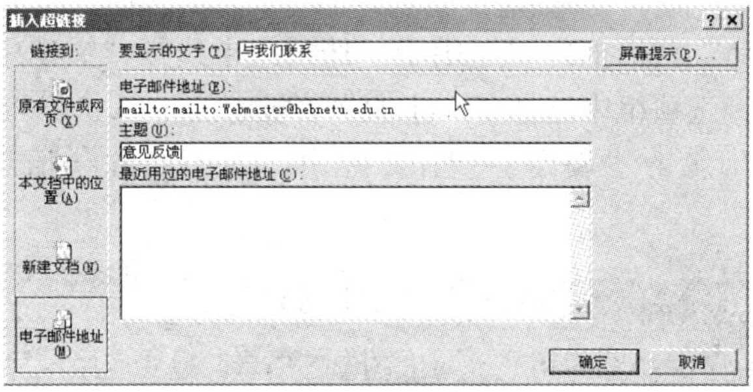

图 10.12 “插入超链接”对话框

(4) 在“电子邮件地址”文本框中输入 mailto: +电子邮件的地址。如“mailto: Webmaster@ hebnetu. edu. cn”。

(5) 在“主题”文本框中输入电子邮件的主题。如“意见反馈”。

(6) 在该对话框中，单击“确定”按钮。

10.5　压缩演示文稿文档

在将 PowerPoint 制作的 Web 文档发布到 Internet 上前，首先要对制作的 PowerPoint 文档进行优化和压缩。文档的优化就是寻找文件大小和显示质量的最佳结合点。对文档进行优化，主要是压缩文档中的图像，这是 PowerPoint 2003 中文版新增加的内容，通过压缩图片来压缩整个文档的大小。

对制作的 PowerPoint 文档进行优化和压缩，其操作方法如下：

(1) 打开要进行优化压缩的 PowerPoint 演示文稿。

(2) 选择“视图”→“工具栏”命令，在弹出的级联子菜单中选择“图片”命令，打开“图片”工具栏，如图 10.13 所示。

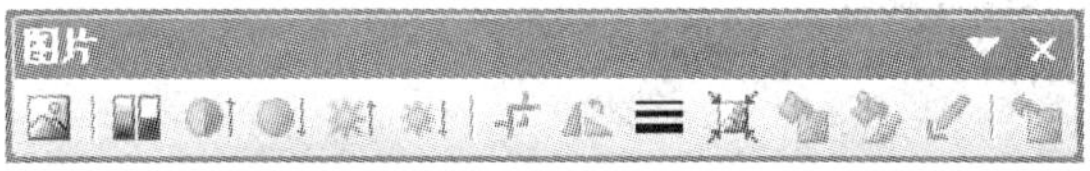

图 10.13 “图片”工具栏

(3) 单击该工具栏中的“压缩图片”按钮，打开“压缩图片”对话框，如图 10.14 所示。

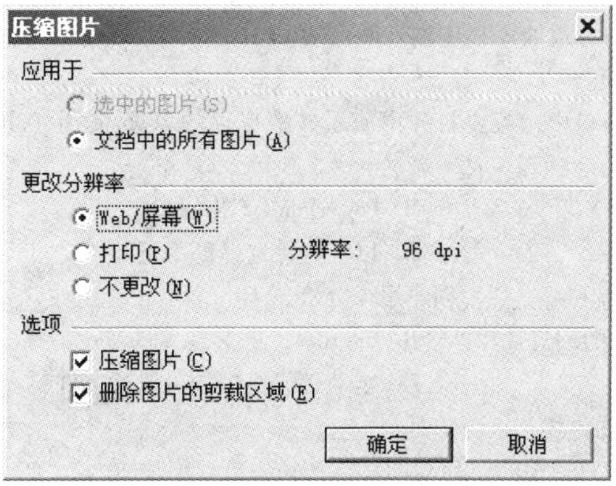

图 10.14 “压缩图片”对话框

（4）在“压缩图片”对话框的“应用于”选项组中选择“文档中的所有图片”单选按钮；在“更改分辨率”选项组中选择“Web 页”单选按钮；其余设置如图 10.14 所示。

（5）在该对话框中单击“确定”按钮，弹出“压缩图片”信息提示框，如图 10.15 所示。

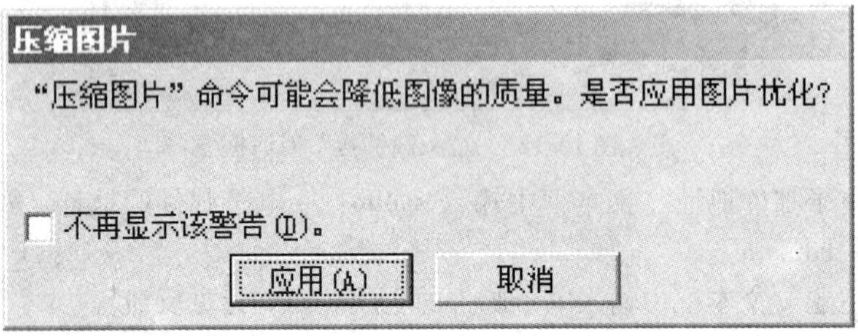

图 10.15 “压缩图片”信息提示框

（6）如果对上述设置满意，直接单击“应用”按钮即可。

习题 10

一、问答题

1. 如何在幻灯片中打开和关闭 Web 工具栏？
2. 如何使用 Web 工具栏创建与 Internet 中网页的链接？
3. 如何设置开始页？
4. 如何设置“搜索页”？
5. 如何为演示文稿添加超级链接？
6. 如何将演示文稿文档保存为 Web 页文档？

二、选择题

1. 在 PowerPoint 工作窗口中，执行________操作，可以打开 Internet 中的文档。
   A. 选择“文件”→“打开”命令
   B. 选择“插入”→“对象”命令
   C. 在 Web 工具栏的“地址”栏中输入网页的 URL
   D. 以上 3 种方法都正确
2. 在 PowerPoint 工作窗口中，若要打开由演示文稿保存的 Web 文档（.html），该文件在________中打开。
   A. 浏览器　　B. PowerPoint 工作窗口
   C. Word 工作窗口　　D. 以上 3 种选择都不正确
3. 幻灯片中的对象可以和________创建超级链接。
   A. 当前演示文稿中的幻灯片　　B. Internet 上的其他 Web 页
   C. 电子邮件地址　　D. 本地计算机中的可执行文件
4. 下列关于压缩图片的论述，正确的是________。
   A. 单击“图片”工具栏中的“压缩图片”按钮，进行图片压缩
   B. 选择“编辑”→“压缩图片”命令，进行图片压缩

C. 可以在一次操作中压缩演示文稿中的所有幻灯片

D. 只能在一次操作中压缩选中的幻灯片

三、判断题

1. 使用 Web 工具栏，可以打开本地计算机中的 HTML 文档、PowerPoint 演示文稿文档、Word 文档，或直接连接到 Internet 中的 Web 页。(　　)

2. 使用 Web 工具栏，打开由演示文稿保存的 Web 文档（. html）后。单击左侧的标题，在右侧打开相应的幻灯片。(　　)

3. 将制作好的演示文稿保存为 Web 页文档时，只能用演示文稿的原文件名保存。(　　)

上机实习 10

1. 进入 PowerPoint 2003，打开文件名为“PP2”的演示文稿。

2. 在演示文稿中新建一张幻灯片，在幻灯片中输入两行文字：“欢迎访问我们的网站”和“单击此处发送反馈意见”，并在幻灯片中输入其他一些适当的内容。

3. 在幻灯片中，选中“欢迎访问我们的网站”，创建与“http：//www. hebnetu. edu. cn”的链接。

4. 在幻灯片中，选中“单击此处发送反馈意见”，创建与电子邮件地址“Webmaster@ hebnetu. edu. cn”的链接。

5. 将演示文稿文档用原文件名“PP2”存盘。

6. 将演示文稿文档用文件名“PPWeb”发布为网页。

7. 在 PowerPoint 中，使用 Web 工具栏，打开文件名为“PPWeb”的 Web 文档。

8. 在 PowerPoint 中，使用 Web 工具栏，将“PPWeb”的 Web 文档设为首页。

第 11 章　PowerPoint 2003 演示文稿的打印与打包

当演示文稿制作完成以后，可以在计算机上直接进行演示文稿的演示，或者将演示文稿打印出来；也可以将演示文稿进行打包输出，供在其他计算机上放映演示文稿。

11.1　幻灯片的打印设置

11.1.1　设置基本打印版式

在打印制作好的演示文稿前，首先要根据打印的要求，对演示文稿中的幻灯片进行必要设置，以便于能打印出精美的、符合作者要求的演示文稿。

1. 页面设置

其具体操作步骤如下：

（1）打开需要打印的演示文稿。

（2）选择“文件”→“页面设置”命令，弹出“页面设置”对话框，如图 11.1 所示。

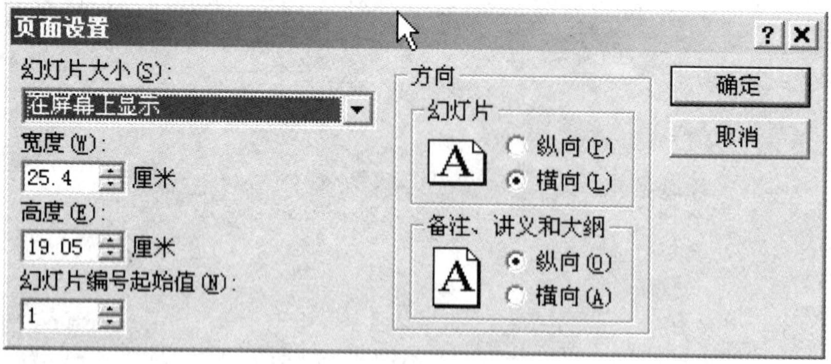

图 11.1　“页面设置”对话框

（3）单击“幻灯片大小”框的下三角按钮，弹出幻灯片的尺寸选项。PowerPoint2000 共提供了 7 种格式供选择。

- “在屏幕上显示”，如果你设计的演示文稿是在屏幕内运行，可选择该项。它是打印演示文稿的默认选项。

- "Letter 纸张"，供使用美国标准信笺纸张（11.5 × 11 英寸）打印幻灯片。
- "A4 纸张"，供使用 A4 纸张打印幻灯片。
- "35 毫米幻灯片"，供在投影透明胶片上打印幻灯片。
- "横幅"，供打印狭长的幻灯片（宽 19.2 厘米，高 2.4 厘米）使用。
- "投影机幻灯片"，供在投影机上输出演示文稿使用。
- "自定义"，供设计者自己设定纸张的尺寸。

(4) "幻灯片编号起始值" 文本框项，通常情况下，应为 1。但也允许用户设置演示文稿中的第一张幻灯片从其他的数字开始编号。例如，当我们在 "幻灯片编号起始值" 文本框中设置数字为 4 时，则演示文稿中第一张幻灯片的编号为 4，其余幻灯片的编号依此类推。

(5) 在 "幻灯片" 框中，默认值为横向。如果我们希望 "纵向" 布置（高度尺寸大于宽度尺寸），选中 "纵向" 单选按钮。

(6) 在 "备注、讲义和大纲" 框中，默认值为 "纵向"，也可以选中 "横向" 单选按钮。

(7) 完成页面设置后，单击 "确定" 按钮。

2. 添加页眉和页脚

如果希望打印出的幻灯片包含页眉、页脚、页码及日期等内容，按如下方法和步骤操作。

(1) 打开演示文稿，切换到幻灯片视图。

(2) 选择 "视图" → "页眉和页脚" 命令，弹出 "页眉和页脚" 对话框，如图 11.2 所示。

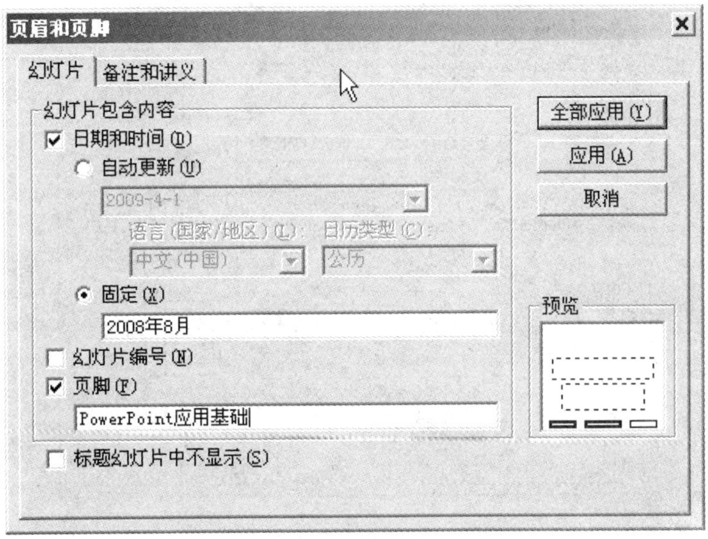

图 11.2 "页眉和页脚" 对话框

(3) 切换到 "幻灯片" 选项卡，在 "幻灯片包含内容" 选项组中，选中 "日期和时间" 复选框。若选中 "自动更新" 单选按钮，幻灯片中所显示的时间将根据打印时的日期自动更新。若选中 "固定" 单选按钮，应在时间框中输入时间（例如，输入 2008 年 8 月），幻灯片将显示这个固定的时间。

(4) 在 "幻灯片包含内容" 选项组中，选中 "幻灯片编号" 复选框，可以使演示文稿中的幻灯片次序用阿拉伯数字编号。

（5）在“幻灯片包含内容”选项组中，选中“页脚”复选框，输入文字。例如，输入“PowerPoint 2003 应用基础”，在幻灯片中将显示输入的文字。

（6）在“预览”选项组中将显示添加的日期、时间、幻灯片编号及页脚内容在幻灯片中的位置。如果对它们的位置和字体等不满意，可以使用幻灯片母版进行修改。

（7）设置完成后，单击“应用”按钮，可将所设置的内容应用于当前幻灯片中；单击“全部应用”按钮，可将所设置的内容应用于演示文稿的全部幻灯片中。

（8）在“页眉和页脚”对话框中所进行的设置，对屏幕显示同样有效。

11.1.2 设置幻灯片的打印参数

当页面设置完成后，便可打印幻灯片。既可以打印演示文稿的全部幻灯片，或有选择地打印部分幻灯片，也可以打印出彩色的幻灯片，或者按黑白幻灯片打印。根据打印的要求，要对打印参数进行必要设置。

1. 选择打印范围

其具体操作步骤如下：

（1）选择“文件”→“打印”命令，弹出“打印”对话框，如图 11.3 所示。

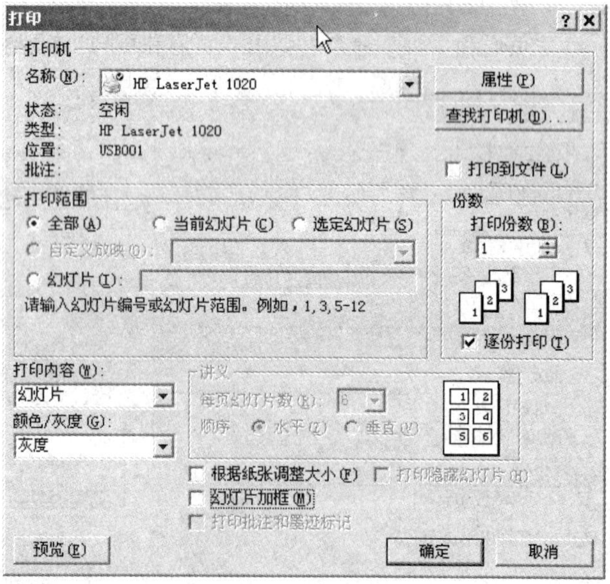

图 11.3 “打印”对话框

（2）在“打印范围”选项组中设置要打印幻灯片的范围。

- 选中“全部”单选按钮，打印演示文稿中的全部幻灯片。
- 选中“当前幻灯片”单选按钮，打印当前屏幕所显示的幻灯片。
- 要有选择的打印幻灯片时，选中“幻灯片”单选按钮，然后在其后面的文本框中输入需要打印的幻灯片编号，例如“1，2，5，10，…”（使用英语半角逗号）；或者输入幻灯片的范围，例如“4－15”。

(3) "打印范围"设置完成后，单击"确定"按钮。

2. 选择打印内容

其具体操作步骤如下：

(1) 重复选择打印范围中的步骤 (1)。

(2) 在"打印"对话框中，单击"打印内容"框的下三角按钮，弹出下拉列表，如图 11.4所示。根据需要，选择打印的内容。

- 若选择"幻灯片"，每页打印一张幻灯片。
- 若选择"讲义"，然后在"讲义"选项组中设置每页幻灯片的张数。
- 若选择"大纲视图"，则按大纲视图形式打印演示文稿。

(3) 设置完成后，单击"确定"按钮。

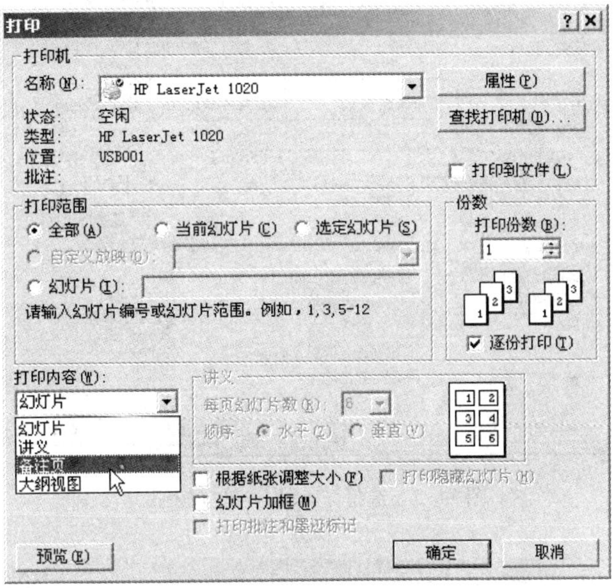

图 11.4　选择打印内容

3. 设置黑白打印

其具体操作步骤如下：

(1) 重复选择打印范围中的步骤 (1)。

(2) 在"打印"对话框中选择"灰度"选项，演示文稿中所有幻灯片的文字和线条变为"黑色"，背景变为"白色"，其他对象将变成灰度级。

如果选择了"纯黑白"选项，打印出的幻灯片仅有黑白两种颜色。

4. 设置其他打印选项

在图 11.3 所示的"打印"对话框中，还可对打印幻灯片进行如下一些设置。

(1) 设置好打印范围和打印内容以后，选中"打印到文件"复选框，将演示文稿作为一个打印文件存入磁盘中，以供在其他计算机上打印。

(2) 选中"根据纸张调整大小"复选框，可由计算机自动调节指定纸张与打印机上实际所装纸张的大小和方向不同的问题，即根据实际纸张大小调整幻灯片的大小。

（3）选中“幻灯片加框”复选框，打印出有边框的幻灯片。

（4）选中“打印隐藏幻灯片”复选框，将演示文稿中被隐藏的幻灯片打印出来。

（5）PowerPoint 默认的打印份数是 1，如果需要打印多份幻灯片，可在“份数”选项组中改变“打印份数”中的数值。

（6）在“讲义”选项组中选中“水平”单选按钮，打印出的幻灯片按水平方向排列顺序；在讲义框的右侧有一个示意图形，如图 11.5 所示。如果选中“垂直”单选按钮，打印出的幻灯片按垂直方向排列顺序，如图 11.6 所示。

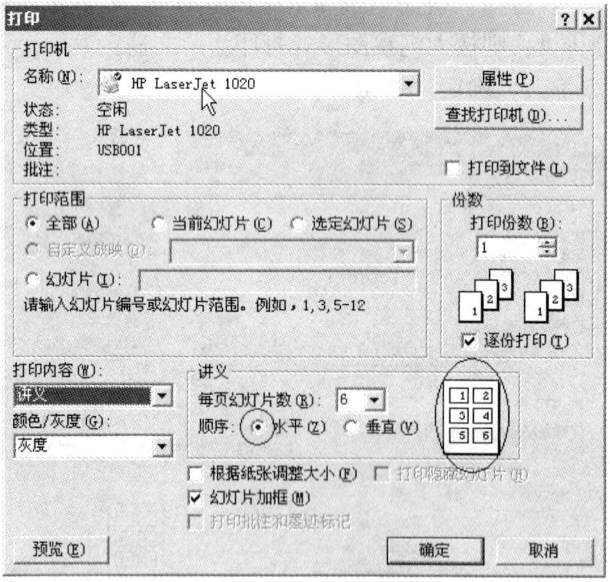

图 11.5　选择“水平”单选按钮

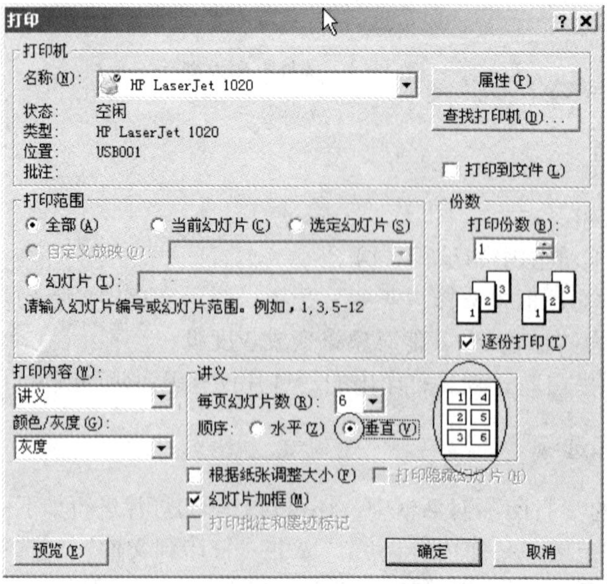

图 11.6　选中“垂直”单选按钮

5. 打印预览

在正式打印前，往往需要进行打印预览。打印预览是按一定的比例显示文档页面的内容或多页的布局情况。单击常用工具栏中的“打印预览”按钮，或选择“文件”→“打印预览”命令，屏幕显示打印预览窗口，如图 11.7 所示。

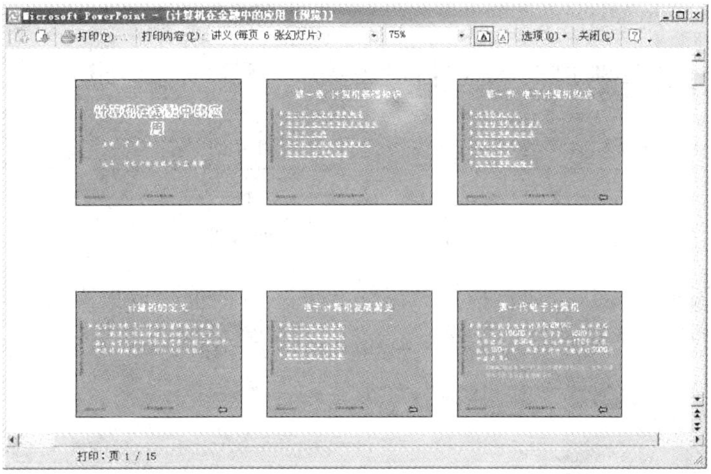

图 11.7　PowerPoint 打印预览窗口

其中，各项的功能说明如下。

- 在打印预览窗口的工具栏中，单击“下一页”按钮，显示下一页的内容；单击“上一页”按钮，显示上一页的内容。
- 如果对页面的设置不满意，需要修改部分设置时，在工具栏中单击“选项”按钮 选项(O)▾，打开下拉菜单。在其中选择需要的命令重新设置打印页面。
- 在工具栏中打开“打印内容”下拉菜单，通过打印菜单可以重新选择打印的内容。

11.2　演示文稿的打包输出

演示文稿制作完以后，如果要在其他计算机上运行演示文稿，就要对演示文稿进行打包。

“打包成 CD”是有效分发演示文稿的 Microsoft Office PowerPoint 2003 新增功能。用于制作演示文稿 CD，以便在运行 Microsoft Windows 操作系统的计算机上查看。直接从 PowerPoint 中刻录 CD 需要 Microsoft Windows XP 或更高版本，但如果使用 Windows 2000，则可将一个或多个演示文稿打包到文件夹中，然后使用第三方 CD 刻录软件将演示文稿复制到 CD 上。“打包成 CD”可打包演示文稿和所有支持的文件（包括链接文件），并可从 CD 自动运行演示文稿。在打包演示文稿时，经过更新的 Microsoft Office PowerPoint Viewer 也包含在 CD 上。因此，没有安装 PowerPoint 的计算机不需要安装播放器。“打包成 CD”是允许将演示文稿打包到文件夹的，而不是 CD 中，以便于存档或发布到网络上的共享位置处。

演示文稿的打包是按照“打包向导”的提示进行操作，具体的方法和步骤如下。

(1) 打开需要打包的演示文稿。

(2) 选择“文件”→“打包成 CD”命令，启动“打包成 CD”对话框，如图 11.8 所示。

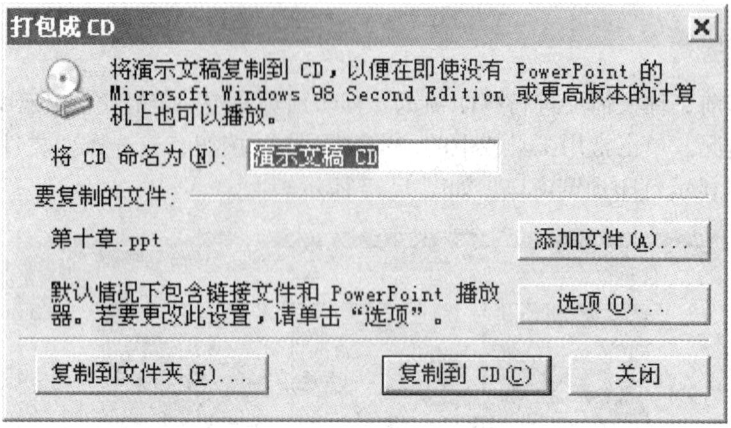

图 11.8 “打包成 CD”对话框

（3）单击“添加文件”按钮，打开“添加文件”对话框，可以在打包当前演示文稿的同时，添加其他的演示文稿到打包文件中，如图 11.9 所示。

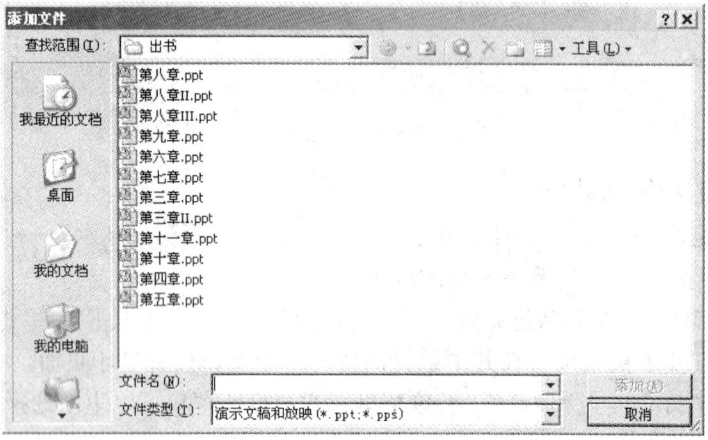

图 11.9 选择打包的文件

（4）“复制到 CD”按钮和“复制到文件夹”按钮，可以选择文件打包的目标路径。例如，单击“复制到文件夹”按钮，弹出“复制到文件夹”对话框，如图 11.10 所示。

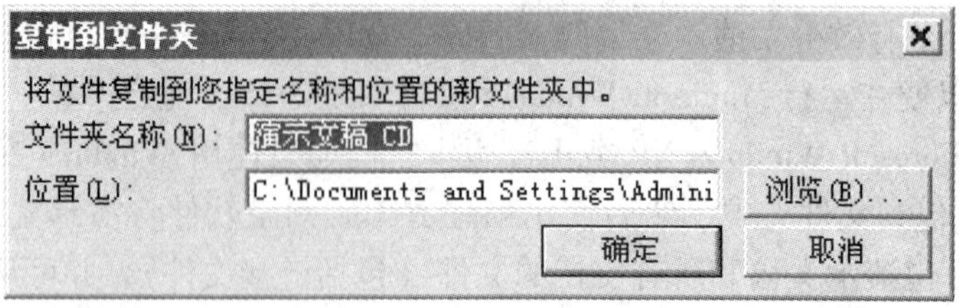

图 11.10 “复制到文件夹”对话框

（5）单击“选项”按钮，打开“选项”对话框（见图 11.11）。选中“链接的文件”复选框，可以把与演示文稿有链接关系的文件一起打包。选中“嵌入的 TrueType 字体”复选框，可以保存所有 TrueType 字体的信息，即使播放演示文稿的计算机没有 TrueType 字体，也能正常播放演示文稿。

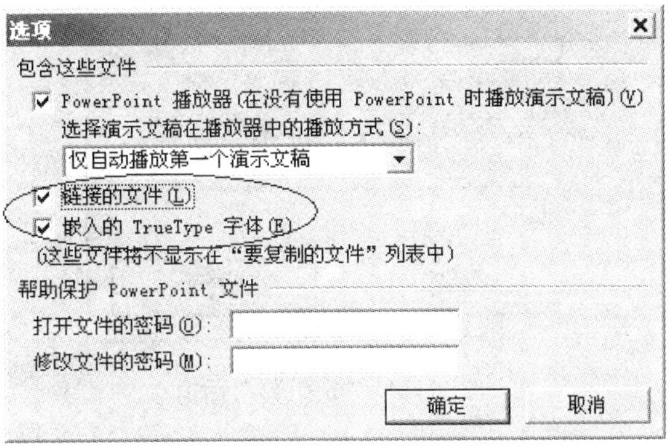

图 11.11　“选项”对话框

（6）如果播放演示文稿的计算机没有安装 PowerPoint 应用软件，一定要选中“PowerPoint 播放器”复选框；否则，打包文件中将不包含播放器”。例如，选中“PowerPoint 播放器”复选框，如图 11.12 所示。

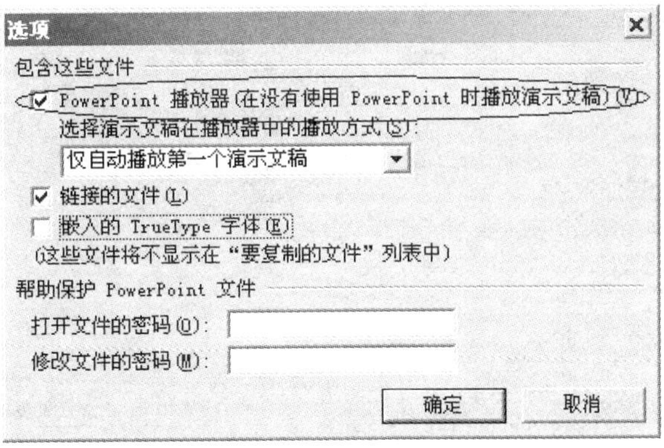

图 11.12　选中“PowerPoint 播放器”复选框

（7）为了保证 PPT 演示文稿的安全性，也可以在“帮助保护 PowerPoint 文件”中分别设置打开或修改文稿的密码，按提示分别输入密码两次后确定即可。通过设置密码，可以保护打包文件，如图 11.13 所示。例如，我们设置密码，当打开打包好的文件时会出现“密码”对话框，如图 11.14 所示。

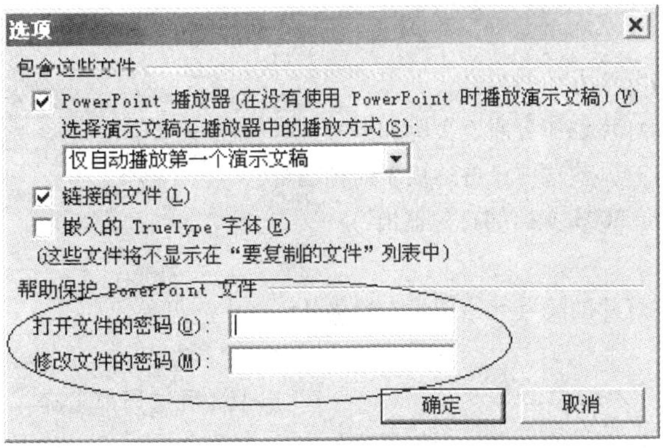

图 11.13　设置密码选项

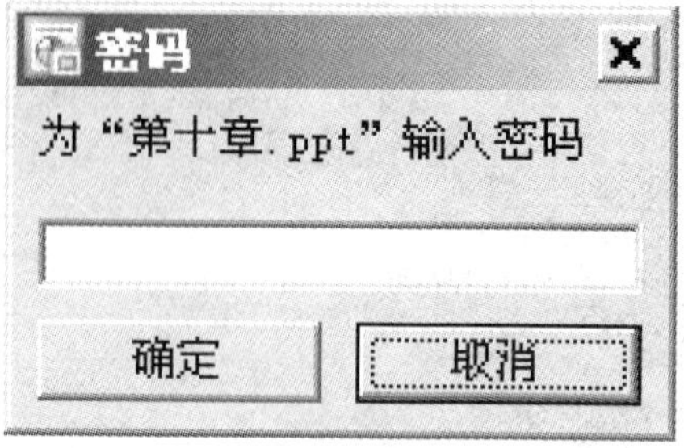

图 11.14 “密码”对话框

(8) 打包好的文件夹如图 11.15 所示。

图 11.15 打包好的文件夹

习题 11

一、问答题

1. 页面设置主要包括哪些方面的内容?
2. 如何给要打印的幻灯片添加页眉、页脚和编号?
3. 幻灯片的打印内容有哪些选项，各适用于何种场合?
4. 如何完成 PowerPoint 2003 文档的打包输出?

二、选择题

1. 打印幻灯片时，幻灯片的编号起始值可设置为从________开始。

   A. 1　　B. 2

   C. 任意数字　　D. 以上 3 种选择都正确

2. 在一张打印纸中，可以打印________幻灯片。

   A. 1 张　　B. 3 张　　C. 8 张　　D. 任意多张

3. 在进行演示文稿页面设置时，下列几种选项中，说法正确的是________。
   A. 可以打印不连续的多张幻灯片　　B. 幻灯片只能设置为纵向
   C. 可以按大纲视图打印　　D. 只能设置为打印连续的多张幻灯片

4. 对演示文稿进行打包输出时，可以将演示文稿打包在________。
   A. 本地计算机的硬盘中　　B. 软盘中
   C. 网络中的其他计算机中　　D. 以上选项中只有选项 B 正确

三、判断题

1. 与 Word 文档一样，PowerPoint 2003 可以进行打印预览。(　　)
2. 与放映幻灯片一样，备注页幻灯片中的备注部分无法在幻灯片中打印。(　　)
3. 打印幻灯片时，选择“灰度”和“纯黑白”项，幻灯片的打印效果一样。(　　)
4. 在 PowerPoint 2003 中，可以打印有边框的幻灯片。(　　)
5. 演示文稿打包输出时，选中“嵌入 TrueType 字体”复选框，既使播放演示文稿的计算机中没有 TrueType 字体，也能正常显示演示文稿的字体。(　　)

上机实习 11

1. 打开文件名为“PP2”的演文稿。
2. 将演示文稿打包成 CD。